Joana Iracema Almeida

Verlag Fuchs

Claudio Caduff
Jakob Fuchs

Der Staat

Politisches Grundwissen

2015/16

Orell Füssli Verlag
Lernmedien
Dietzingerstrasse 3
CH-8036 Zürich
Telefon +41 (0)44 466 72 91
Fax +41 (0)44 466 72 96
E-Mail: lernmedien@ofv.ch
www.ofv.ch/fuchs

24., aktualisierte Auflage 2015

Verlag Fuchs ist ein Imprint der Orell Füssli Verlag AG.

ISBN 978-3-280-04110-9
«Der Staat»
Grundlagenbuch

ISBN 978-3-03743-025-5
«Der Staat»
Übungsbuch
6., überarbeitete Auflage 2012

Gedruckt auf chlorfrei gebleichtem Papier

Konzept und Gestaltung:
Springrolls AG, Luzern

Illustrationen:
Christof Schürpf,
Shape, Luzern

Bildernachweis:
- Andri Pol / Renato Regli: Titelseite / Kapiteltitel, S. 122
- Parlamentsdienste, 3003 Bern: S. 44
- admin.ch: S. 65, 71, 75, 76
- Parlamentsdienste, 3003 Bern: S. 55
- Keystone / Lukas Lehmann: S. 69
- iStockphoto: S. 12, 126, 133, 135
- Photographic Council EU: S. 164, 169, 173, 179
- ©European Union: S. 169, 175
- Wikipedia: S. 34, 35, 124, 179, 182, 186, 189, 195

E-Book «Der Staat»
Den Freischalt-Code für das E-Book finden Sie auf der letzten Seite dieses Buches.

Die Web-App zum Buch «Der Staat»
Als ideale Ergänzung zum Buch gibt es eine Web-App mit 250 Testaufgaben. Ihren Zugangs-Code zur Web-App finden Sie auf der letzten Seite dieses Buches.

Gebrauchsanweisung

Grundwissen

- Das Grundwissen gliedert sich in 7 Kapitel und den Anhang. Jedem Kapitel ist eine eigene Farbe zugeordnet (siehe das gegenüberliegende Inhaltsverzeichnis).
- Jedes Kapitel umfasst mehrere Unterkapitel, welche in der Regel dreigeteilt und klar strukturiert sind:
  a) Begriffe werden zuerst definiert.
  b) Dann werden sie erklärt und die Sachverhalte näher beschrieben.
  c) Das «Nice To Know» beinhaltet Informationen von zusätzlichem Interesse.

→ www.verlag-fuchs.ch/staat

Wenn Sie diese Seite im Internet eingeben, gelangen Sie auf ein übersichtliches Verzeichnis mit vielen nützlichen Links zum «Der Staat», die weiterführende Informationen beinhalten.

Sachwortregister

Das Sachwortregister erleichtert die Suche nach bestimmten Begriffen und Inhalten. Alle Definitionen sind fett gedruckt, ebenso die Seitenzahlen, auf denen ein Inhalt hauptsächlich behandelt wird.

Einsatzmöglichkeiten

Das Buch kann vielfältig eingesetzt werden:
a) Im Selbststudium
b) Als Nachschlagewerk
c) Als Arbeitsbuch und Lehrmittel im Schulunterricht

Hinweis zur Sprache

- Das Buch basiert auf der vom Duden (aktuelle Version, 24. Auflage) empfohlenen Schreibweise.
- Es wurde darauf geachtet, möglichst einfache Formulierungen zu verwenden, damit die Inhalte gut verstanden werden.
- Die Beispiele sollen nicht nur den Bezug von der Theorie zur Realität herstellen, sie ermöglichen auch ein leichteres Lernen der theoretischen Inhalte.

Zur Farbführung

Zusammenhängende Inhalte (z.B. Parlament, Regierung, Gerichte oder Strafprozess, Zivilprozess, Verwaltungsprozess) wurden aus didaktischen Gründen mit der gleichen Farbe versehen.

www.verlag-fuchs.ch

- Produkteinformation und Online-Bestellung
- Glossar und Unterrichtsmaterialien

Unter dieser Internet-Adresse finden Sie eine Zusammenstellung interessanter Internet-Adressen, die weiterführende Informationen zu «Der Staat» enthalten oder die Suche nach solchen Informationen ermöglichen.

CiviCampus

Nachdem die Parlamentsdienste der Bundesversammlung sich an den Inhalten der 1996 vom Verlag Fuchs entwickelten CD-ROM interessiert gezeigt haben, wurden alle wichtigen Theorieteile und die dazugehörenden Fragen auf die Webseite übertragen. Anfangs 2013 erfolgte ein Redesign.
Buch und CiviCampus sind aufeinander abgestimmt und ergänzen sich somit ideal. Über www.verlag-fuchs.ch gelangen Sie unter anderem auch zu CiviCampus.
Die Zeitschrift «anthrazit» hat CiviCampus als eine der 200 besten Websites des Jahres 2010 ausgezeichnet.

Inhaltsverzeichnis

Vorwort/Dank

Vorwort

Willi Ritschard, der 1983 verstorbene Bundesrat, hat einmal Folgendes gesagt: «Ich halte mich für einen Patrioten. Ich liebe unser Land. Gerade deshalb meine ich, dass man aus unserem Staat und unseren Einrichtungen nicht heilige Kühe machen soll. Für mich ist der Kritiker kein Staatsfeind. Im Gegenteil. Wir brauchen die dauernde Kritik am Staat. Wir brauchen auch die Bereitschaft zur dauernden Veränderung. Jeder Mensch, aber auch jede Institution, die sich mit Politik, also mit den Problemen des Zusammenlebens und der Gestaltung der Zukunft, befasst, steht mir näher als einer, dem alles Politische gleichgültig ist.»

In diesem Buch geht es darum, unseren Staat kennenzulernen. Nur wer Bescheid weiss, kann und darf auch kritisieren. Das Allerwichtigste aber ist, dass man sich um die staatliche Gemeinschaft kümmert und hilft, sie mitzugestalten. Wenn dieses Buch dazu beiträgt, hat es seinen Zweck erfüllt.

Dank

An dieser Stelle gebührt all meinen Kolleginnen und Kollegen, die mich tatkräftig unterstützt haben, ein herzliches Dankeschön. Ganz herzlich danke ich:

meinem Mitautor

- Claudio Caduff, Prof. Dr. phil., Dozent PH Zürich/Sekundarstufe 2 und PH Luzern/Zentrum Geschichtsdidaktik und Erinnerungskultur

den Mitarbeitern

- Stefan Wüest, lic. iur., und Christoph Fuchs, lic. iur., für die Erarbeitung der Texte zu den richterlichen Behörden (2.9) und zum Strafrecht (2.10) im Kapitel 2;
- Thomas Zeller, Beni Schwegler, Gregor Schläpfer, lic. phil. I; Max Eder, Ernst Bieri sowie Beat Gurzeler für die Arbeiten am Übungsbuch, für PowerPoint-Präsentationen und für die Entwicklung der Testaufgaben sowie für die Entwicklung des Konzepts.

für die Überprüfung einzelner Inhalte und die Erteilung von Auskünften

- Dr. Hans-Urs Wili, wissenschaftlicher Adjunkt im Rechtsdienst der Bundeskanzlei, für die rechtliche Überprüfung des vorliegenden Buches sowie für redaktionelle Hinweise
- Martin Graf, Sekretär der Staatspolitischen Kommission der eidgenössischen Räte, für die Überprüfung spezieller Bereiche im 2. und 3. Kapitel
- den Mitarbeitenden des Eidgenössischen Departements für auswärtige Angelegenheiten (EDA)
- den Mitarbeitenden der Direktion für europäische Angelegenheiten
- den Mitarbeitenden des Eidgenössischen Finanzdepartements (EFD)
- den Mitarbeitenden des Eidgenössischen Departements für Verteidigung, Bevölkerungsschutz und Sport (VBS)
- den Mitarbeitenden der Parlamentsdienste

für das Korrektorat

- Thomas Schafroth, lic. phil. I, und Sylvia von Piechowski, lic. phil. I

für die Gestaltung, Fotografie und Illustration

Armin und Simon Meienberg, Pierina Bucher (Springrolls) für die grafische Gestaltung, Andri Pol und Renato Regli für die Fotografien sowie Christof Schürpf für die Illustrationen.

Ihnen, liebe Leserinnen und Leser, soll dieses Buch mit seinem klaren Aufbau und der verständlichen Sprache die Begriffe der Staatskunde und die Zusammenhänge näherbringen. Bevor Sie sich aber mit dem Inhalt befassen, bitte ich Sie, die «Gebrauchsanweisung» durchzulesen.

Zürich, März 2015 — Jakob Fuchs

1. Willensbildung

Politik in der Gesellschaft

Die Rolle der Politik in der Gesellschaft kann nur in einem Gesamtblick auf die Gesellschaft erkannt werden.

Die vier Grundfunktionen von Gesellschaften

Menschliche Gesellschaften sind sehr unterschiedlich organisiert. Dennoch gibt es vier Grundfunktionen, die in allen Gesellschaften erfüllt sein müssen:
Es geht um
- die Produktion von Gütern
- die Vermittlung von Orientierung
- die Sicherung des Zusammenlebens
- den Erlass verbindlicher Regeln

Ausgeführt werden die Grundfunktionen in den vier Handlungsfeldern Wirtschaft, Kultur, Gemeinschaft und Politik. Diese vier Handlungsfelder bestehen nebeneinander und sind eng miteinander verflochten. Dennoch kann kein Handlungsfeld durch ein anderes ersetzt werden.

Die nachfolgende Grafik zeigt in einem Überblick die vier Handlungsfelder mit deren Funktionen und wichtigsten Wirkungsmitteln. Im Folgenden werden die einzelnen Handlungsfelder genauer erläutert.

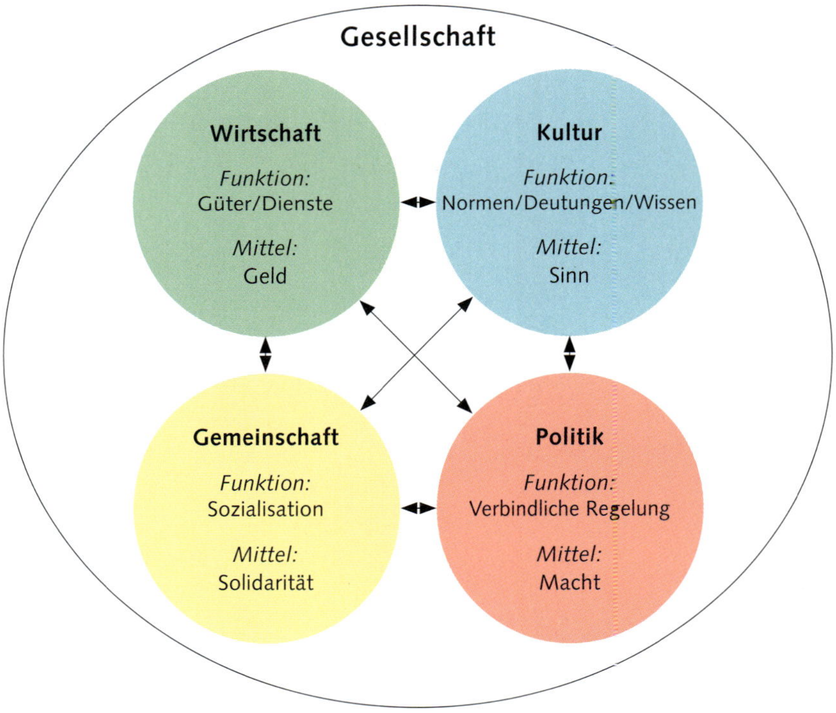

Wirtschaftliches Handeln (Ökonomie)

Funktion
Im wirtschaftlichen Handeln werden Güter produziert und Dienstleistungen erbracht, damit in erster Linie die Grundbedürfnisse des Lebens der Menschen befriedigt werden. Daneben werden viele weitere mehr oder weniger wichtige und notwendige menschliche Bedürfnisse befriedigt.

Mittel
Wirtschaftliches Handeln basiert auf dem Tausch, und das Mittel, das den Tausch reguliert, ist das Geld.

Kulturelles Handeln (Kultur)

Funktion

Die Kultur umfasst alle Leistungen von Menschen, die neben und anstelle der Natur menschliches Leben und Verhalten sowie das gesellschaftliche Zusammenleben steuern. Dazu gehören materielle Dinge (z.B. Gebäude, Fahrzeuge) ebenso wie Gesetze, Wissen, Mythen und Religionen usw.

Mittel

Sinn ist das Mittel kulturellen Handelns: Je mehr der Mensch durch die Technik und die gesellschaftliche Organisation von den Zwängen der Natur befreit wird, umso mehr verliert er seinen Instinkt. An dessen Stelle übernimmt die Kultur die Rechtfertigung, Begründung und Deutung menschlichen Seins und Handelns.

Gemeinschaftliches Handeln (Solidarität)

Funktion

Dauerhafte Lebensgemeinschaften von Kindern und Erwachsenen in erster Linie in den Familien, aber auch in der Schule ermöglichen die Sozialisation (das Hineinwachsen in die Gesellschaft) nachkommender Generationen. Dies wird erreicht durch emotionale Zuwendung und gegenseitige Bindungen.

Mittel

Die erfahrene Solidarität (z.B. der Eltern) ist das Mittel für die soziale Einbindung des Einzelnen und sie stabilisiert ihn in der Gemeinschaft. Erst diese erfahrene Solidarität befähigt zu solidarischem Handeln.

Politisches Handeln (Politik)

Funktion

Politisches Handeln erzeugt die verbindlichen Regelungen des gesellschaftlichen Zusammenlebens. Waren es in einfachen Gesellschaftsformen Mythen, Religionen und einzelne besondere Personen (z.B. Herrscher, Schamanen, Priester), die solche Regelungen bestimmten, so übernehmen in den komplexen modernen Gesellschaften Verfassung, Gesetze, Verordnungen usw. diese Funktion.

Mittel

Macht ist das Mittel der Politik. Das heisst, erst die Fähigkeit, sich gegen Widerstand durchzusetzen, ermöglicht Politikern die Gestaltung und Durchsetzung von rechtlichen Bestimmungen in ihrem Sinne.

Zwei Arten von gesellschaftlicher Verbindlichkeit

Eindeutig und offensichtlich sind jene Verbindlichkeiten, die in Normen (z.B. in Gesetzen, Verordnungen) festgeschrieben werden. Sie gelten für alle; dennoch können sie von einzelnen verletzt werden. Damit die Allgemeingültigkeit der Normen nicht in Frage gestellt wird, müssen Verletzungen mit Strafen geahndet werden. Es ist daher die Aufgabe der Politik, mit den verbindlichen Regeln gleichzeitig festzulegen, wer die Macht hat, Sanktionen auszusprechen, und in welchem Masse und wie diese erfolgen sollen.

Etwas weniger klar ist die allgemeine Verbindlichkeit von Leistungen, die alle Menschen betreffen und bei denen sie keinen Entscheidungsspielraum haben, ob sie diese beanspruchen wollen oder nicht (z.B. die Luft und ihre Qualität). Solche Kollektivgüter, die für alle einen Zwangskonsum darstellen, sind daher nicht unter der Funktion der Wirtschaft zu betrachten, sondern unter jener des Politischen: Alternativen (z.B. bessere Luftqualität) müssen in einem politischen Aushandlungsprozess erreicht werden und dürfen nicht den Marktkräften überlassen werden.

Politik

Politik: *Menschen versuchen das öffentliche Leben (in Gemeinde, Kanton und Bund) nach ihren Vorstellungen und Interessen zu gestalten.*

Als Teil der Öffentlichkeit (zum Beispiel als Arbeitnehmer oder Arbeitnehmerin, als Familienmitglied, als junger Mensch) sollte man Probleme hinterfragen und dann dazu Stellung nehmen, damit auch eigene Interessen verwirklicht werden können.

Durchsetzung von Interessen

In der Politik geht es um die Durchsetzung von Interessen. Dies kann erreicht werden durch folgende Mittel / Massnahmen:
- Gewalt: Argumente sind nicht gefragt, die Entscheidung wird erzwungen.
- Überzeugung: Die besseren Argumente dringen durch und entscheiden.
- Kompromiss: Argumente verschiedener Standpunkte führen im Entscheidungsprozess zu einem Mittelweg, der von beiden Seiten anerkannt wird.

Lösungsfindung

In der Demokratie sind Problemlösungen mittels Gewalt nicht zulässig. Entscheidungen werden von der Mehrheit aufgrund stichhaltiger Argumente errungen, meistens ist die Lösung ein Kompromiss.

Interessengruppen

Um zu einer Mehrheit zu kommen, schliessen sich Leute mit gleichen oder ähnlichen Erwartungen zusammen. Es entstehen Interessengruppen: Parteien, Verbände usw.s

→ www.verlag-fuchs.ch/staat

NICE TO KNOW

2014: Politische Ereignisse in der Schweiz und in der Welt

01.01.: *Die Schweiz übernimmt für ein Jahr den Vorsitz in der OSZE.*
09.02.: *Mit einem knappen Mehr von 50,3 Prozent nimmt das Schweizer Stimmvolk die Masseneinwanderungsinitiative der SVP an. Die EU beharrt in der Folge auf der Beibehaltung der Personenfreizügigkeit.*
22.02.: *Das ukrainische Parlament setzt den Präsidenten Viktor Janukowitsch im Verlauf von Unruhen ab, worauf prorussische Truppen die Krim besetzen.*
18.03.: *Präsident Vladimir Putin unterzeichnet den Vertrag zur Eingliederung der Krim in den russischen Staatsverband.*
15.04.: *Das Europäische Parlament verabschiedet den Rechtsrahmen für die Bankenunion, um bei einer nächsten Bankenkrise gewappnet zu sein.*
13.05.: *In einer verfassungswidrigen Abstimmung sagen sich die ostukrainischen Gebiete Donezk und Lubansk von der Ukraine los.*
18.05.: *In der Volksabstimmung wird die Beschaffung des Kampfjets Gripen mit 53,4 Prozent der Stimmen abgelehnt.*
27.05.: *In Ägypten wird Ex-Armeechef Al-Sisi zum neuen Staatsoberhaupt gewählt.*
20.06.: *Die EU-Finanzminister erklären den Steuerstreit mit der Schweiz für beendet.*
29.06.: *Die Terrorgruppe Islamischer Staat (IS) ruft in Syrien und im Irak ein islamisches Kalifat aus. Abu Bakr al-Baghdadi soll der erste Kalif und damit Anführer aller Muslime sein.*
01.07.: *Das Freihandelsabkommen zwischen China und der Schweiz tritt in Kraft.*
09.08.: *Weil ein weisser Polizist einen 18-jährigen Afroamerikaner erschiesst, brechen an verschiedenen Orten in den USA Krawalle und Unruhen aus.*
18.09.: *55,3 Prozent der Schotten, die an der Abstimmung zur Unabhängigkeit von England teilgenommen haben, sind gegen die Abspaltung vom Vereinigten Königreich.*
22.09.: *Studenten protestieren wochenlang für freie Wahlen in Hongkong.*
07.11.: *Die Schweizer Erziehungsdirektoren geben den Lehrplan 21 (Vereinheitlichung der Lernziele in der Volksschule) zur Einführung frei.*
02.12.: *Der Nationalrat nimmt die Beratung der Energiestrategie 2050 auf. Unter anderem geht es um den Ausstieg aus der Atomenergie.*
15.12.: *Aufgrund des stark gesunkenen Ölpreises und der weltweiten Sanktionen gegen Russland (wegen der Annektierung der Krim und dessen Politik in der Ostukraine) stürzt der Rubel dramatisch ab.*
28.12.: *Die meisten internationalen Schutztruppen (Isaf) sind aus Afghanistan abgezogen.*

Drei Dimensionen der Politik

Politik kann in drei Dimensionen aufgegliedert werden. Da die deutsche Sprache nur ein Wort für alle drei Dimensionen kennt, sind wir auf die Begriffe aus dem Englischen angewiesen. Wir unterscheiden: Polity, Policy und Politics.

Polity

Polity: *Sie umfasst die Form des Politischen. Dazu gehören die Verfassung, die Gesetze, die internationalen Abkommen sowie die Institutionen (Parlament, Regierung, Gericht) und weitere Organisationen (Parteien, Verbände usw.).*

Durch die Polity wird der Handlungsrahmen abgesteckt: Sie bestimmt Inhalt und Verlauf der Politik. Zum politischen Handlungsrahmen gehört auch die politische Kultur. Darunter versteht man die für eine bestimmte Gesellschaft typischen politischen Einstellungen, Orientierungsmuster und Verhaltensweisen (in der Schweiz, zum Beispiel die Konkordanzdemokratie).

Policy

Policy: *Sie ist die inhaltliche Dimension des Politischen. Es geht um die Art und Weise der Aufgabenerfüllung, um die Frage, wie Problemlösungen gefunden werden und wie politische Gestaltung möglich ist.*

Parteien oder Regierungen formulieren z.B. Politikprogramme. Diese führen über inhaltliche Positionen zu entsprechenden Aktivitäten in den verschiedenen Politikbereichen (z.B. eine Initiative für die steuerliche Entlastung der Familien).

Politics

Politics: *Diese Dimension beschreibt den Prozess des Politischen. Hier geht es um die Frage, wer in welcher Weise an den Willensbildungs- und Entscheidungsprozessen beteiligt ist und wie solche zustande kommen.*

Politics gibt Aufschluss darüber, wie eine bestimmte Policy also zustande kommt (z.B. zu den hohen Agrarsubventionen in der Schweiz).
Da die Interessen in aller Regel stark auseinandergehen, steht die Austragung von Konflikten im Vordergrund. Politics meint also den Kampf zwischen verschiedenen Gruppen und Personen um Macht, Machtanteile und Einflussnahme.

Polity, Policy, Politics im Überblick

Begriff	Erscheinungsform	Merkmal
Polity (Form)	– Verfassung – Gesetze – Institutionen	– Organisation – Verfahrensregelungen – Ordnung
Policy (Inhalt)	– Aufgaben und Ziele – politische Programme	– Problemlösung – Aufgabenerfüllung – Wert- und Zielorientierung – inhaltliche Gestaltung
Politics (Prozess)	– Interessen – Konflikte – Kampf	– Macht – Konsens – Durchsetzung

Pluralismus, Interesse und Gemeinwohl

Pluralismus, Interesse und Gemeinwohl sind für die moderne Politik zentrale Begriffe, die zueinander in einem besonderen Verhältnis stehen.

Pluralismus

Pluralismus (allgemein): *Vielfalt, vielgliedrige Ordnung und vielzählige Anschauungen.*

Unsere modernen Gesellschaften sind pluralistisch. Die Menschen in solchen Gesellschaften haben unterschiedliche Interessen und Lebensstile. Daraus entstehen viele unterschiedliche Parteien, Verbände, Vereine und Bewegungen.

In der Demokratie werden unterschiedliche Interessen in offenen Konflikten ausgetragen und im politischen Prozess Lösungen gesucht (= politischer Pluralismus).

Interesse

Interesse (allgemein): *An etwas teilnehmen, Teilnahme bekunden.*

Ein besonderes Kennzeichen demokratischer Staaten sind der Schutz und sogar die Förderung individueller Interessen. So wird zum Beispiel in der Bundesverfassung die Förderung von privatem Wohneigentum festgehalten. Diese Interessen müssen allerdings mit den allgemeinen Interessen vereinbar sein.

Nicht selten entstehen politische Auseinandersetzungen im Streit zwischen individuellen und allgemeinen (kollektiven) Interessen. Am deutlichsten zeigt sich das im Bereich der Wirtschaft: Während für die einen staatliche Eingriffe in die Wirtschaft (z.B. Bestimmung von Mindestlöhnen) unzulässige Einschränkungen individueller (ökonomischer) Interessen sind, stellen sie für andere notwendige Schritte für das Allgemeininteresse (z.B. Schutz der Arbeitnehmer) dar.

Gemeinwohl

Gemeinwohl: *Das Wohl aller/das allgemeine Wohl/die allgemeinen Ziele und Werte eines Gemeinwesens.*

So einfach der Begriff Gemeinwohl definiert werden kann, so schwierig ist dessen konkrete inhaltliche Bestimmung. In der politischen Auseinandersetzung prallen immer wieder zwei grundsätzliche Ansichten darüber aufeinander:

- Es gibt ein vorgegebenes und objektiv feststellbares Gesamtinteresse. Dies muss durch eine entsprechende politische Ordnung (z.B. der Institutionen) und den richtigen Willensbildungsprozess realisiert werden. Diese besonders von Jean-Jacques Rousseau (1712–1778) vertretene Ansicht ist heute noch stark bei linken Politikern vorhanden.
- Das Gesamtwohl ist nur annäherungsweise zu ermitteln. Es lässt sich erst im Nachhinein im politischen Prozess und im freien Kampf der beteiligten Interessen bestimmen. Diese Idee wurde stark von John Locke (1632–1704) geprägt. Sie ist heute ein wichtiger Teil des liberalen Gedankenguts.

Fazit: Moderne Gesellschaften sind pluralistische Gesellschaften, deren Mitglieder unterschiedliche Werte und Interessen haben. Da diese Interessen oft im Widerspruch zueinander stehen, kommt es zu Konflikten, die in politischen Entscheidungsprozessen gelöst werden müssen. Dabei gilt es, ein schwieriges Gleichgewicht zwischen individuellen Interessen und dem Gemeinwohl zu finden.

Politische Partizipation und Zivilgesellschaft

Politische Partizipation

Politische Partizipation: *Teilnahme an der Meinungs- und Willensbildung sowie an der Entscheidungsfindung in politisch-öffentlichen Angelegenheiten.*

Für die Demokratie ist die politische Partizipation der Bürger entscheidend. Es braucht daher eine breite Palette an Beteiligungsmöglichkeiten.

Formen politischer Partizipation
Allgemein werden die vielfältigen politischen Partizipationsformen in zwei Gruppen unterschieden:

Konventionelle Partizipation	Unkonventionelle Partizipation
– Teilnahme an Wahlen und Abstimmungen	– Initiieren und Mitunterzeichnen von Petitionen
– Mitarbeit in Parteien	– Teilnahme an Demonstrationen
– Übernahme eines politischen Amtes	– Teilnahme an Boykotten
– Mitarbeit in öffentlichen Projekten	– Teilnahme an Streiks
– Teilnahme an politischen Veranstaltungen	– Teilnahme an Blockaden
– Initiieren und Mitunterzeichnen von Initiativen und Referenden	– Teilnahme an Aktionen zivilen Ungehorsams

Bei den unkonventionellen Partizipationsformen kann noch zwischen legalen (z.B. behördlich bewilligte Demonstration wie Streik) und illegalen (z.B. Hausbesetzung) unterschieden werden. Und im illegalen Bereich gibt es Formen, die nicht direkt Gewalt anwenden (z.B. Sitzblockaden bei Atomtransporten), und gewaltsame Formen (z.B. mutwillige Sachbeschädigungen oder Strassenkämpfe gegen die Polizei an Demonstrationen).

Zivilgesellschaft

Zivilgesellschaft: *Soziale, politische und kulturelle Probleme werden durch freiwilliges Handeln von Bürgerinnen und Bürgern gelöst.*

In unserer komplexen Gesellschaft können nicht alle Probleme konventionell politisch gelöst werden, es braucht auch private Initiative zur gegenseitigen Hilfe und Unterstützung.

Merkmale zivilgesellschaftlichen Handelns
Zivilgesellschaftliches Handeln zeichnet sich aus durch drei Merkmale:
- Freiwilligkeit des Engagements
- Selbstorganisation des Handelns
- Gemeinwohlorientierung

Am meisten verbreitet ist zivilgesellschaftliches Handeln im sozialen Bereich in der Form von Nachbarschaftshilfen und Selbsthilfegruppen (z.B. für besondere Krankheiten).

Die Zivilgesellschaft ist nicht nur wichtig für eine solidarische Gemeinschaft, sie fördert auch die politische Urteils- und Handlungskompetenz und hat damit eine grosse Bedeutung für die Demokratie.

Massenmedien – 4. Gewalt im Staat

Massenmedien: *Aktuelle und schnelle Informationsträger, die grosse Massen erreichen können, zum Beispiel Presse, Radio, Fernsehen und Multimedia.*

Für die Demokratie haben die Massenmedien drei Hauptaufgaben:
Information/Mitwirkung an der Meinungsbildung/Kontrolle und Kritik

Information

Die Massenmedien sollen möglichst sachlich, umfassend und verständlich informieren, damit die Konsumenten der Massenmedien das öffentliche Geschehen verfolgen können.

Dank den Informationen aus den Medien können die Bürgerinnen und Bürger die politischen, wirtschaftlichen und sozialen Zusammenhänge verstehen, ihre eigenen Interessenlagen erkennen und über die Absichten und Handlungen aller Personen, die öffentlich tätig sind (besonders die Politikerinnen und Politiker), unterrichtet sein.

Mit dieser Voraussetzung können die Leute selber am öffentlichen Geschehen teilnehmen, sei es als Wählende und Abstimmende, als Mitglieder einer Partei oder als Unterzeichnende von Initiativen, Referenden und Petitionen.

Mitwirkung an der Meinungsbildung

Die Demokratie lebt davon, dass Fragen des öffentlichen Interesses in freier und offener Diskussion erörtert werden. Die Massenmedien bieten dabei die öffentliche Arena, in der dieser Kampf der Meinungen ausgetragen wird, damit die Bürgerinnen und Bürger ihre eigene Meinung bilden können.

In unserer modernen, komplexen Gesellschaft gibt es eine Vielzahl von Interessengruppen, die zum Teil in scharfer Konkurrenz zueinander stehen. Auch hier kommt den Medien die Aufgabe zu, diesen Meinungspluralismus angemessen widerzuspiegeln.

Kontrolle und Kritik

In der Demokratie ist die Kontrolle der staatlichen Institutionen in der Verfassung fest verankert. Dennoch reicht diese häufig nicht aus, um Filz oder gar Korruption zu verhindern. Häufig spüren Massenmedien Ungereimtheiten und Missstände in der Politik auf und machen diese publik.

Die Kontrollfunktion beschränkt sich jedoch nicht nur auf den Staat, sondern sie erstreckt sich auf die gesamte Gesellschaft (z.B. auf die Wirtschaft).

Neben den oben beschriebenen Funktionen haben die Massenmedien noch weitere Aufgaben (z.B. Unterhaltung und Bildung).

Die «4. Gewalt» im Staat

Die Massenmedien erreichen grosse Teile der Bevölkerung. Daher sind sie ein ernst zu nehmender Machtfaktor. Wirtschaft und Politik nutzen dieses Instrument, um damit das Bewusstsein der Öffentlichkeit möglichst stark zu beeinflussen.

Entsprechend der Art, wie Informationen dargestellt und verbreitet werden, wird die öffentliche Meinung beeinflusst (manipuliert). Nebst dem Parlament (1. Gewalt, siehe S. 43), der Regierung (2. Gewalt, siehe S. 65) und den Gerichten (3. Gewalt, siehe S. 80) werden die Massenmedien daher häufig auch als 4. Gewalt im Staat bezeichnet.

→ www.verlag-fuchs.ch/staat

Die öffentliche Meinung

Öffentliche Meinung: *Die im Volk vorherrschende Meinung.*

Beispiel: «67% sagen Ja zum AKW-Ausstieg» (05.06.2011)
Gemäss einer repräsentativen Umfrage (1005 Personen) des Gfs.bern zwischen dem 5. und 14. Mai würden 67% der Befragten für einen Atomausstieg stimmen. 65% sind auch bereit, höhere Strompreise für einen AKW-Ausstieg zu bezahlen. Aufgrund der in der Zeitung «Sonntag» publizierten Umfrage wünschen sich aber 84% keine überstürzten Entscheide. Nur 38% sagen Ja zum Einsatz von Gaskombikraftwerken als Zwischenlösung.

Die vorherrschende Meinung wird durch Informationen aus den Massenmedien gebildet. Behörden, Parteien, Verbände und Privatpersonen versuchen dabei, Einfluss auf die Meinungsbildung zu nehmen.

Die Gefahr der einseitigen Beeinflussung

Im Gegensatz zur herkömmlichen Kommunikation (Beispiel: Gespräch zwischen zwei Personen) verläuft der Informationsfluss bei den Massenmedien einseitig:

Der Sender (Interessengruppe, Nachrichtenagentur, Redaktor/Redaktorin) entscheidet, welche Information vermittelt werden soll, und bearbeitet sie nach seiner Vorstellung. Die Empfänger können nicht direkt auf die Information reagieren. Eine direkte Auseinandersetzung mit dem Sender, wie z.B. bei einem Gespräch, ist nicht möglich.

Wenn Empfänger mit dem Inhalt einer Sendung nicht zufrieden sind oder ihnen die Art der Darstellung nicht gefällt, können sie höchstens das Fernsehgerät oder den Radioapparat ausschalten oder einen Leserbrief schreiben.

Da der Sender die Informationen nach seinem Willen bearbeitet, ist die Gefahr der einseitigen Beeinflussung (Manipulation) der Empfänger gross. Nur wer sich vielseitig informiert, ist der Gefahr einseitiger Beeinflussung weniger stark ausgesetzt.

Die politischen Parteien

Politische Partei: *Verein (Verein, siehe ZGB 60 ff.), in dem sich gleichgesinnte Menschen zusammenschliessen mit dem Zweck, an der «Meinungs- und Willensbildung des Volkes mitzuwirken» (BV 137) und wichtige Bereiche des öffentlichen Lebens in Gemeinde, Kanton und Bund nach ihren Vorstellungen und Interessen zu gestalten.*

Aufgaben

1. Rekrutierung von Kandidatinnen und Kandidaten für öffentliche Ämter
Allein für die Besetzung aller Regierungs- und Parlamentssitze auf Bundesebene, in Kantonen und Gemeinden haben die Parteien rund 35000 Personen zu rekrutieren. Hinzu kommen in den Gemeinden Zehntausende von Kommissionssitzen (Bau-, Schul-, Rechnungsprüfungskommission usw.). Dabei müssen die Parteien sicherstellen, dass dafür auch geeignete Leute gefunden werden.

2. Wesentlicher Beitrag zur Meinungsbildung in politischen Sachfragen
Die Parteien müssen sich mit allen politischen Vorlagen befassen. Die grosse Zahl von Abstimmungsvorlagen auf allen drei Ebenen verlangt von den Parteien eine andauernde Meinungsbildung und deren Kommunikation in der Öffentlichkeit mittels Werbung und in den Medien.

3. Bündelung von Interessen
Die Parteien fassen viele in der Gesellschaft bestehende Einzelinteressen zusammen. So wirken sie als ordnende Instanzen, an denen man sich orientieren kann, und schaffen Ausgleich zwischen auseinanderstrebenden Interessen. Diese Funktion ist für den Zusammenhalt unseres vielfältigen Landes (Sprachen, Kulturen, Religionen usw.) von grosser Bedeutung.

4. Mitsprache beim Vernehmlassungsverfahren
BV 147 hält fest: «Die Kantone, die politischen Parteien und die interessierten Kreise werden bei der Vorbereitung wichtiger Erlasse und anderer Vorhaben von grösserer Tragweite sowie bei wichtigen völkerrechtlichen Verträgen zur Stellungnahme eingeladen.»

Anmerkung zu den Parteiporträts (ab Seite 15)

Nachfolgend werden Meinungen, Ziele und Forderungen der von 2011–2015 im National- und im Ständerat vertretenen Parteien kurz aufgelistet. Die Parteien werden gemäss ihrer Stärke im Nationalrat und bei gleicher Stärke in alphabetischer Reihenfolge vorgestellt. Die gelb hinterlegten Texte stammen aus: *Schweizerische Bundeskanzlei (Hrsg.): In der Kürze liegt die Würze. Bern 2011.*

→ www.verlag-fuchs.ch/staat

NICE TO KNOW

Öffentliche Aufgaben

Öffentliche Aufgaben gibt es in verschiedensten Bereichen.

Beispiele dafür sind:

- *Sicherung der nationalen Freiheit und Unabhängigkeit*
- *Lösen von Umweltproblemen*
- *Förderung des öffentlichen Verkehrs*
- *Beschaffung bzw. Einsparung von Energie*
- *Verteilung der öffentlichen Finanzen auf die einzelnen Aufgabenbereiche*
- *Unterstützung der Aus- und Weiterbildung*
- *Bewältigung sozialer Probleme wie Sicherung der Altersrenten, Schaffung einer gerechten Krankenversicherung, Eingliederung von Asylsuchenden*
- *Bau von Schulhäusern, Strassen, Kläranlagen, Spitälern*
- *Schutz der Bevölkerung vor Kriminellen und vor Terroristen*
- *Bekämpfung der Arbeitslosigkeit*
- *Lösen des Drogenproblems*

Die Parteien im Bundesparlament

(Stand: 1.1.2015)

Schweizerische Volkspartei

Nationalrat:
54 Mitglieder
(davon 7 Frauen)

Ständerat:
5 Mitglieder

Bundesrat:
1 Mitglied

Wähleranteil 2011:
26,6%

Schweizerische Volkspartei (SVP)

Gründung: 1936 wurde die Partei gesamtschweizerisch unter dem Namen Bauern-, Gewerbe- und Bürgerpartei, BGB gegründet und 1971 in SVP umbenannt.

Die SVP nimmt eine rechtsbürgerliche Position ein und ist die stärkste Partei der Schweiz. Sie vertritt Gewerbetreibende, Bauern, Unternehmer, aber auch viele einfache Angestellte. Die SVP setzt auf den Alleingang der Schweiz.

Die SVP vertritt all jene, welchen eine unabhängige, neutrale und freie Schweiz wichtig ist, welche die demokratischen Rechte verteidigen und sich gegen immer mehr staatliche Interventionen und unnötige Gesetze wehren wollen.

Unser Rezept
Schweizer Qualität nicht nur im Logo:
Die SVP Schweiz ist die Partei, die ohne Wenn und Aber für die Schweiz einsteht.
Dazu halten wir fest am abgeschlossenen «Vertrag mit dem Volk»:
- Wir wollen der Europäischen Union nicht beitreten
- Wir wollen die kriminellen Ausländer ausschaffen
- Wir wollen für alle die Steuern senken

Mit dieser klaren, auf bürgerlichen Werten basierenden Politik will die SVP unserem Land Wohlstand, Arbeitsplätze und eine sichere Zukunft in Freiheit garantieren.

Sozialdemokratische Partei

Nationalrat:
46 Mitglieder
(davon 23 Frauen)

Ständerat:
11 Mitglieder
(davon 4 Frauen)

Bundesrat:
2 Mitglieder
(davon 1 Frau)

Wähleranteil 2011:
18,7%

Sozialdemokratische Partei (SP)

Gründung: Die Partei wurde gesamtschweizerisch 1888 gegründet.

Die SP vertritt Arbeitnehmerinnen und Arbeitnehmer sowie Leute mit kleineren Einkommen und Renten. Sie ist die grösste nicht bürgerliche Partei.

Die SP Schweiz setzt sich für eine soziale, offene und ökologische Schweiz ein. Die SP will noch mehr Einfluss erhalten in Regierung und Parlament, um sichere Renten, faire Löhne und gerechte Steuern zu garantieren und den notwendigen Reformen für eine moderne Familienpolitik, Chancengleichheit in der Bildung und dem ökologischen Umbau der Wirtschaft zum Durchbruch zu verhelfen.

Unser Rezept
Dafür setzt sich die SP ein:
- *Soziale Sicherheit:* Es kann jederzeit passieren, dass jemand nicht mehr für sich selbst aufkommen kann. Dann braucht es ein soziales Netz, das hält. Die SP setzt sich für eine Gesellschaft ein, die niemanden im Stich lässt.
- *Kaufkraft:* Am Ende des Monats soll auch noch etwas im Portemonnaie übrig sein. Wer arbeitet, soll auch von seinem Lohn leben können. Davon profitieren wir alle – auch die Wirtschaft. Denn auch diese braucht Konsumentinnen und Konsumenten, die sich etwas leisten können.
- *Energieversorgung:* Mit erneuerbaren Energien und mehr Energieeffizienz können wir auch in Zukunft ein angenehmes Leben führen. Damit stoppen wir den Klimawandel, steigen aus der Atomkraft aus und schaffen neue Arbeitsplätze.

→ www.verlag-fuchs.ch/staat

FDP
Die Liberalen

FDP. Die Liberalen

Nationalrat:
30 Mitglieder
(davon 8 Frauen)

Ständerat:
11 Mitglieder
(davon 2 Frauen)

Bundesrat:
2 Mitglieder

Wähleranteil 2011:
15,1%

Freisinnig-Demokratische Partei (FDP). Die Liberalen

Gründung: Die FDP wurde 1894 als gesamtschweizerische Partei gegründet.
Der FDP gehören überdurchschnittlich viele Arbeitgeber, Gewerbetreibende und Kaderleute an, vor allem auch Personen mit einem hohen Einkommen. Sie ist eine bürgerliche Partei.
In ihrer Politik orientiert sich die FDP an den liberalen Grundwerten Freiheit, Verantwortung und Gerechtigkeit.
Die Menschen haben die Freiheit, ihr Glück zu suchen und damit ihr Leben so zu gestalten, wie sie es für richtig halten. Gerechtigkeit stützt sich auf Chancengleichheit jenseits von Herkunft, Geschlecht oder Gesinnung. Damit kann jeder seine Möglichkeiten zum Erfolg nutzen.

Unser Rezept
- *Mehr Arbeitsplätze:* Die FDP setzt sich für optimale wirtschaftliche Rahmenbedingungen ein. Ein starker Werk-, Finanz- und Forschungsplatz schafft Arbeitsplätze und sichert unseren Wohlstand.
- *Sichere Sozialwerke:* Ein Schuldenberg von über 20 Milliarden Franken bedroht die Invaliden- und die Arbeitslosenversicherung. Auch die AHV ist in Gefahr. Die FDP kämpft mit Reformen für sichere Sozialwerke.
- *Schlanker Staat:* Der Staat soll den Bürgern dienen – nicht umgekehrt. Deshalb setzen wir uns für Bürokratieabbau, weniger Einschränkungen und mehr Freiheit ein.

CVP

Christlich-demokratische Volkspartei

Nationalrat:
28 Mitglieder
(davon 8 Frauen)

Ständerat:
13 Mitglieder
(davon 2 Frauen)

Bundesrat:
1 Frau

Wähleranteil 2011:
12,3%

Christlich-demokratische Volkspartei (CVP)

Gründung: Die Partei wurde 1912 unter dem Namen Katholisch Konservative, KK gegründet und 1970 in CVP umbenannt.
Die CVP deckt eine breite Wählerschicht ab: Arbeitnehmer, Arbeitgeber, Bauern, Gewerbetreibende usw. Sie ist eine bürgerliche Partei. Die Mitglieder sind vorwiegend Katholiken.
Die CVP steht ein für eine liberal-soziale Schweiz. Ihre Politik sucht den Ausgleich zwischen Mensch und Gemeinschaft, Eigenverantwortung und Solidarität. Sie gestaltet das Zusammenleben gemäss einem christlichen Menschen- und Gesellschaftsbild.
Die CVP ist die wirtschaftsfreundliche, sozial verantwortliche und eigenständige Kraft im politischen Zentrum.

Unser Rezept
- *Arbeitsplätze erhalten, neue schaffen:* Die CVP fördert den Wirtschaftsstandort Schweiz, setzt auf attraktive Steuern, Innovationskraft und erstklassige Bildung.
- *Familien unterstützen und finanziell entlasten:* Die CVP kämpft für eine bessere Vereinbarkeit von Beruf und Familie. Weiter müssen alle Familien mehr Geld zur Verfügung haben.
- *Soziale Sicherheit auch für kommende Generationen:* Die Finanzierung unserer Sozialwerke ist eine Herausforderung. Die CVP setzt sich mit gezielten Reformen dafür ein.
- *Sorge tragen zu unserer Umwelt:* Die CVP ist die einzige bürgerliche Partei, die eine nachhaltige Umweltpolitik betreibt. Sie setzt auf saubere Energien und fördert Umwelttechnologien.

→ www.verlag-fuchs.ch/staat

Grüne Partei der Schweiz

Nationalrat:
15 Mitglieder
(davon 6 Frauen)

Ständerat:
2 Mitglieder

Wähleranteil 2011:
8,4%

Grüne Partei der Schweiz (GPS)

Gründung: 1983 unter dem Namen GPS, Grüne Partei der Schweiz gegründet und 1993 in «Grüne» umbenannt. Die Grünen sind ein Sammelbecken verschiedener grüner Gruppierungen aus der ganzen Schweiz.
Die Grünen sind die grösste jener Parteien, die nicht im Bundesrat vertreten sind. Sie stellen eine ökologische, soziale und weltoffene Schweiz ins Zentrum. Die Grünen wollen, dass alle Menschen in einer gesunden Umwelt in Würde und Frieden leben können. Ebenso wichtig ist ihnen aber auch ein respektvolles Zusammenleben zwischen Frauen und Männern, zwischen Jung und Alt und anderen Bevölkerungsgruppen.

Unser Rezept
- *Ökologisch konsequent:* Die Schweiz muss ihre Treibhausgas-Emissionen um 40% senken. Die Grüne Klimainitiative ist das richtige Rezept dafür.
- *Wirtschaftlich nachhaltig:* Die Wirtschaft muss ökologischer werden. Sie kann damit nur gewinnen: Investitionen in erneuerbare Energien und Energieeffizienz schaffen tausende Arbeitsplätze.
- *Sozial engagiert:* Die Grünen kämpfen für starke Sozialversicherungen sowie gleiche Rechte und Chancen für alle, unabhängig von Herkunft, Geschlecht und Religion.
- *Global solidarisch:* Grüne Politik hört nicht an der Staatsgrenze auf. Sie engagiert sich für Friedenspolitik statt Militär und Entwicklungs- statt Rüstungszusammenarbeit.

glp
grünliberale partei

Nationalrat:
12 Mitglieder
(davon 4 Frauen)

Ständerat:
2 Mitglieder
(davon 1 Frau)

Wähleranteil 2011:
5,4%

Grünliberale Partei (glp)

Gründung: Ehemalige Mitglieder der GPS haben sich 2004 von der Partei abgespalten und im Kanton Zürich die glp gegründet. Heute ist die glp in nahezu allen Kantonen vertreten.
Grünliberale Politik will das Nachhaltigkeitsdreieck Umwelt, Soziales und Wirtschaft im Gleichgewicht halten. Im Gegensatz zu den Grünen sehen sich die Grünliberalen nicht als linke Partei. Sie definieren sich als neue dynamische Kraft in der Mitte des Parteienspektrums, als bürgerliche Partei.

Unser Rezept
Im Kern grün und im Handeln liberal, suchen wir Wege, Umweltaspekte, Soziales und wirtschaftliche Interessen im Gleichgewicht zu halten. Wir politisieren sachbezogen und mit Respekt. Nicht nur gegenüber der Natur und den Mitmenschen, sondern auch gegenüber den Finanzen. Wir wollen, unabhängig von engen Ideologien, von Religion und Alter oder von links und rechts, Verantwortung wahrnehmen und zeitgemässe Lösungen für heutige und künftige Herausforderungen anbieten. Unser Ziel ist, grünliberale Standpunkte in der Gesellschaft zu vertreten und mit überzeugenden Argumenten Mehrheiten dafür zu gewinnen.

Bürgerlich-Demokratische Partei (BDP)

Bürgerlich-Demokratische Partei

Nationalrat:
9 Mitglieder
(davon 1 Frau)

Ständerat:
1 Mitglied

Bundesrat:
1 Frau

Wähleranteil 2011:
5,4%

Gründung: 1. November 2008. Bei den Bundesrats-Erneuerungswahlen im Jahre 2007 wählte das Parlament anstelle des Amtsinhabers (Christoph Blocher) die Bündner SVP-Regierungsrätin Eveline Widmer-Schlumpf. Weil sie die Wahl angenommen hatte, schloss die schweizerische SVP die Bündner Sektion aus der SVP aus. Dies war der Auslöser für die Entstehung der BDP.
Die BDP sagt: «Aus Unmut über den Entscheid der schweizerischen SVP und aus Protest gegen Stillosigkeit im politischen Schlagabtausch wurden verschiedene Kantons- und Ortssektionen gegründet. Die BDP steht für eine bürgerliche Politik ohne Tabuthemen, Berührungsängste und Personenkult.»

Unser Rezept
Die BDP ist keine Oppositionspartei, sondern kämpft mit anderen bürgerlichen Kräften für tragfähige Lösungen. Sie ist für Wachstum und Fortschritt in der Wirtschaft, aber nicht auf Kosten der Umwelt und der nächsten Generationen. Sie steht zu einer aktiven Mitgliedschaft der Schweiz in der UNO und ist gegen einen EU-Beitritt. Der bilaterale Weg für das Zusammenleben mit der EU ist weiterzuverfolgen. In die erneuerbaren Energiequellen muss weiter investiert werden. Zugleich benötigt die Schweiz moderne Kernkraftwerke, um eine schwerwiegende Versorgungslücke zu vermeiden. Die BDP ist für eine starke und glaubwürdige Sicherheitspolitik. Auslandeinsätze der Armee nach bisherigen Grundsätzen sollen auch in Zukunft möglich sein.

Evangelische Volkspartei (EVP)

Evangelische Volkspartei

Nationalrat:
2 Frauen

Wähleranteil 2011:
2,0%

Gründung: Die Partei wurde 1919 gegründet.
Die EVP versteht sich als Wertepartei. Sie will auf der Grundlage des Evangeliums eine sachbezogene und am Menschen orientierte Politik betreiben.

Unser Rezept
Zuerst die Familie. Eltern in ihrer Erziehungsverantwortung stärken und wo nötig finanziell entlasten. Höhere Kinderzulagen. Schöpfung und Natur nachhaltig nutzen und für künftige Generationen erhalten. Mehr erneuerbare Energien, mehr Klimaschutz. Eine gerechte Wirtschaft, die verantwortungsvoll und fair mit Menschen und Ressourcen umgeht. Angemessene Löhne. Gesunde Staatsfinanzen dank Schuldenabbau vor Steuersenkungen. Ein einfaches Steuersystem ohne Schlupflöcher. Schutz des menschlichen Lebens und seiner Würde. Solidarität mit Schwachen, Armen und Hilflosen. Sichere Sozialwerke, welche die Eigenverantwortung fördern. Zum Wohl der Schweiz!

Lega dei Ticinesi (LEGA)

Gründung: Die Partei wurde 1991 gegründet und ist auf den Kanton Tessin beschränkt.
Die Lega entstand Anfang der Neunzigerjahre aus einer allgemeinen Unzufriedenheit über die Politik im Kanton Tessin; sie fühlt sich dem Geist der Unabhängigkeit verpflichtet und sieht sich deshalb auch als Bewegung und nicht als Partei.

Lega dei Ticinesi

Nationalrat:
2 Mitglieder
(davon 1 Frau)

Wähleranteil 2011:
0,8%

Unser Rezept
Der Lega del Ticinesi liegen unsere Wurzeln und unsere Heimat sehr am Herzen. Eine Sozialpolitik, die sich für die weniger Privilegierten einsetzt, darf nicht eine Politik sein, die allen hilft. Kernpunkt der Sozialpolitik der Lega ist es, zu unterscheiden zwischen denjenigen, die am Wachstum unseres Landes beteiligt waren, und Personen, die von unserem Land nur profitieren. Wir verteidigen unsere Leute vor Übergriffen und Ungerechtigkeiten, wir kämpfen gegen Missbräuche im Asylwesen, bei der Einwanderung und bei den Sozialversicherungen. Wir glauben an eine starke und unabhängige Schweiz, in der das Bankgeheimnis geschützt ist und die im Steuerwettbewerb mit dem Ausland steht. Wir wollen eine sichere Schweiz, ein föderalistisches Vorbild für Europa.

Christlichsoziale Partei (CSP)

Gründung: Die Partei wurde 1970 von gewerkschaftlich orientierten Mitgliedern der ehemals Katholisch Konservativen Partei, KK gegründet.
Im Zentrum der CSP-Politik steht die sichere und würdige Existenz aller Menschen. Politisches Handeln für eine intakte Umwelt, gute Bildungschancen, sichere Arbeitsplätze und Renten sind Schwerpunkte ihrer Arbeit.

Für die CSP politisiert die CVP zu unternehmer- und zu gewerbefreundlich. Sie steht der SP und der Grünen daher näher.

CSP Christlichsoziale Partei

Nationalrat:
1 Mitglied

Wähleranteil 2011:
0,3%
(Der Obwaldner Nationalrat tritt der CVP/EVP-Fraktion bei.)

Unser Rezept
- Viele Jugendliche starten mit einer Lehre in die Berufswelt. Dazu braucht es attraktive Lehrstellen. Betriebe, die zusätzliche Lehrlinge ausbilden, müssen unterstützt werden.
- In der Arbeitswelt braucht es Arbeitsplätze für alle. Auch für junge Menschen ohne Berufserfahrung, für ältere, behinderte und leistungsschwächere Menschen. Es darf nicht sein, dass Menschen entlassen werden, damit Firmen ihren Gewinn maximieren.
- Wer arbeitet und sich einsetzt, muss einen gerechten Lohn dafür erhalten. Vollzeitlöhne für Ausgelernte unter 3000 Franken monatlich decken die Lebenskosten aber nicht. Darum: Löhne müssen existenzsichernd sein.

Mouvement Citoyens Genevois (MCG)

Gründung: Die Partei wurde 2005 von einem ehemaligen SVP-Mitglied gegründet, ist auf den Kanton Genf beschränkt und dort zur zweitstärksten Partei herangewachsen. Die MCG ist ein Sammelbecken von Unzufriedenen.
Die Bewegung kämpft vehement gegen die Grenzgänger, die im benachbarten Frankreich wohnen, aber in Genf arbeiten. Sie lehnt Einwanderung ab und verlangt, gegen Drogendealer hart vorzugehen. Gleichzeitig setzt sie sich für tragbare Wohnungsmieten und für die Betagten ein.

MCG = Mouvement Citoyens Genevois (Genfer Bürgerbewegung)

Nationalrat:
1 Mitglied

Das Links-Rechts-Schema (Beispiel: Nationalrat 2011 – 2015)

Das vorliegende Spektrum versucht, die Parteien zu situieren. Dass die Einordnungen nicht immer stimmen, ist in unserem Staat mit einem Bundes- und 26 Kantonsparlamenten verständlich. Partei X ist im einen Kanton mehr rechts, im anderen mehr links anzusiedeln. Es geht hier also nicht um eine absolut gültige Aussage, sondern um einen groben Überblick, der zum besseren Verständnis beitragen soll.

Tendenzen in der Grundhaltung der Parteien

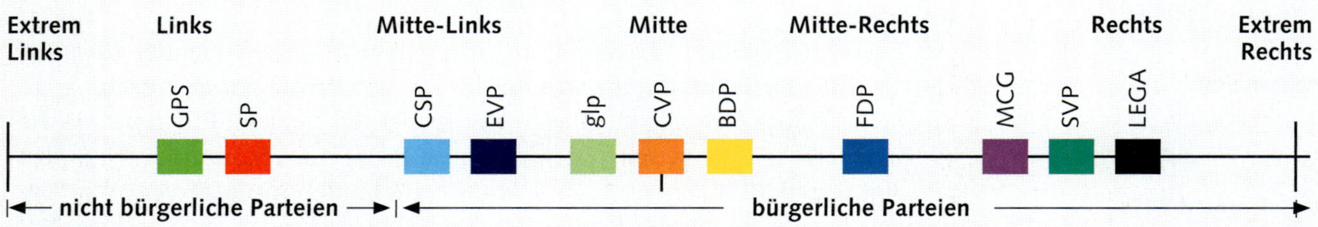

Ganz links und ganz rechts wären undemokratische Parteien (z.B. ganz links müsste man die Kommunisten und die Linksextremen und ganz rechts die Faschisten und Nazis ansiedeln).

Links	Rechts
– Sozial (den benachteiligten Menschen helfen, Probleme der Gemeinschaft gezielt angehen)	– Liberal (die Freiheit und die Selbstverantwortung der einzelnen Person erhalten/fördern)
– Progressiv (Neues schaffen)	– Konservativ (bestehende Ordnung bewahren)
– Mehr staatliche Eingriffe und Hilfen	– Staatliche Eingriffe auf das Notwendigste beschränken
– Vermehrt einheitliche Bundeslösungen (Zentralismus)	– Möglichst unabhängige Kantone (Föderalismus)
– Steht auf der Seite von Arbeitnehmerinnen und Arbeitnehmern	– Steht auf der Seite der Arbeitgeberinnen und Arbeitgeber
– Starke Kürzungen der militärischen Ausgaben, vermehrt Friedenspolitik	– Glaubwürdige Landesverteidigung, daher gut gerüstete Armee
– Weitgehende staatliche Vorschriften (Gebote, Verbote) beim Umweltschutz	– Verantwortung der einzelnen Person im Umweltschutz; möglichst wenig staatliche Eingriffe
– Befürwortet eher einen EU-Beitritt	– Lehnt einen EU-Beitritt eher ab
– Wirtschaftsplanung, Protektionismus, Preiskontrolle, Service public	– Freies Unternehmertum, Deregulierung, ökonomische Anreize

- Für die SP sind die rechts von ihr stehenden Parteien (also CVP, FDP, SVP) die «bürgerlichen Parteien». Spannen diese zusammen, spricht sie vom «Bürgerblock».
- Innerhalb jeder Partei gibt es Leute, die nach links oder nach rechts tendieren oder in der Mitte sind. Zuweilen steht ein «linkes CVP-Mitglied» dem «rechten Flügel der SP» nahe und wird in einigen Sachfragen die SP unterstützen.

Bürgerliche Parteien

Bürgerliche Parteien ist eine Sammelbezeichnung für die Mitte-Links-, Mitte-, Mitte-Rechts- und die Rechts-Parteien. Sie stehen im Gegensatz zu den hauptsächlich sozialdemokratischen, sozialistischen oder kommunistischen Links-Parteien.
Andere Bezeichnungen für «bürgerliche Parteien» sind «nicht sozialistische Parteien» oder «Rechts-Parteien» (vor allem in England und in den USA gebräuchlich).

Die Parteien im Bundesparlament seit 1919

1919 wurde der Nationalrat erstmals nach dem Proporzwahlverfahren gewählt. Die unten aufgeführten Zahlen entsprechen immer der Summe der Sitzzahlen im National- und im Ständerat.

Wahlen	FDP[7]	CVP	SP	SVP	LdU[3]	LPS[7]	EVP	PdA[9]	GPS	SD[4]/R[5]	FPS[6]	glp	BDP[8]	And.	Total
1919	81	58	42	32	—	11	—	—	—	—	—	—	—	9	233
1922	81	61	44	36	—	11	—	2	—	—	—	—	—	7	242
1925	79	60	51	33	—	8	—	3	—	—	—	—	—	8	242
1928	77	65	51	33	—	7	1	2	—	—	—	—	—	6	242
1931	70	62	51	33	—	7	1	2	—	—	—	—	—	5	231
1935	64	61	51	24	7	8	1	2	—	—	—	—	—	13	231
1939	65	61	48	25	9	8	—	—	—	—	—	—	—	15	231
1943	61	62	59	26	5	10	1	—	—	—	—	—	—	14	238
1947	63	62	53	25	8	9	1	7	—	—	—	—	—	10	238
1951	63	66	53	26	10	8	1	5	—	—	—	—	—	8	240
1955	62	65	58	25	10	8	1	4	—	—	—	—	—	7	240
1959	65	65	53	27	10	8	2	3	—	—	—	—	—	7	240
1963[1]	64	66	56	26	10	9	2	4	—	—	—	—	—	7	244
1967	63	63	52	24	17	9	3	5	—	1	—	—	—	7	244
1971	64	61	50	26	14	8	3	5	—	11	—	—	—	2	244
1975	62	63	60	26	12	7	3	4	—	6	—	—	—	1	244
1979[2]	62	62	60	28	8	11	3	3	1	3	—	—	—	5	246
1983	68	60	53	28	8	11	3	1	3	5	—	—	—	6	246
1987	65	61	46	29	9	12	3	1	9	3	2	—	—	6	246
1991	62	52	44	29	6	13	3	2	14	5	8	—	—	8	246
1995	62	50	59	34	4	9	2	3	9	3	7	—	—	4	246
1999	61	50	57	51	1	6	3	3	9	1	—	—	—	4	246
2003	50	43	61	63	—	4	3	2	13	1	—	—	—	6	246
2007	43	46	52	69	—	4	2	1	22	—	—	4	—	3	246
2011	41	41	57	59	—	—	2	—	17	—	—	14	10	5	246

[1] Volk und Stände haben am 4. November 1962 beschlossen, dass der Nationalrat aus 200 Mitgliedern besteht.
[2] In der Abstimmung vom 24. September 1978 wurde der Gründung des Kantons Jura zugestimmt. Seit jenem Zeitpunkt besteht der Ständerat aus 46 Mitgliedern.
[3] Der LdU (Landesring der Unabhängigen) hat Anfang Dezember 1999 die Auflösung der Partei auf eidgenössischer Ebene beschlossen.
[4] SD =Schweizer Demokraten (Partei gegen die Überfremdung der Schweiz)
[5] R = Republikaner (Partei gegen die Überfremdung der Schweiz)
[6] FPS = Freiheits-Partei. 1985 unter dem Namen Autopartei der Schweiz, APS gegründet und 1994 in Freiheits-Partei umbenannt.
[7] FDP (Freisinnig demokratische Partei) und LPS (Liberale Partei der Schweiz) haben Ende 2008 fusioniert und nennen sich fortan FDP.Die Liberalen
[8] Ende 2008 haben sich Teile von der SVP abgespalten und die BDP gegründet.
[9] Die PdA (Partei der Arbeit), nur noch in der Westschweiz vertreten, hat 2011 keinen Sitz mehr errungen.

Verbände

Verband: *Zusammenschluss von Menschen, die auf einem begrenzten Interessengebiet (meist wirtschaftlicher Art) ihre Vorstellungen durchzusetzen versuchen.*

Verbandszwecke

1. Gegenseitige Information der Mitglieder
2. Gemeinsame Interessenwahrung gegen aussen. Beispiele sind:
   - Der Baumeisterverband hilft seinen Mitgliedern bei der Kalkulation von Bauten und achtet darauf, dass jeder Baumeister möglichst auf der gleichen Preisbasis offeriert.
   - Die Gewerkschaften helfen ihren Mitgliedern, die Rechte am Arbeitsplatz durchzusetzen; sie verhandeln mit Verbänden von Arbeitgeberinnen und Arbeitgebern über Gesamtarbeitsverträge.
3. Mitarbeit bei der Gesetzgebung im Vernehmlassungsverfahren, d.h. die Verbände dürfen laut BV 147 ihre Stellungnahme zu einem Gesetzesentwurf abgeben. Damit nehmen sie Einfluss auf die Politik; sie betreiben sogenanntes Lobbying.

Politik und Wirtschaft sind eng miteinander verflochten und beeinflussen einander entsprechend stark. Während Parteien die Exponenten in der Politik stellen, vertreten Verbände meistens die Wirtschaft.
Verbände pflegen bei Wahlen keine eigenen Listen aufzustellen, stattdessen delegieren sie ihre Vertreter in ihnen gesinnungsmässig nahestehende Parteien. Dabei werden die eigenen Leute und die entsprechenden Parteien finanziell stark unterstützt, um sie in die Behörden zu bringen.
Unsere Parlamentarierinnen und Parlamentarier vertreten demnach nicht bloss ihre Parteien, sondern sind auch ihren Verbänden verpflichtet. Im Parlament verfolgen die Intressenvertreter der Verbände ihre Ziele und arbeiten dabei parteiübergreifend zusammen.

Wichtige Verbände

Arbeitgeberverbände

economiesuisse

Verband der Schweizer Unternehmen

sgv usam

Schweizerischer Gewerbeverband

Schweizerischer Arbeitgeberverband

Schweizerischer Bauernverband (SBV)

Arbeitnehmerverbände

Schweizerischer Gewerkschaftsbund (SGB), grösster Dachverband

UNiA

Grösste Gewerkschaft innerhalb des SGB

Travail.Suisse

Zweitgrösster Dachverband für Arbeitnehmerorganisationen

syna

Grösste Gewerkschaft innerhalb des Travail.Suisse

Weitere Verbände (Beispiele)

- *Schweizerischer Hauseigentümerverband (HEV)*
- *Schweizerischer Mieterinnen- und Mieterverband*
- *Pro Natura – Schweizerischer Bund für Naturschutz*
- *Greenpeace Schweiz*
- *diverse Sportverbände*
- *Automobilverbände: ACS, TCS*
- *Verband öffentlicher Verkehr (VöV)*
- *Konsumentenverbände:*
  - *Konsumentenforum Schweiz (KF)*
  - *Stiftung für Konsumentenschutz (SKS)*
- *Verband Schweizer Presse*
- *Spitex Verband Schweiz*

NICE TO KNOW

Man kann nur einer politischen Partei angehören, aber ohne Weiteres gleichzeitig Mitglied in mehreren Verbänden sein.

Beispiel: Frau K. ist
- *als Arbeitnehmerin im Schweizerischen Gewerkschaftsbund*
- *als Autofahrerin im Verkehrsclub der Schweiz*
- *als Naturfreundin im Schweizerischen Bund für Naturschutz*
- *als aktive Sportlerin im Schweizerischen Volleyballverband*

Vergleich: Politische Partei – Verband

	Politische Partei	Verband
Definition	Politischer Verein, in dem sich gleich gesinnte Menschen zusammenschliessen mit dem Zweck, wichtige Bereiche des öffentlichen Lebens in Gemeinde, Kanton und Bund nach ihren Vorstellungen und Interessen zu gestalten.	Zusammenschluss von Menschen, die auf einem begrenzten Interessengebiet (meist wirtschaftlicher Art) ihre Vorstellungen durchzusetzen versuchen.
Organisation	Ortspartei, Kantonalpartei, schweizerische Dachorganisation	Regional und gesamtschweizerisch organisiert
Ziele und Aufgaben	– Stellungnahme zu allen wichtigen politischen Fragen, d.h. die Bürgerinnen und Bürger informieren; das Gesamtwohl steht im Vordergrund – Beteiligung an Wahlen – Mitarbeit bei Gesetzgebung und Regierung	– Teilinteressen vertreten (z.B. Automobilverbände wie TCS, ACS, VCS) und die Interessen der Mitglieder wahrnehmen (gegenseitige Information, gemeinsame Interessenwahrnehmung nach aussen) – Keine selbständige Beteiligung an Wahlen – Mitarbeit bei der Gesetzgebung im Vernehmlassungsverfahren – Verhandlungen mit wirtschaftlichen Partnerinnen und Partnern und mit Behörden
Beitritt	Freiwillig, keine Notwendigkeit (oft aber erforderlich wegen politischer Karriere). Es braucht keine offizielle Beitrittserklärung (Ausnahme: SP).	Meist notwendig, oft gar Verpflichtung
Mitgliederzahl	Gemessen an der Zahl der Bevölkerung: relativ wenig Mitglieder	Auf die Berufsgruppe bezogen: relativ viele Mitglieder
Beiträge	Freiwillige Zuwendungen	Nach Einkommen abgestufte, relativ hohe und für Mitglieder obligatorische Beiträge
Finanzen	Finanzschwach	Finanzkräftig
Leistungen	Die Mitgliedschaft basiert auf einem gemeinsamen Ideal. Daher erfolgen keine direkten materiellen Gegenleistungen.	Die Mitgliedschaft basiert auf einer fühlbaren, oft unentbehrlichen Gegenleistung. In Gesamtarbeitsverträgen werden Mindestlöhne, Reduktion der Wochenarbeitsstunden, Ferien usw. ausgehandelt. Das Mitglied kann sogar unentgeltlich rechtliche Beratung und Vertretung in Anspruch nehmen.

Stimmen, Wählen

Aktives Wahlrecht

▼
▼

Man kann jemanden wählen.

Passives Wahlrecht

▲
▲

Man kann selbst gewählt werden.

Stimmen: *Zu einer Sachvorlage als Ganzes Ja oder Nein sagen.*
Wählen: *Personen in ein Amt einsetzen.*

Wer in der Schweiz das Wahlrecht besitzt, hat sowohl das aktive als auch das passive Wahlrecht. (Auf Bundesebene sind rund 5 Millionen Menschen stimm- und wahlberechtigt, auch der Souverän genannt.)

Das Stimm- und Wahlrecht (siehe BV 34, 39, 136, 143) ist ein politisches Recht (siehe S. 116 und 118). Von diesem Recht kann in der Schweiz auf Bundes-, Kantons- und Gemeindeebene Gebrauch machen, wer
- das Schweizer Bürgerrecht hat und
- volljährig (mindestens 18 Jahre alt) ist (im Kanton Glarus: aktives Wahlrecht auf Kantons- und Gemeindeebene bereits ab 16 Jahren).

Nicht stimm- und wahlberechtigt sind Personen,
- die dauerhaft urteilsunfähig sind oder
- die durch eine vorsorgebeauftragte Person vertreten werden.

Stimmabgabe

Stimmen und wählen kann man:
- an der Urne (Öffnungszeiten der Urnenbüros beachten) und
- brieflich (Unterschrift auf der Stimmkarte nicht vergessen).

Im Einvernehmen mit interessierten Kantonen und Gemeinden erlaubt es der Bund, dass diese versuchsweise die elektronische Stimmabgabe einführen (z.B. SMS, Internet). Dieses E-Voting dürfte die Abstimmungsmöglichkeit der Zukunft werden.

Komplexe Abstimmungen organisieren

Bei komplexen Abstimmungen wird nach folgendem Ablauf vorgegangen:
- Zuerst werden die kleinen Differenzen einander gegenübergestellt.
- Dann werden die nächstgrösseren Differenzen einander gegenübergestellt.
- Erst zum Schluss stehen sich die Hauptdifferenzen gegenüber.

Beispiel:
In einem Sportklub hat der Vorstand eine Erhöhung der Mitgliederbeiträge beantragt: Die Aktivmitglieder sollen statt CHF 50.– neu CHF 100.– bezahlen. An der Generalversammlung werden folgende Änderungsanträge eingereicht:
a) Fritz Meier beantragt, der Beitrag soll nur auf CHF 70.– angehoben werden.
b) Susi Müller verlangt, dass der Mitgliederbeitrag CHF 75.– betragen soll.
c) Paul Ehrler beantragt, es seien in Zukunft CHF 85.– zu bezahlen.

Die Generalversammlung stimmt ab:
1. über die kleinsten Differenzen: CHF 70.– (Meier) gegen CHF 75.– (Müller).
2. danach wird der Betrag, der obsiegt hat, dem Antrag Ehrler (CHF 85.–) gegenübergestellt.
3. der «Sieger» aus dieser Abstimmung wird nun dem Antrag des Vorstandes, der CHF 100.– wünscht, gegenübergestellt.

→ CiviCampus

NICE TO KNOW

In mehreren Kantonen erteilen Kirchgemeinden auch den niedergelassenen Ausländerinnen und Ausländern das Stimm- und Wahlrecht. Die Forderung nach «Mitbestimmung der niedergelassenen Ausländerinnen und Ausländer in politischen Bereichen» stösst derzeit noch auf grossen Widerstand und dürfte in den nächsten Jahren kaum zu realisieren sein.
Einzig die Kantone Waadt, Genf und Appenzell Ausserrhoden (auf Gemeindeebene), Neuenburg und Jura (auf Gemeinde- und zum Teil auf Kantonsebene) räumen bisher solche Rechte ein.

Verschiedene Arten von Mehr

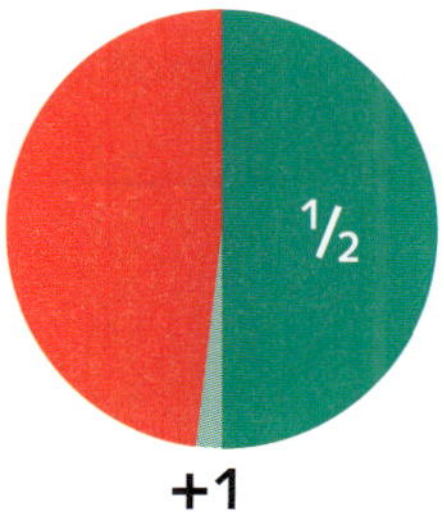

Absolutes Mehr (Die Hälfte + 1)

Absolutes Mehr: *Mindestens die Hälfte aller gültigen abgegebenen Stimmen +1*

Beispiel: 800 Wahlzettel wurden in die Urne gelegt. 12 davon waren ungültig und 37 leer. Von den eingelegten Wahlzetteln werden die ungültigen und die leeren weggezählt.
800–12–37 = 751 gültige Wahlzettel
751 : 2 = 375,5 (0,5 wird abgerundet). 375 + 1 = 376 **(Absolutes Mehr)**

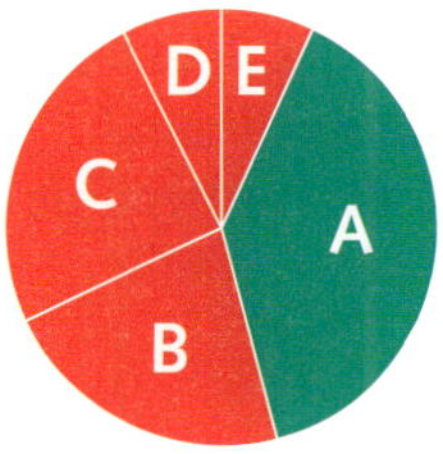

Relatives Mehr

Relatives Mehr: *Wer am meisten Stimmen erhält, ist gewählt.*

Beispiel: Es erhalten Stimmen: A 4085, B 2218, C 2659, D 811 und E 754. Gewählt ist A. Das absolute Mehr wird nicht ermittelt, da es keine Rolle spielt.

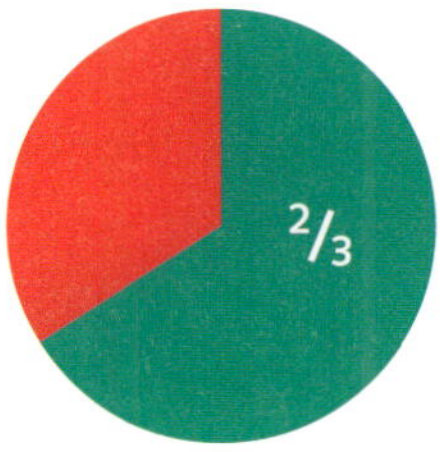

Qualifiziertes Mehr

Qualifiziertes Mehr: *Erforderlich ist eine Zahl, die über dem absoluten Mehr liegt, zum Beispiel eine Mehrheit von ⅔, ¾, ⅘.*

Beispiel: In Vereinsstatuten kann man oftmals lesen: «Die Statuten können nur geändert werden, wenn ⅔ aller Mitglieder der Änderung zustimmen.»

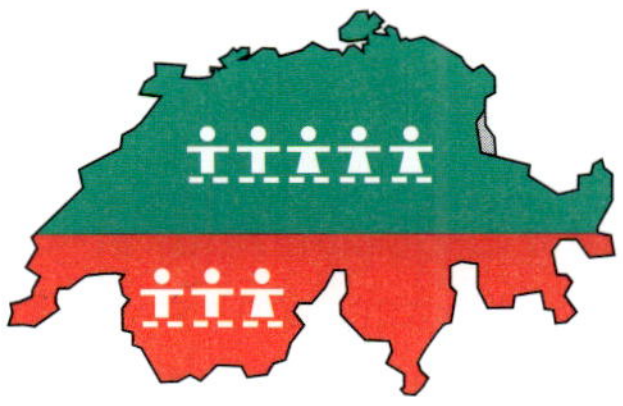

Volksmehr

Volksmehr: *Die Mehrheit der gültig stimmenden Personen*

Beispiel: Das Abstimmungsresultat zu einer eidgenössischen Vorlage ergibt: 1 557 483 Ja-Stimmen gegen 823 621 Nein-Stimmen.
Zur Annahme eines Gesetzes ist das Volksmehr erforderlich.

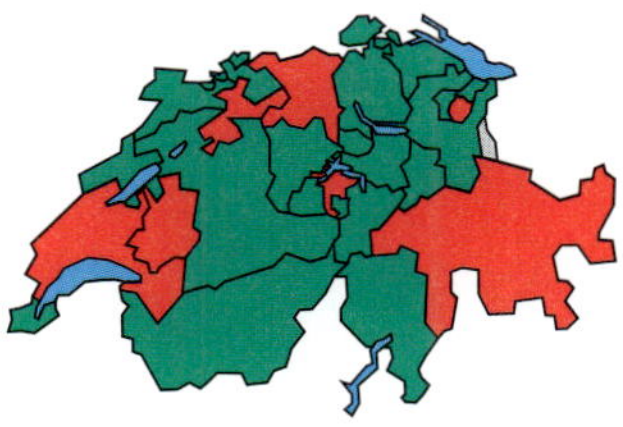

Ständemehr

Ständemehr: *Die Mehrheit der Kantone (Stände)*

Beispiel: Damit das Ständemehr erreicht wird, muss die Summe der Standesstimmen, die die Vorlage bejahen, mindestens 12 betragen.
Das Volksmehr im jeweiligen Kanton entscheidet, ob dieser Kanton als «Ja-Kanton» oder als «Nein-Kanton» gewertet wird. Die Kantone AR, AI, BS, BL, OW und NW zählt man als halbe Stimme (BV 142).
Es gibt keine Abstimmung, bei der nur das Ständemehr allein erforderlich wäre. Ein Unentschieden bei den Ständen bedeutet bereits Ablehnung der Vorlage.

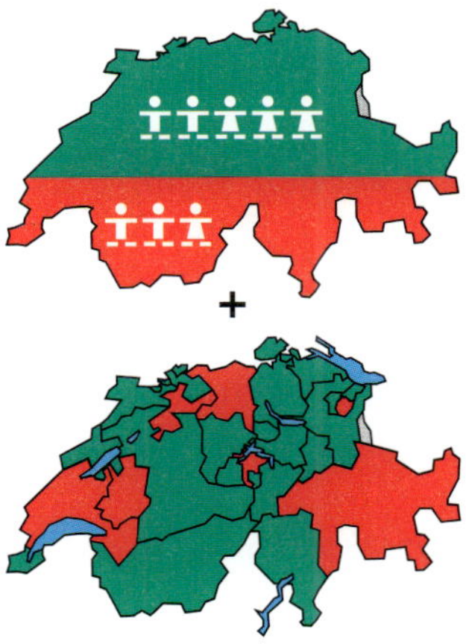

Doppeltes Mehr

Doppeltes Mehr: *Volks- und Ständemehr zusammen*

Beispiel:

Volksmehr:	1 557 483 Ja	gegen 823 621 Nein
Ständemehr:	15½ Kantone Ja	gegen 7½ Kantone Nein

Bei Änderungen der Verfassung (BV 140, 195), bei dringlichen Bundesgesetzen ohne Verfassungsgrundlage (BV 140, 165) und für den Beitritt zu gewissen internationalen Organisationen (BV 140) ist das doppelte Mehr erforderlich.

Das Majorzwahlverfahren

Majorz: *Wahlverfahren, bei dem die Mehrheit entscheidet, wer gewählt ist, während die Minderheit nicht berücksichtigt wird.*

Anwendung

- Der Majorz wird angewendet, wenn nur ein einziger Sitz zu vergeben ist.
  Beispiele:
  - Bundespräsidentin oder Bundespräsident
  - Bundeskanzlerin oder Bundeskanzler
  - in den Kantonen AR, AI, BS, BL, OW, NW: Mitglied des Ständerates
  - UR, OW, NW, GL, AR, AI: einziges Mitglied des Nationalrates
- Das Majorzwahlverfahren kommt auch zur Anwendung, wenn eine Behörde aus mehreren Mitgliedern besteht. Jedes Mitglied wird aber einzeln gewählt.
  Beispiele:
  - Mitglieder des Bundesrates und des Bundesgerichts
  - Mitglieder einer kantonalen Regierung (Regierungsrat/Staatsrat) (Ausnahme: Im Kanton Tessin gilt der Proporz.)
  - Mitglieder einer Regierung auf Ebene Gemeinde/Stadt
  - Mitglieder des Ständerates (Für Jura und Neuenburg gilt der Proporz.)
- Ein Kandidat darf nur 1× auf den Wahlzettel geschrieben werden.

Wer ist gewählt?

- Im Allgemeinen: Wer im 1. Wahlgang das absolute Mehr erreicht, ist gewählt.
- Erreicht niemand im ersten Wahlgang das absolute Mehr, findet ein zweiter Wahlgang statt, bei welchem dann meistens das relative Mehr gilt.
  Ausnahmen:
  - Die Vereinigte Bundesversammlung wählt so oft, bis jemand das absolute Mehr erreicht hat. Grund: Das Wahlprozedere kann ohne grossen Aufwand wiederholt werden. Das Amt ist zudem so bedeutungsvoll, dass die gewählte Person von der Mehrheit getragen werden soll.
  - Bei Nationalratswahlen in kleinen Kantonen mit nur 1 Sitz gilt bereits im 1. Wahlgang das relative Mehr. Es gibt keinen 2. Wahlgang.

Vorteile

- Es ist ein sehr einfaches Wahlverfahren.
- Da es sich um Persönlichkeitswahlen handelt, haben auch Leute eine Chance, die keiner Partei angehören.

Nachteile

- Starke Parteien werden bevorzugt, Minderheiten gehen leer aus.
- Wenig bekannte Personen haben praktisch keine Aussicht auf eine Wahl.

Stille Wahl

Stille Wahlen kann es geben, wenn für eine Wahl nur so viele Personen vorgeschlagen werden, wie Sitze zu verteilen sind, d.h. es muss nicht gewählt werden. Dies in folgenden Fällen:
- bei Nationalratswahlen mit genau gleich vielen Kandidaten wie Sitze in einem Kanton
- auf Kantons- und Gemeindeebene, wenn das kantonale Recht dies zulässt.

→ CiviCampus
→ www.verlag-fuchs.ch/staat

Das Proporzwahlverfahren

Proporz: *Wahlverfahren, bei dem die Sitze annähernd im Verhältnis zu den erzielten Parteistimmen auf die Parteien verteilt werden.*
Jeder Kanton hat gemäss BV Anspruch auf mindestens einen Sitz.

Anwendung

Der Proporz kommt mit ganz wenigen Ausnahmefällen dann zur Anwendung, wenn das Volk seine Vertreterinnen und Vertreter ins Parlament wählt. Im Proporz werden folgende Behörden gewählt:

- **Nationalrat** (Volksvertretung auf Bundesebene, BV 149)
  Grundsatz: Jeder Kanton hat gemäss BV Anspruch auf mindestens einen Sitz. Die Kantone AR, AI, OW, NW, UR und GL stellen im Nationalrat aufgrund ihrer Einwohnerzahl nur ein Mitglied. Es wird im Majorzwahlverfahren gewählt.
- **Grosser Rat/Kantonsrat/Landrat** (Volksvertretung auf Kantonsebene)
  Je nach Kanton heisst das Parlament Grosser Rat, Kantonsrat oder Landrat. (Die Kantone AI, AR und GR wählen ihr Kantonsparlament noch im Majorz.)
- **Einwohnerrat/Grosser Gemeinderat/Grosser Stadtrat** (Volksvertretung auf Gemeindeebene)

Wer ist gewählt?

Zwei Voraussetzungen sind notwendig:
- Die Partei muss prozentual genügend Parteistimmen erhalten, um einen oder mehrere Sitze zu erobern.
- Innerhalb der Partei erhalten jene Kandidatinnen und Kandidaten die Sitze, die am meisten Kandidatenstimmen erzielt haben.

Vorteile

- Das Abbild des Volkes im Parlament ist beim Proporzwahlverfahren genauer.
- Auch kleine Parteien haben eine Chance, Sitze zu gewinnen.
- Es ist nur ein einziger Wahlgang nötig.

Nachteile

- Es ist ein kompliziertes Wahlverfahren.
- Für die Wählenden ist es meistens unmöglich, alle vorgeschlagenen Kandidatinnen und Kandidaten persönlich zu kennen.

Begriffe beim Proporzwahlverfahren

Parteistimmen
Stimmen, die alle Kandidatinnen und Kandidaten einer Partei zusammen erhalten plus die Zusatzstimmen.

Kandidatenstimmen
Stimmen, die für eine Kandidatin oder einen Kandidaten abgegeben werden. Wichtig: Jede kandidierende Person ist gleichzeitig auch Trägerin einer Stimme für ihre Partei.

Zusatzstimmen
Stimmen, die auf keine Kandidatin oder keinen Kandidaten lauten, aber der Partei gegeben werden. Leere oder durchgestrichene Zeilen gelten für die Partei als Zusatzstimmen, sofern der Wahlzettel eine Parteibezeichnung trägt.

→ CiviCampus

NICE TO KNOW

Damit jemand an den Nationalratswahlen teilnehmen kann, muss er schriftlich bestätigen, dass er den Wahlvorschlag annimmt. Jeder Wahlvorschlag muss handschriftlich von einer Mindestzahl von Stimmberechtigten unterzeichnet werden. 100 Unterschriften sind in den Kantonen bis zu 10 Sitzen, 200 Unterschriften in den Kantonen bis zu 20 Sitzen und 400 Unterschriften in den Kantonen Zürich und Bern notwendig.

Möglichkeiten beim Proporzwahlverfahren

Liste 1	Partei A
1.1	Otto E.
1.2	Fritz B.
1.3	Werner I.

Keine Veränderung

Man legt einen vorgedruckten Wahlzettel (Parteiliste) unverändert in die Wahlurne ein.

Stimmen erhalten:
Partei A: 3 Parteistimmen
Jeder Kandidat: 1 Kandidatenstimme

Liste 2	Partei B
2.1	Pia H.
~~2.2~~	~~Karl E.~~
2.3	Regina T.

Streichen

Man darf auf dem vorgedruckten Wahlzettel einen Namen streichen. Der Wahlzettel muss aber mindestens eine wählbare Person enthalten.

Stimmen erhalten:
Partei B: 3 Parteistimmen
Pia H. und Regina T.: je 1 Kandidatenstimme
Die nun leere Zeile verbleibt der Partei B als eine Parteistimme (Zusatzstimme).

Liste 3	Partei C
3.1	Sandra K.
3.2	Jürg W.
~~3.3~~	~~Judith E.~~
3.2	Jürg W.

Kumulieren

Man darf auf dem vorgedruckten Wahlzettel handschriftlich einen Namen ein zweites Mal aufführen oder den Namen beim Panaschieren zweimal hinschreiben. (Sofern keine leeren Zeilen vorhanden sind, müssen Sie zuvor aber noch einen Namen streichen.)

Stimmen erhalten:
Partei C: 3 Parteistimmen
Kandidatenstimmen: für Jürg W. 2, für Sandra K. 1.
Judith E. erhält keine Kandidatenstimme mehr.

Liste 4	Partei D
4.1	Heiri S.
~~4.2~~	~~Ernst B.~~
4.3	Walter P.
1.1	Otto E.

Panaschieren

Man schreibt einen Namen, der auf einer anderen Liste steht, auf die ausgewählte vorgedruckte Liste.

Stimmen erhalten:
Partei D: 2 Parteistimmen
Partei A: 1 Parteistimme
Jeder Kandidat: 1 Kandidatenstimme (ausgenommen Ernst B.)
Partei D verliert somit eine Parteistimme an die Partei A des Kandidaten Otto E.

2.2	Karl E.

Leere Liste ohne Parteibezeichnung

Stimmen erhalten:
Partei B: 1 Parteistimme
Karl E.: 1 Kandidatenstimme
Die zwei leeren Zeilen gelten als «verloren», da die Liste keine Parteibezeichnung trägt. Die Stimmkraft wurde nicht voll ausgenützt.

Liste 3	Partei C
2.1	Pia H.

Leere Liste mit Parteibezeichnung

Stimmen erhalten:
Partei C: 2 Parteistimmen
Partei B: 1 Parteistimme
Pia H.: 1 Kandidatenstimme
Die leere Liste trägt eine Parteibezeichnung. Daher werden die leeren Zeilen dieser Partei zugerechnet (= Zusatzstimmen).

→ CiviCampus

Gültige Wahl beim Nationalratsproporz

Vorschriften

- Man darf nur einen amtlich gedruckten (offiziellen) Wahlzettel verwenden.
- Man darf den Wahlzettel nur handschriftlich ausfüllen oder verändern.
- In Kantonen mit mehreren Sitzen sind nur die Namen gültig, die auf einem der vorgedruckten Wahlzettel stehen.
- Auf jeder Liste muss mindestens ein gültiger Kandidatenname stehen.
- Es dürfen nicht mehr Kandidatennamen aufgeführt sein, als im Kanton Mitglieder für den Nationalrat zu wählen sind. (Enthält ein Wahlzettel mehr Namen als Sitze zu vergeben sind, werden überzählige Namen in folgender Reihenfolge gestrichen: Zuerst werden die letzten vorgedruckten Namen, die nicht von Hand kumuliert worden sind, gestrichen. Dann werden die letzten handschriftlich ausgefüllten Namen gestrichen.)
- Bei allen Kandidatennamen, die von Hand eingesetzt werden, muss man klar angeben, wen man meint (Name und Vorname, wenn nötig Adresse, Beruf usw.), um Verwechslungen auszuschliessen.
- Sind leere Zeilen vorhanden, so kann darauf kumuliert und/oder panaschiert werden, ohne dass dabei ein anderer Name gestrichen werden muss.
- Beim Kumulieren dürfen keine Gänsefüsschen ("), «dito» und dergleichen verwendet werden.
- Kein Kandidatenname darf mehr als zweimal aufgeführt werden.

Hinweis: Änderungen und Ergänzungen mit Bleistift sind gültig.

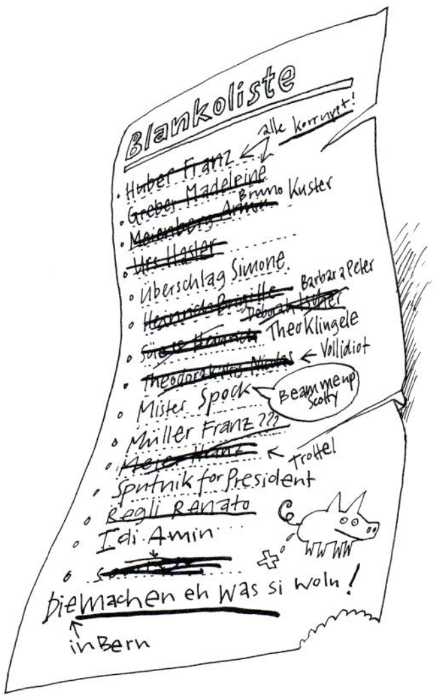

Ungültige Wahlzettel

- Wahlzettel mit ehrverletzenden Äusserungen
- Wahlzettel mit offensichtlichen Versuchen einer Verletzung des Stimmgeheimnisses (offensichtliche Kennzeichnungen)
- Unterschriebene Wahlzettel
- Wahlzettel ohne einen gültigen Kandidatennamen
- Verwendung eines nicht offiziellen (nicht amtlichen) Wahlzettels
- Mechanisch (z.B. mit Schreibmaschine) veränderte Wahlzettel
- Mehr als ein Wahlzettel in einem Wahlcouvert

→ CiviCampus

NICE TO KNOW

Die Verteilung der 200 Nationalratssitze im Jahr 2015:

Zürich	*35*	*Basel-Landschaft*	*7*	*Schaffhausen*	*2*
Bern	*25*	*Freiburg*	*7*	*Jura*	*2*
Waadt	*18*	*Solothurn*	*6*	*Uri*	*1*
Aargau	*16*	*Thurgau*	*6*	*Obwalden*	*1*
St. Gallen	*12*	*Basel-Stadt*	*5*	*Nidwalden*	*1*
Genf	*11*	*Graubünden*	*5*	*Glarus*	*1*
Luzern	*10*	*Neuenburg*	*4*	*Appenzell AR*	*1*
Tessin	*8*	*Schwyz*	*4*	*Appenzell IR*	*1*
Wallis	*8*	*Zug*	*3*		

In den Kantonen Uri, Obwalden, Nidwalden, Glarus, Appenzell Innerrhoden und Appenzell Ausserrhoden wird das Mitglied des Nationalrates im Majorzwahlverfahren gewählt.

Die Sitzverteilung beim Proporz (Beispiel)

Annahme Ein Kanton hat 3 Nationalratssitze zu vergeben. Um diese 3 Sitze bewerben sich 3 Parteien mit insgesamt 8 Kandidatinnen und Kandidaten. Sie haben folgende Stimmenzahlen erhalten:

Liste 1	Partei X	Liste 2	Partei Y	Liste 3	Partei Z
Romy D.	11 204	Josef F.	8 444	Werner J.	6 534
Judith S.	13 400	Ruth K.	5 519	Heidi K.	6 009
Peter M.	9 412			Hans M.	4 421
Zusatzstimmen	1 523	Zusatzstimmen	402	Zusatzstimmen	1 189
Total Parteistimmen:	**35 539**	Total Parteistimmen:	**14 365**	Total Parteistimmen:	**18 153**

Die Sitzverteilung erfolgt nach folgender Berechnung:

1. Das Total aller Parteistimmen wird ermittelt.

Partei X		**Partei Y**		**Partei Z**		**Total aller Parteistimmen**
35 539	+	14 365	+	18 153	=	68 057

2. Das Total aller Parteistimmen wird durch die Anzahl der zu vergebenden Sitze + 1 dividiert. 68 057 : (3+1) = 17 014.25.
   Die nächsthöhere ganze Zahl ist dann die Verteilerzahl: 17 015.

3. Die Verteilung der Sitzzahl wird errechnet, indem das Total der jeweiligen Parteistimmen durch die Verteilerzahl dividiert wird.

Parteistimmen			**Verteilerzahl**		**Anzahl Sitze**
Partei X	35 539	:	17 015	=	2 Sitze
Partei Y	14 365	:	17 015	=	kein Sitz
Partei Z	18 153	:	17 015	=	1 Sitz
	68 057 : (3+1)	=	17 014,25		

Sofern die Partei Sitze erhalten hat, sind die Kandidatinnen und Kandidaten mit den höchsten Stimmenzahlen gewählt.

Partei X	**Partei Y**	**Partei Z**
Judith S.	niemand	Werner J.
Romy D.		

Fazit Beim Proporzwahlverfahren werden in erster Linie Parteien und innerhalb der Parteien die Kandidaten mit der höchsten Stimmenzahl gewählt, während die Majorzwahl stark personenbezogen ist, bei der ausschliesslich Kandidaten gewählt werden.

Der doppelte Pukelsheim

In der Schweiz wird bei Parlamentswahlen häufig in sogenannten Wahlkreisen gewählt. In einem Kanton werden z.B. 6 Wahlkreise gebildet, die proportional zur Bevölkerungsgrösse Abgeordnete ins Parlament entsenden können. Damit will man erreichen, dass alle Regionen im Parlament vertreten sind. Oft sind die Wahlkreise jedoch unterschiedlich gross. In diesem Fall haben in den kleinen Wahlkreisen die grossen Parteien einen Vorteil. Beispiel: In einem Wahlkreis mit 25 Sitzen braucht eine Partei etwa 4% der Stimmen für einen Sitz; hier haben also auch kleine Parteien eine Chance auf einen Parlamentssitz. In einem Wahlkreis, der nur 4 Vertreter entsenden darf, braucht eine Partei rund 25 Prozent für einen Sitz; hier sind kleine Parteien chancenlos. Tendenziell erreichen in diesem Wahlsystem die grossen Parteien mehr Sitze als ihnen von den Wählerprozenten zustehen würden.

Der deutsche Mathematiker Friedrich Pukelsheim hat ein System entwickelt, das ein Wählen in Wahlkreisen nach wie vor zulässt und dennoch eine weniger verzerrte Sitzverteilung ermöglicht. Der Grundgedanke ist einfach: Zuerst wird der Sitzanspruch jeder Partei für das gesamte Wahlgebiet (z.B. den Kanton) errechnet. In einem zweiten Schritt werden dann die Sitze so auf die Wahlkreise verteilt, dass jeder Wahlkreis gleich viele Sitze erhält wie im bisherigen System (daher doppelter Pukelsheim).
Die Kantone Aargau, Nidwalden, Schaffhausen, Zug, Schwyz und Zürich wenden bei der Wahl des Kantonsparlaments den doppelten Pukelsheim bereits an.

2. Institutionen

Die 3 Staatsformen

Souveräne Staaten (siehe S. 152) sind unterschiedlich aufgebaut. Man unterscheidet grundsätzlich zwischen Einheitsstaat und Bundesstaat. Zudem können Staaten untereinander Bündnisse schliessen (Staatenbund).

Der Einheitsstaat

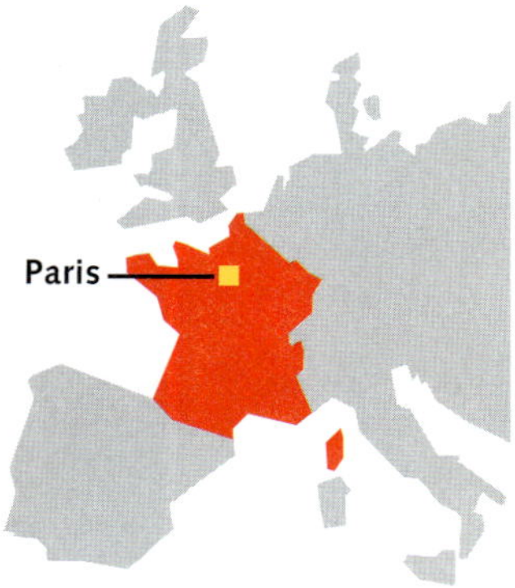

Einheitsstaat: *Staat, der von einem Zentrum aus einheitlich regiert wird (daher auch «Zentralstaat» genannt). Im ganzen Land gibt es nur eine einzige Regierung. Überall gelten die gleichen Gesetze.*

Die staatliche Organisation beruht auf dem Zentralismus.

Zentralismus: *Der Staat ist bestrebt, von seinem politischen Zentrum aus möglichst alle bedeutenden Aufgaben in eigener Kompetenz zu lösen. Er wird einheitlich gelenkt und verwaltet. Es existiert eine einheitliche Gesetzgebung.*

Vorteile:
- Leicht zu regieren
- Alle Aufgaben werden einheitlich gelöst (Klarheit).
- Entscheide können schneller gefällt und ausgeführt werden.

Nachteile:
- Die Regierung vernachlässigt oft Minderheiten im Staat (Sprache, Religion, wirtschaftliche Randgebiete).
- Grosser, wenig übersichtlicher Verwaltungsapparat

Beispiele: Frankreich, Italien, Norwegen, Schweden, Portugal, Griechenland, Japan, Volksrepublik China

Der Bundesstaat

Bundesstaat: *Zusammenschluss von Teilstaaten, die nach aussen einen Gesamtstaat bilden.*

Die einzelnen Teilstaaten können nicht mehr aus dem Gesamtstaat austreten; sie würden militärisch daran gehindert. (Ausnahme: Die anderen Teilstaaten sind einverstanden, dass ein Teil austritt.) Aufgrund eines Vertrages (foedus = Bündnis) werden die Aufgabenbereiche zwischen dem Gesamtstaat und den Teilstaaten aufgeteilt (siehe S. 95). Der Gesamtstaat löst Aufgaben, die im Interesse aller Teilstaaten liegen (Auswärtige Angelegenheiten, Geld- und Währungspolitik, Zölle usw.).

Die Teilstaaten haben sich aber Aufgabenbereiche vorbehalten, die sie in eigener Kompetenz lösen wollen, zum Beispiel das Schulwesen, die Steuerhoheit, die Polizeihoheit. Nebst der Regierung des Gesamtstaates besteht in jedem Teilstaat eine eigene Regierung und eine eigene Verfassung.

Grundsätzlich geht das Recht des Gesamtstaates dem Recht der Teilstaaten vor. Daher ist jeder Teilstaat nur so weit selbständig, als dies mit dem Recht des Gesamtstaates vereinbar ist. Diese staatliche Organisation beruht auf dem Föderalismus.

Föderalismus: *Die Teilstaaten innerhalb eines Gesamtstaates sind bestrebt, möglichst selbständig zu bleiben und ihre Eigenart zu bewahren.*

Vorteile:
- Jeder Teilstaat kann seine Interessen besonders zur Geltung bringen.
- Ein föderalistisch regierter Staat kann Rücksicht auf Minderheiten nehmen.
- Die Verwaltung ist persönlicher, übersichtlicher, volksnaher (zum Beispiel kleinere Wahlkreise, Kandidatinnen und Kandidaten sind besser bekannt).

Nachteile:
- Die Vielfalt in den Teilstaaten kompliziert das Zusammenleben (zum Beispiel verschiedene Schulsysteme) und wird bis zu einem gewissen Grad auch als ungerecht empfunden (zum Beispiel verschieden hohe Steuerbelastungen).
- Ein föderalistisch organisierter Staat arbeitet langsamer, schwerfälliger. Entscheide müssen erst durchdiskutiert und mit Kompromissen errungen werden.

Beispiele:
Schweiz (26 Kantone), Deutschland (16 Bundesländer), Österreich (9 Bundesländer), USA (50 Staaten).

Der Staatenbund

Staatenbund: *Zusammenschluss von selbständigen Staaten, die eine oder mehrere Aufgaben (zum Beispiel wirtschaftliche, militärische) gemeinsam lösen wollen. Die miteinander verbündeten Staaten bleiben grundsätzlich souverän.*

Der Staatenbund besteht nicht aus einem einzigen, in sich abgeschlossenen Staatsgebiet und ist daher auch kein eigentlicher Staat.
Die einzelnen Staaten können wieder aus dem Staatenbund austreten, indem sie den Vertrag kündigen. Jeder Staat entscheidet auch allein darüber, welche Befugnisse er dem Staatenbund abtreten will. Die Beschlüsse des Staatenbundes sind für die einzelnen Mitgliedsstaaten nicht verbindlich. Die nationalen Parlamente müssen Beschlüsse im Nachhinein genehmigen, damit diese rechtskräftig werden.

Vorteile:
- Aufgaben können effizienter gelöst werden (z.B. wirtschaftliche, siehe OPEC).
- Gegenüber den am Staatenbund nicht beteiligten Staaten kann stärker aufgetreten werden.

Nachteile:
- Entscheidungen sind für die einzelnen Staaten nicht bindend. Es können daher trotz Bündnis uneinheitliche Lösungen bestehen bleiben.
- Um tragfähige Lösungen zu finden, einigt man sich oftmals auf den kleinsten gemeinsamen Nenner. Somit werden Probleme nur langsam gelöst.

Beispiele:
- UNO (Vereinte Nationen, siehe S. 182 ff.)
- Europarat (Europäischer Staatenbund, siehe S. 161 ff.)
- NATO (Nordatlantikpakt; westliches Militärbündnis, siehe S. 192 ff.)
- OPEC (Organisation Erdöl exportierender Länder)
- AU (Afrikanische Union)

Die 12 OPEC-Staaten

- *Algerien*
- *Angola*
- *Ecuador*
- *Irak*
- *Iran*
- *Katar*
- *Kuwait*
- *Libyen*
- *Nigeria*
- *Saudi-Arabien*
- *Vereinigte Arabische Emirate*
- *Venezuela*

NICE TO KNOW

Bundesstaat

In einem Bundesstaat drängt sich die Frage auf, ob man einen starken Gesamtstaat wünscht und damit mehr Zentralismus in Kauf nimmt oder ob man starke Gliedstaaten bevorzugt und dadurch mehr Föderalismus bejaht. Wird die zentralistische Tendenz zu extrem, wandelt sich der Bundesstaat mehr und mehr zu einem Einheitsstaat. Im gegenteiligen Fall besteht die Gefahr, dass der Bundesstaat in Einzelstaaten zerfällt. Bei neuen Aufgaben muss jeweils entschieden werden, wer dafür zuständig sein soll.

3 Bundesstaaten und ihre politischen Systeme

Kapitol, Washington

Reichstagsgebäude, Berlin

«Das Parlament», Wien

USA

Hauptstadt: Washington
50 Bundesstaaten
318,31 Millionen Einwohner (2014)

Staatsoberhaupt/Regierungschef
Präsident ist Staatsoberhaupt und Regierungschef in Personalunion (präsidiales Regierungssystem). Vom Volk gewählt; maximal 2 Amtsperioden zu 4 Jahren. Ist mit enormer Machtfülle ausgestattet (u.a. auch Oberbefehlshaber der Armee).

Das Parlament kann den Präsidenten nicht stürzen.

Gesetzesvorlagen des Kongresses kann der Präsident durch sein Veto ablehnen. Er kann jedoch durch eine Zweidrittelmehrheit beider Kammern überstimmt werden.

Parlament
Kongress, setzt sich aus zwei gleichberechtigten Kammern zusammen.

- **Repräsentantenhaus:** 435 Abgeordnete (jeder Bundesstaat stellt Abgeordnete entsprechend seiner Einwohnerzahl), Amtszeit: 2 Jahre
- **Senat:** 100 Senatoren (jeder Bundesstaat ist, unabhängig von Grösse und Bevölkerungszahl, mit 2 Senatoren vertreten.) Amtszeit: 6 Jahre (Alle 2 Jahre wird ⅓ neu gewählt.)

Deutschland

Hauptstadt: Berlin
16 Bundesländer
81,67 Millionen Einwohner (2014)

Staatsoberhaupt
Bundespräsident; vom Bundestag für 5 Jahre gewählt; einmalige Wiederwahl ist erlaubt. Er erfüllt vorwiegend repräsentative Aufgaben, ernennt und entlässt den Bundeskanzler sowie die Bundesminister.

Regierungschef
Bundeskanzler; Leiter der Bundesregierung. Bestimmt die Richtlinien der Politik und trägt dafür die Verantwortung.

Kann vom Bundestag durch ein Misstrauensvotum gestürzt werden (parlamentarisches Regierungssystem).

Parlament
Besteht aus zwei nicht gleichberechtigten Kammern.

- **Bundestag:** 630 Mitglieder (598 reguläre sowie 32 weitere Sitze aufgrund von Restmandaten der Parteien). Vom Volk für 4 Jahre gewählt. Der Bundestag ist die gewichtigere der beiden Kammern.
- **Bundesrat:** Die 69 Mitglieder gehören zugleich ihren jeweiligen Landesregierungen an, die je nach Bevölkerungsstärke der Länder zwischen 3 und 6 Mitglieder stellen. Er beteiligt sich vor allem am Gesetzgebungsverfahren.

Österreich

Hauptstadt: Wien
9 Bundesländer
8,54 Millionen Einwohner (2014)

Staatsoberhaupt
Bundespräsident, vom Volk für 6 Jahre gewählt; einmalige Wiederwahl ist erlaubt. Er erfüllt vorwiegend repräsentative Aufgaben, ernennt und entlässt den Bundeskanzler sowie die Bundesminister.

Regierungschef
Bundeskanzler; leitet die Bundesregierung, bestimmt die Richtlinien der Politik und trägt dafür die Verantwortung.

Der Nationalrat kann der gesamten Bundesregierung oder einzelnen ihrer Mitglieder jederzeit das Misstrauen aussprechen und sie somit absetzen.

Parlament
Besteht aus zwei nicht gleichberechtigten Kammern.

- **Nationalrat:** 183 Mitglieder; für 5 Jahre gewählt. Der Nationalrat ist die dominierende Kammer.
- **Bundesrat:** 61 Mitglieder (Zahl kann ändern), die von den Landtagen nach der Stärke der Parteien für 4 oder 6 Jahre entsandt werden. Er vertritt die Bundesländer. Hat geringeren Einfluss als der Nationalrat. Verfügt über das Vetorecht, das jedoch vom Nationalrat durch einen Beharrungsbeschluss übergangen werden kann.

3 Einheitsstaaten und ihre politischen Systeme

Palais Bourbon, Paris

Palazzo Montecitorio, Rom

Reichstag, Stockholm

Frankreich

Hauptstadt: Paris
66,05 Millionen Einwohner (2014)

Staatsoberhaupt
Staatspräsident, direkt vom Volk auf 5 Jahre gewählt, mit grosser Machtbefugnis ausgestattet. Hat gegenüber Gesetzgebungsbeschlüssen des Parlaments das Vetorecht. Ist Oberbefehlshaber der Streitkräfte. Ernennt den Premierminister, bestimmt die Aussen- und die Innenpolitik (präsidiales Regierungssystem).
Der Staatspräsident kann nicht gestürzt werden. Er selber kann aber den Premierminister entlassen sowie die Nationalversammlung auflösen.

Regierungschef
Premierminister. Ihm bleibt vorwiegend die Rolle eines ausführenden Organs der politischen Ziele des Präsidenten sowie die Ausführung der Gesetzesbeschlüsse des Parlaments. Ist nur der Nationalversammlung gegenüber verantwortlich.

Parlament
Besteht aus zwei nicht gleichberechtigten Kammern.
- **Nationalversammlung:**
  577 Mitglieder, vom Volk auf 5 Jahre gewählt. Sie ist das Parlament mit Entscheidungsbefugnissen.
- **Senat:**
  348 Mitglieder, von Wahlkollegien auf 6 Jahre gewählt.
  Der Senat ist ein beratendes Gremium und hat u.a. das Recht, Gesetzesvorlagen zu überprüfen. Die Nationalversammlung hat aber das letzte Entscheidungsrecht.

Italien

Hauptstadt: Rom
60,89 Millionen Einwohner (2014)

Staatsoberhaupt
Staatspräsident (mindestens 50-jährig), vom Parlament auf 7 Jahre gewählt. Seine Stellung übersteigt die üblichen repräsentativen Aufgaben. Er ist Oberbefehlshaber der Streitkräfte, hat das Recht, das Abgeordnetenhaus und den Senat aufzulösen. Ernennt und entlässt die Regierungsmitglieder und kann eine geeignete Person mit der Regierungsbildung beauftragen. Er hat das Vetorecht bei vom Parlament verabschiedeten Gesetzen. Dieses Vetorecht kann aber vom Parlament überstimmt werden.

Regierungschef
Ministerpräsident ist der Chef des Ministerrates. Bestimmt die Richtlinien der Politik.
Kann durch ein Misstrauensvotum gestürzt werden.

Parlament
Besteht aus zwei nicht gleichberechtigten Kammern.
- **Abgeordnetenhaus:**
  630 Mitglieder, Volkswahl; 5-jährige Amtsdauer. Ist das dominierende Gesetzgebungsorgan.
- **Senat:**
  315 Senatoren vertreten die Regionen, Volkswahl, 5-jährige Amtsdauer Hinzu kommen vom Staatspräsidenten ernannte Senatoren auf Lebenszeit (verdiente, herausragende Persönlichkeiten, u.a. sind alle aus dem Amt scheidenden Staatspräsidenten ebenfalls Senatoren auf Lebenszeit).

Schweden

Hauptstadt: Stockholm
9,7 Millionen Einwohner (2014)

Staatsoberhaupt
König, erfüllt nur repräsentative Aufgaben (parlamentarische Monarchie). In der Verfassung ist festgelegt, dass der König keine politische Macht besitzt. Er hat aber das Recht, dass der Premierminister ihn über die Innen- und Aussenpolitik informiert.

Regierungschef
Premierminister, auf Vorschlag des Reichstagspräsidenten vom Reichstag gewählt. Bestimmt die Richtlinien der Politik, trägt dafür die Verantwortung. Die Regierung hat das Recht, Neuwahlen auszuschreiben. Somit endet die vierjährige Amtsdauer der Abgeordneten vorzeitig.

Parlament
Einkammerparlament

Reichstag:
349 Abgeordnete. Amtsdauer: 4 Jahre.
Der Reichstag kann durch ein Misstrauensvotum einzelne Minister oder den Premierminister absetzen.

Die Schweizer Geschichte im Überblick

13. bis 15. Jahrhundert

Im Raum der heutigen Schweiz entstehen, wie in anderen Gebieten des Deutschen Reiches auch, unzählige Bündnisse zwischen Städten, Adligen und lokalen Führungsgruppen (z.B. reiche Äbte, Viehhändler, Kaufleute und Söldnerführer). Dieses lockere Bündnissystem, das sich immer wieder verändert, geht vermutlich von den Städten aus, die ihre wichtigen Handelsrouten über die Alpenpässe sichern und wirtschaftlich kontrollieren wollen. In der zweiten Hälfte des 15 Jahrhunderts entsteht nach einem heftigen internen Krieg wegen eines Erbstreits zwischen Zürich, Schwyz und Glarus ein erstes eidgenössisches Bündnis, das gegen Innen eine gewisse Einheit bildete, aber noch lange keine Stabilität hatte. Der Weiterbestand war in den folgenden hundert Jahren mehr als einmal in Gefahr.

1499 Im Schwabenkrieg können die Eidgenossen erfolgreich ihre Reichsunabhängigkeit behaupten.

1481–1513 Der Bund erweitert sich um 5 weitere Orte: Freiburg, Solothurn, Basel, Schaffhausen und Appenzell. St. Gallen, Mühlhausen, Biel und Rottweil sind zugewandte Orte, während das Wallis und die Drei Bünde (heute: Graubünden) mit den Eidgenossen gleichberechtigt verbündet sind.

1510–1515 Die Eidgenossen wollen weitere Gebiete im Süden erobern. Nach der Niederlage gegen ein französisches Heer bei Marignano kommt die Expansionspolitik der Eidgenossenschaft abrupt zu einem Ende.

Glaubensspaltung und absolute Herrschaft

1527–1531 Die Reformation greift auf die Eidgenossenschaft über. Besonders Zwingli in Zürich und Calvin in Genf verbreiten das neue Gedankengut. Die Schweiz spaltet sich in zwei konfessionelle Lager, die sich erbittert bekämpfen. In den beiden Kappeler Kriegen können die katholischen Orte die reformierten Orte besiegen. Die politische Vorherrschaft der katholischen Orte dauert knapp 200 Jahre an.

1648 Nach dem 30-jährigen Krieg (1618–1648) trennt sich die Eidgenossenschaft endgültig vom Deutschen Reich.

1653 Die schlechte wirtschaftliche Lage nach dem 30-jährigen Krieg führt zu Bauernaufständen, die von der Obrigkeit mit aller Härte niedergeschlagen werden.

1712 Im zweiten Villmerger Krieg besiegen die reformierten Orte die katholischen Orte. Damit geht die Vorherrschaft der katholischen Orte zu Ende.

1700–1798 Innerhalb der ursprünglich landwirtschaftlichen Strukturen wächst die Industrialisierung stetig, vor allem in den reformierten Gebieten. Anfang 19. Jahrhundert ist die Schweiz eines der am weitesten industrialisierten Gebiete in Europa. Wie in allen umliegenden Ländern versuchen auch in der Eidgenossenschaft die Herrschenden, ihre absolute Herrschaft gegen die Untertanen durchzusetzen. Von Genf über Neuenburg, Basel und Zürich kommen die Ideen der Aufklärung in die Schweiz.

Die Staatskrise 1798 – 1848

1798–1803 Nach dem Einmarsch französischer Truppen wird die Schweiz radikal umgestaltet: Die Helvetische Republik wird ein republikanischer Einheitsstaat, der stark unter der Kontrolle Frankreichs steht. In der Folge ist auch die Schweiz Kriegsschauplatz, auf dem sich die europäischen Grossmächte Frankreich, Russland und Österreich bekämpfen.

1803 Nach inneren Unruhen mit mehreren Staatsstreichen gibt Napoleon der Schweiz eine Mediationsverfassung, die den Kantonen wieder eine gewisse Eigenständigkeit zurückgibt. Anstelle der alten Untertanengebiete entstehen neue Kantone: Waadt, Tessin, Thurgau, St. Gallen und Aargau. Hinzu kommt auch Graubünden.

1814 Nach der Niederlage Frankreichs gegen die monarchistischen Grossmächte Europas kehren Genf, das Wallis und Neuenburg endgültig in die restaurierte Eidgenossenschaft zurück: In den 22 Kantonen wird wieder wie vor der Revolution 1798 geherrscht.

1815 Am Wiener Kongress anerkennen die europäischen Grossmächte die «immerwährende Neutralität» der Schweiz.

1815–1830 Während politisch die alten Herrschaftsformen wiederhergestellt werden, entwickelt sich die Schweiz wirtschaftlich rasant weiter. Dabei wird die Expansion des freien Unternehmertums durch die kantonale Aufsplitterung (Zölle, Masse, Gewichte, Währungen) stark behindert.

1830–1847 Regeneration: Unter dem Druck der wirtschaftlichen Entwicklung werden in etwa der Hälfte der Kantone liberale Verfassungen geschaffen, die den Bürgern wirtschaftliche und politische Freiheiten garantieren. In der Folge bekämpfen sich die liberalen Kantone und die konservativen Kantone erbittert.

1848 Nach dem Sonderbundskrieg (1847), der mit einem Sieg der liberalen Kräfte in der Schweiz endet, wird die Schweiz zu einem liberalen Bundesstaat umgestaltet.

Die Entwicklung des neuen Bundesstaates

1848–1874	Die Liberalen (die Freisinnigen) dominieren den neuen Bundesstaat, die Konservativen müssen sich mit der Rolle der Opposition zufriedengeben. Nach 26 Jahren wird die Verfassung total revidiert: Das Referendumsrecht wird neu eingeführt.
1874–1914	Die Weiterentwicklung der Industrialisierung führt auch zu einem schnellen Aufbau eines dichten Eisenbahnnetzes, das mit dem Gotthard- und dem Simplontunnel zwei technische Meisterleistungen aufweist. Der Fremdenverkehr beginnt sich rasch zu entwickeln.
1891	Das Initiativrecht wird neu in der Verfassung verankert.
1898	Die Eisenbahnen werden verstaatlicht, es entstehen die SBB.

Der industrialisierte Kleinstaat im 20. und 21. Jahrhundert

1914–1919	Während des Ersten Weltkrieges verhält sich die Schweiz neutral, doch ist sie einer inneren Zerreissprobe ausgesetzt, denn die Deutschschweizer sympathisieren mit den Deutschen, während die Romands mit den Franzosen mitfühlen.
1918	Der Generalstreik der unter wirtschaftlicher Not leidenden Arbeiterschaft wird mit Truppen aus bäuerlichen und katholischen Kantonen bekämpft.
1919	Der Nationalrat wird erstmals im Proporzverfahren gewählt. Damit geht die Vorherrschaft des Freisinns zu Ende.
1920	Das Schweizervolk nimmt knapp den Beitritt der Schweiz zum Völkerbund an.
1929	Auch in der Schweiz sind die negativen Folgen der Weltwirtschaftskrise zu spüren.
1939–1945	Im Zweiten Weltkrieg kann die Schweiz mit einer Politik des Widerstandes und der Anpassung sich aus dem Kriegsgeschehen halten.
1945–1970	Nach dem Zweiten Weltkrieg erlebt die Schweiz einen Konjunkturaufschwung. Er hält lange an – auch dank dem Friedensabkommen zwischen den Arbeitgeber- und den Arbeitnehmerorganisationen.
1947	Die AHV wird in der Schweiz eingeführt.
1959	Die Zusammensetzung des Bundesrates erfolgt erstmals nach der «Zauberformel».
1963	Die Schweiz tritt dem Europarat bei.
1971	Das Frauenstimmrecht wird auf Bundesebene eingeführt.
1978	Aus einem Teil des Kantons Bern entsteht der 23. Kanton der Schweiz, der Kanton Jura.
1984	Elisabeth Kopp wird erste Bundesrätin.
1986	Das Stimmvolk lehnt den Beitritt der Schweiz zur UNO ab.
1992	Volk und Stände verwerfen den Beitritt zum Europäischen Wirtschaftsraum (EWR).
2000	Das Volk nimmt die bilateralen Verträge zwischen der Schweiz und der EU an.
2002	Im März stimmen Volk und Stände dem Beitritt der Schweiz zur UNO zu. Am 10. September wird sie in New York offiziell in die UNO aufgenommen.
2003	Mit der Wahl eines 2. SVP-Bundesrates erhält die Zauberformel eine neue Zusammensetzung (2 SVP-, 2 SP-, 2 FDP- und 1 CVP-Bundesrat).
2005	Das Schweizervolk stimmt dem Beitritt zu den Abkommen von Schengen und Dublin zu und befürwortet auch die Ausdehnung der Personenfreizügigkeit auf alle 25 EU-Staaten.
2006	Der neue Bildungsartikel wird in die Verfassung aufgenommen. Ebenfalls stimmt das Schweizervolk einem neuen Asyl-, einem neuen Ausländergesetz und der Vereinheitlichung der kantonalen Kinderzulagen zu.
2007	Die Vereinigte Bundesversammlung wählt anstelle des offiziellen SVP-Kandidaten ein anderes SVP-Mitglied in den Bundesrat. In der Folge erklärt die SVP, dass sie die beiden SVP-Bundesräte nicht als ihre Bundesräte ansehe und daher in die Opposition gehe.
2008	Wegen der Finanzkrise stützt der Bund im Oktober die schwer angeschlagene UBS mit einem Notkredit von CHF 6 Milliarden und die Nationalbank kauft der UBS für CHF 62 Milliarden «faule» Papiere ab.
2009	Infolge der weltweiten Finanzkrise muss die Schweiz auf Druck grosser Staaten (USA, Deutschland, Frankreich, Italien) das Bankgeheimnis faktisch aufgeben.
2011	Bundesrat und Parlament beschliessen, bis 2034 definitiv aus der Atomenergie auszusteigen. Die Vereinigte Bundesversammlung hält an der Zusammensetzung des Bundesrats fest: Je 2 Vertretungen von SP und FDP, je 1 Vertretung von CVP, BDP und SVP.
2014	Mit einem knappen Mehr von 50,3 Prozent nehmen Volk und Stände die Masseneinwanderungsinitiative der SVP an. Die EU beharrt in der Folge auf der Beibehaltung der Personenfreizügigkeit.

Die Bundesverfassung (BV)

Bundesverfassung: *Sie ist das Grundgesetz unseres Staates, gleichermassen das rechtliche Fundament.*

Merkmale

Die Bundesverfassung ordnet das öffentliche Leben in grossen Zügen und nicht in allen Einzelheiten:

- Sie bestimmt die Träger der Macht (Volk, Stände, Parlament, Regierung, Gerichte) und deren Verhältnis zueinander.
- Sie sorgt für die Ausbalancierung der Gewalten.
- Sie ist das Grundinstrument, um Macht an Recht zu binden.
- Sie garantiert den Bürgerinnen und Bürgern Rechte und Freiheiten und auferlegt ihnen Pflichten.
- Sie verteilt die Kompetenzen (Wer macht was?) zwischen
  - Bund und Kantonen
  - den Bundesbehörden.
- Sie ist die Basis für alle Gesetzbücher. Sie erteilt dem Bund die Erlaubnis, Gesetze zu schaffen, wie das Zivilgesetzbuch (ZGB, in BV 122), das Obligationenrecht (OR, in BV 122), das Strassenverkehrsgesetz (SVG, in BV 82), das Strafgesetzbuch (StGB, in BV 123), das Berufsbildungsgesetz (BBG, in BV 63), das Arbeitslosenversicherungsgesetz (in BV 114) usw.

Die neue Bundesverfassung

Ende 1998 haben die Eidgenössischen Räte eine neue Bundesverfassung verabschiedet, die am 18. April 1999 von Volk (969 385 Ja gegen 669 179 Nein) und Ständen (13 Ja gegen 10 Nein) gutgeheissen wurde. Die Stimmbeteiligung betrug 35,8%. Die neue BV wurde auf den 1. 1. 2000 in Kraft gesetzt.

Vorteile der neuen BV

- Die neue Bundesverfassung ist in verständlicher Sprache geschrieben.
- Sie ist klar gegliedert und vollständig.
- Bisher ungeschriebenes Verfassungsrecht und verfassungswürdige Gesetzesbestimmungen wurden neu in die Verfassung aufgenommen.
- Anderseits wurde eine ganze Reihe veralteter oder nicht verfassungswürdiger Bestimmungen nicht mehr weitergeführt.
- Sie enthält verschiedene inhaltliche Neuerungen.
- Sie gilt als Grundlage für weitere Reformen wie
  - die Volksrechtsreform (siehe S. 108 ff.),
  - die Justizreform (siehe S. 80 ff.),
  - die Staatsleitungsreform (siehe S. 65 ff.),
  - die Föderalismusreform (siehe S. 32 f.),

  welche in den kommenden Jahren sukzessive ausgearbeitet und Volk und Ständen zur Entscheidung unterbreitet werden.

→ CiviCampus

→ www.verlag-fuchs.ch/staat

NICE TO KNOW

«BBL, Vertrieb Publikationen»

Die EDMZ wurde dem Bundesamt für Bauten und Logistik (BBL) integriert. Beim «BBL, Vertrieb Publikationen», 3000 Bern, kann jedermann unter anderem die Bundesverfassung und weitere Erlasse beziehen.

Aufbau und Inhalt der BV

Präambel

Allgemeine Bestimmungen	**BV**	**1 – 6**
Grundrechte, Bürgerrechte und Sozialziele	**BV**	**7 – 41**
1. Kapitel: Grundrechte	BV	7 – 36
2. Kapitel: Bürgerrechte und politische Rechte	BV	37 – 40
3. Kapitel: Sozialziele	BV	41
Bund, Kantone und Gemeinden	**BV**	**42 – 135**
1. Kapitel: Verhältnis von Bund und Kantonen	BV	42 – 53
1. Abschnitt: Aufgaben von Bund und Kantonen	BV	42 – 43
2. Abschnitt: Zusammenwirken von Bund und Kantonen	BV	44 – 49
3. Abschnitt: Gemeinden	BV	50
4. Abschnitt: Bundesgarantien	BV	51 – 53
2. Kapitel: Zuständigkeiten	BV	54 – 125
1. Abschnitt: Beziehungen zum Ausland	BV	54 – 56
2. Abschnitt: Sicherheit, Landesverteidigung, Zivilschutz	BV	57 – 61
3. Abschnitt: Bildung, Forschung und Kultur	BV	62 – 72
4. Abschnitt: Umwelt und Raumplanung	BV	73 – 80
5. Abschnitt: Öffentliche Werke und Verkehr	BV	81 – 88
6. Abschnitt: Energie und Kommunikation	BV	89 – 93
7. Abschnitt: Wirtschaft	BV	94 – 107
8. Abschnitt: Wohnen, Arbeit, soziale Sicherheit und Gesundheit	BV	108 – 120
9. Abschnitt: Aufenthalt und Niederlassung von Ausländerinnen und Ausländern	BV	121
10. Abschnitt: Zivilrecht, Strafrecht, Messwesen	BV	122 – 125
3. Kapitel: Finanzordnung	BV	126 – 135
Volk und Stände	**BV**	**136 – 142**
1. Kapitel: Allgemeine Bestimmungen	BV	136 – 137
2. Kapitel: Initiative und Referendum	BV	138 – 142
Die Bundesbehörden	**BV**	**143 – 191**
1. Kapitel: Allgemeine Bestimmungen	BV	143 – 147
2. Kapitel: Bundesversammlung	BV	148 – 173
1. Abschnitt: Organisation	BV	148 – 155
2. Abschnitt: Verfahren	BV	156 – 162
3. Abschnitt: Zuständigkeiten	BV	163 – 173
3. Kapitel: Bundesrat und Bundesverwaltung	BV	174 – 187
1. Abschnitt: Organisation und Verfahren	BV	174 – 179
2. Abschnitt: Zuständigkeiten	BV	180 – 187
4. Kapitel: Bundesgericht	BV	188 – 191
Revision der Bundesverfassung	**BV**	**192 – 195**
1. Kapitel: Revision	BV	192 – 195
2. Kapitel: Übergangsbestimmungen	BV	196

Die Gewaltenteilung

Gewaltenteilung: *Die Ansammlung von zu grosser Machtfülle in der Hand einer einzelnen Person soll verhindert werden, indem die Staatsgewalt aufgeteilt und drei voneinander unabhängigen Funktionsträgern zugeordnet wird.*

Zweck der Gewaltenteilung

Die Erfahrung zeigt: Macht führt zu Machtmissbrauch. Macht ist jedoch ein wichtiges Element der Politik. Damit Machtmissbrauch vermieden werden kann, müssen verschiedene Mächte einander begrenzen und kontrollieren.

Staatsgewalt

Parlament (Legislative) (Rechtsetzung)	Regierung (Exekutive) (Rechtsanwendung)	Gerichte (Judikative) (Rechtsprechung)
– Gesetze geben – Kontrolle von Regierung/Verwaltung	– Gesetze ausführen – regieren – Staat lenken	– richten – strafen – schlichten

	Parlament	Regierung	Gerichte
Bund	**Bundesversammlung** (Nationalrat mit 200 und Ständerat mit 46 Mitgliedern)	**Bundesrat** (7 Mitglieder)	**Bundesgericht** (35–45 Mitglieder)
Kanton	**– Grosser Rat – Kantonsrat – Landrat – Landsgemeinde**	**– Regierungsrat – Staatsrat** (5–7 Mitglieder)	**– Obergericht – Kantonsgericht**
			– Amtsgericht – Bezirksgericht – Kreisgericht
Gemeinde	**– Gemeindeversammlung – Einwohnerrat – Grosser Gemeinderat – Grosser Stadtrat**	**– Gemeinderat – Kleiner Stadtrat**	**Schlichtungsbehörde** (Friedensrichter/in oder Vermittler/in)

Im modernen Staatsrecht spricht man nicht mehr von Legislative, Exekutive und Judikative/Justiz. Diese Begriffe werden ersetzt durch Parlament, Regierung und Gerichte.

Der Grund liegt darin, dass die Gewalten nicht strikte voneinander getrennt sind (daher reden wir ja auch von Gewaltenteilung) und weil jede der drei Staatsgewalten auch vereinzelt Funktionen der anderen Gewalten wahrnimmt.

Beispiele:

- Die Bundesversammlung wirkt mit an der Legislaturplanung der Regierung (Staatsleitungsfunktion) oder erteilt Konzessionen an AKWs (Verwaltungsfunktion).
- Der Bundesrat erlässt Verordnungen zu den Gesetzen des Parlaments. (Dies ist eine parlamentarische Tätigkeit.)
- Das Bundesgericht wählt die Angestellten der Gerichtsverwaltung, wie Gerichtsschreiber usw. (Dies ist eigentlich eine Tätigkeit der Regierung.)

→ CiviCampus

→ www.verlag-fuchs.ch/staat

Die Gewalten auf Bundesebene

Rund 5 Millionen stimm- und wahlberechtigte Personen

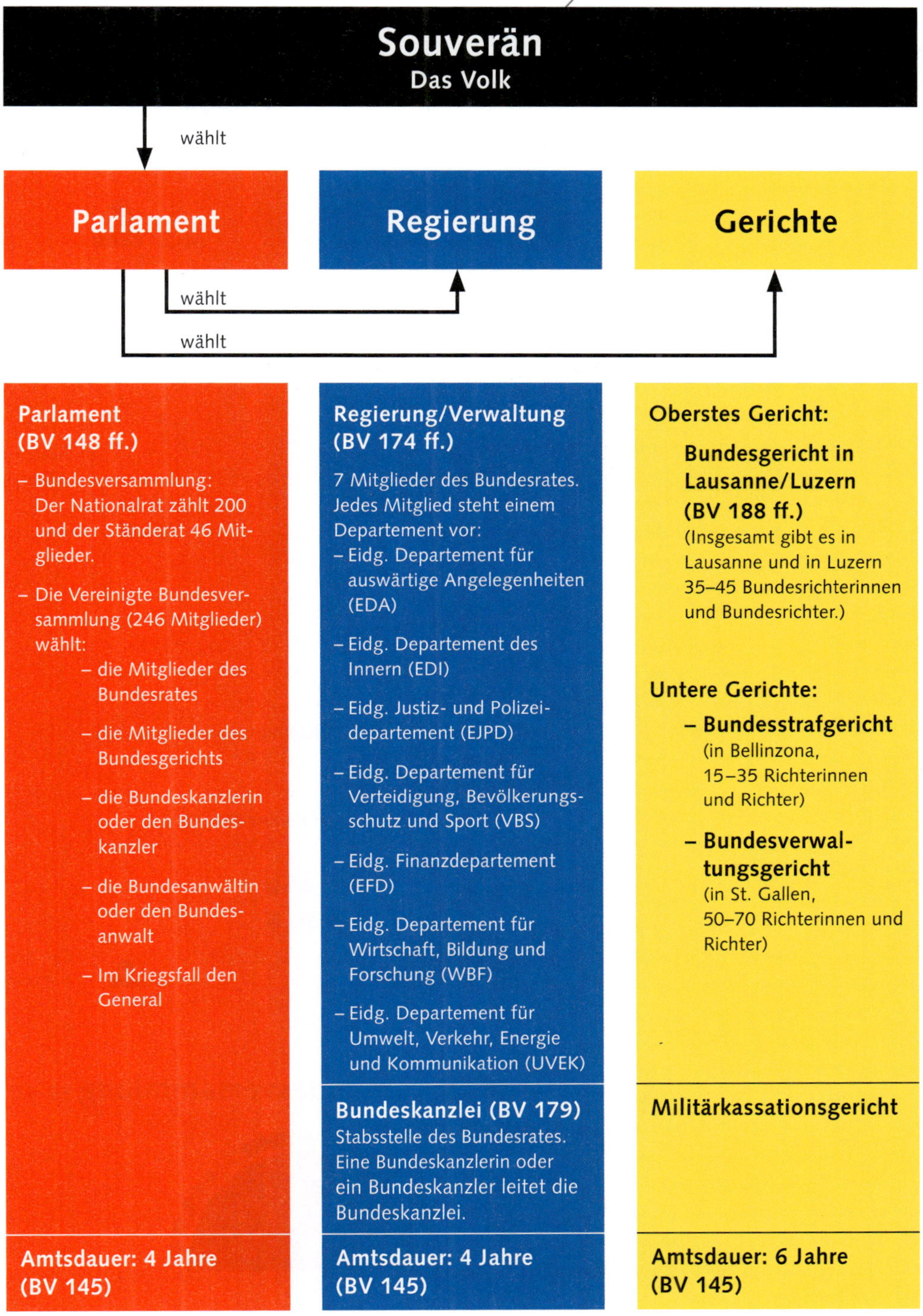

Der Unvereinbarkeitsartikel

Gemäss BV 144 dürfen auf Bundesebene die Mitglieder einer Behörde nicht gleichzeitig einer anderen angehören (horizontale Gewaltenteilung). So darf ein Mitglied des Parlaments nicht gleichzeitig Mitglied des Bundesrates oder des Bundesgerichts sein. Bundesangestellte sind zudem nicht in den Nationalrat wählbar.

Das Bundesrecht kennt dagegen keine vertikale Trennung zwischen Bund, Kantonen und Gemeinden. Daher ist es dort, wo Kantonsbestimmungen dies nicht verbieten, möglich, über die Ebenen hinaus Ämter zu bekleiden (Ämterkumulation).
Beispiele:
- Regierungsrätin und National- oder Ständerätin
- Grosser Rat (Kantonsrat, Landrat) und National- oder Ständerat
- Gemeinderätin und National- oder Ständerätin

Institutionen der Bundesversammlung (Überblick)

Die Bundesversammlung (S. 43)

Der Nationalrat (S. 44) **Der Ständerat** (S. 44)

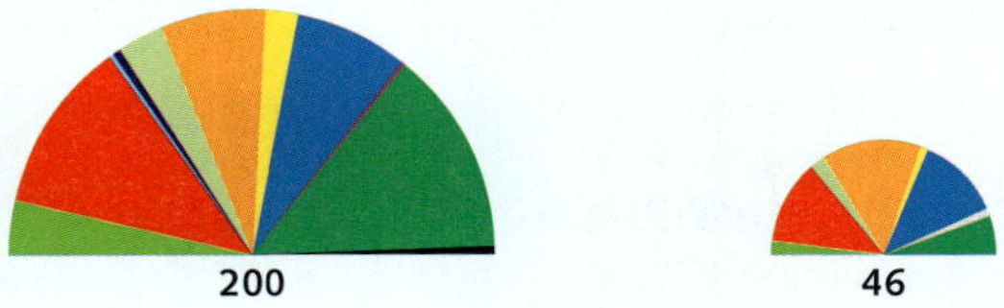

Die Koordinationskonferenz beider Räte (S. 57)

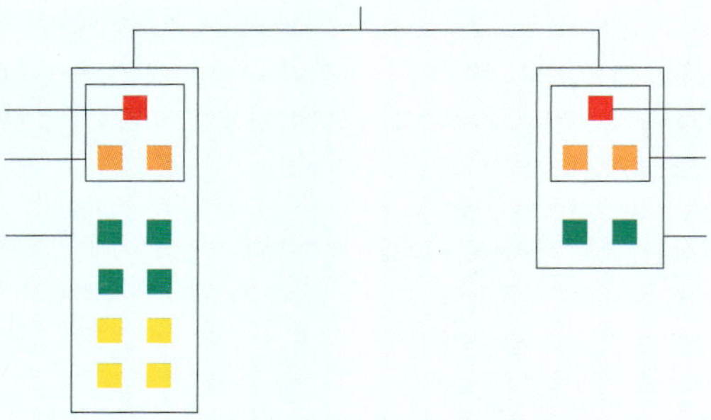

Ratspräsidentin / Ratspräsident (S. 56)
Das Präsidium des Nationalrates (S. 56)
Das Büro des Nationalrates (S. 57)

Ratspräsidentin / Ratspräsident (S. 56)
Das Präsidium des Ständerates (S. 56)
Das Büro des Ständerates (S. 57)

Die Fraktionen der Bundesversammlung (S. 58)

Die Delegationen beider Räte (S. 62)

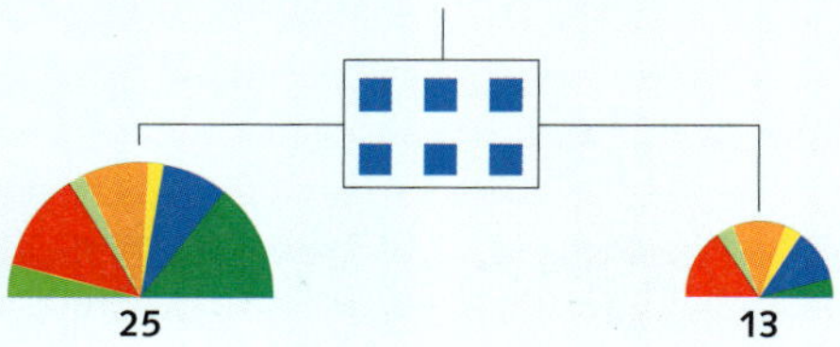

Die Kommissionen und ihre Subkommissionen im Nationalrat (S. 59 ff.)

Die Kommissionen und ihre Subkommissionen im Ständerat (S. 59 ff.)

Die Vereinigte Bundesversammlung (S. 63)

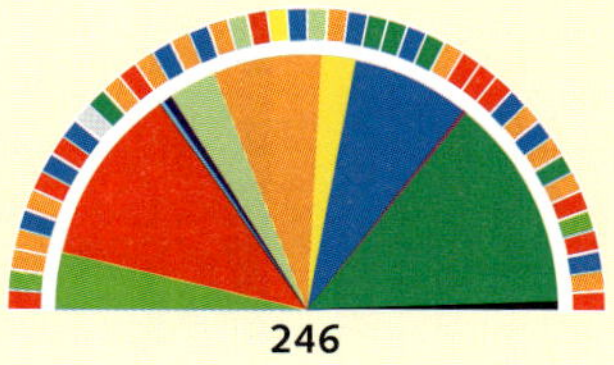

Das Büro der Vereinigten Bundesversammlung (S. 63)

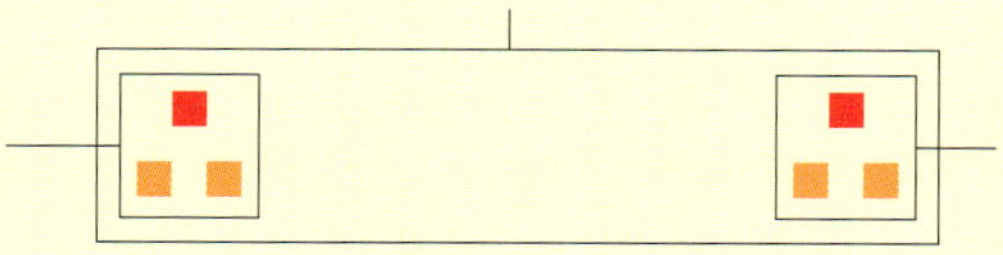

Das Präsidium des Nationalrates (S. 56)

Das Präsidium des Ständerates (S. 56)

Die Kommissionen der Vereinigten Bundesversammlung (S. 63)

Die Bundesversammlung

Souverän

Parlament | Regierung | Gerichte

Bundesversammlung: *Höchste gesetzgebende Behörde auf Bundesebene, die sich aus zwei gleichberechtigten Kammern zusammensetzt (BV 148 ff.), dem National- und dem Ständerat. Andere Bezeichnungen für die Bundesversammlung sind: Schweizer Parlament oder Eidgenössische Räte.*

Halbamtsparlament

Halbamtsparlament: *Parlamentarierinnen und Parlamentarier üben ihr politisches Mandat halbamtlich aus (50–70% Beschäftigung). Man spricht in diesem Zusammenhang auch oft vom «Milizparlament».*

In den meisten Ländern ist das Parlamentarieramt ein Vollamt. Die Schweiz und Liechtenstein gehören zu jenen wenigen Ländern Europas, die nicht mit Berufsparlamenten arbeiten.

Legislaturperiode

Legislaturperiode: *Amtsdauer eines Parlaments.*

- Beim Nationalrat dauert die Legislaturperiode 4 Jahre.
- Der Ständerat kennt keine Gesamterneuerungswahl und demnach auch keine Legislaturperiode (bezüglich der Wahl gilt kantonales Recht: BV 150).

Institutionen der Bundesversammlung

- Der Nationalrat und der Ständerat (siehe S. 44 ff.)
  - Der Ratspräsident bzw. die Ratspräsidentin (siehe S. 56)
  - Die Präsidien im National- und im Ständerat (siehe S. 56)
  - Die Büros der beiden Kammern (siehe S. 57)
  - Die Koordinationskonferenz (siehe S. 57)
  - Die Fraktionen der Bundesversammlung (siehe S. 58)
  - Die Kommissionen und ihre Subkommissionen (siehe S. 59 ff.)
  - Die Delegationen (siehe S. 62)
- Die Vereinigte Bundesversammlung (siehe S. 63)
  - Das Büro der Vereinigten Bundesversammlung (siehe S. 63)
  - Die Kommissionen der Vereinigten Bundesversammlung (siehe S. 63)

→ CiviCampus

→ www.verlag-fuchs.ch/staat

NICE TO KNOW

Schweiz:
Auf rund 40 000 Einwohner kommt ein Volksvertreter.

Deutschland:
Pro Abgeordneten trifft es etwa 132 000 Personen.

Das Zweikammersystem

Das Schweizer Parlament besteht aus zwei gleichberechtigten Kammern, dem National- und dem Ständerat.

Der Nationalrat (BV 149)
(Die Grosse Kammer, die Volksvertretung)

200 Abgeordnete des Volkes
- Die Sitze werden auf die Kantone gemäss ihrer Einwohnerzahl (inkl. Ausländer) verteilt.
- Die Bundesverfassung schreibt vor, dass jeder Kanton Anspruch auf mindestens einen Sitz im Nationalrat hat.
- Im Nationalrat stellen die 5 volksreichsten Kantone (Zürich, Bern, Waadt, Aargau, St. Gallen) mehr als die Hälfte der Abgeordneten, nämlich 106.

Proporzwahlverfahren (seit 1919)
Ausnahme: AI, AR, GL, NW, OW, UR entsenden je ein Mitglied in den Nationalrat, welches im Majorzwahlverfahren gewählt wird.

Es gilt das eidgenössische Recht:
- Die Wahlen finden alle 4 Jahre jeweils am zweitletzten Sonntag im Oktober statt. Jeder Kanton bildet einen Wahlkreis.
- Die Amtsdauer beträgt 4 Jahre (BV 145), Wiederwahl ist möglich.
- Tritt ein Mitglied vorzeitig zurück oder stirbt es, rückt automatisch jene Person auf der entsprechenden Parteiliste nach, die bei den Wahlen das beste Resultat der Nichtgewählten erzielt hatte. Es erfolgt kein Urnengang.

Der Ständerat (BV 150)
(Die Kleine Kammer, die Kantonsvertretung)

46 Abgeordnete der Kantone
- 20 Kantone stellen je 2 Mitglieder.
  Je ein Mitglied des Ständerates stellen: Obwalden, Nidwalden, Basel-Stadt, Basel-Landschaft, Appenzell Ausserrhoden und Appenzell Innerrhoden.
- Der Ständerat wurde als Ausgleich zum Nationalrat geschaffen. Hier sind die 5 volksreichsten Kantone mit 10 Ständeratsmitgliedern in der Minderheit.

Majorzwahlverfahren
Ausnahmen: Die Kantone Jura und Neuenburg bestimmen ihre Vertretung im Proporzwahlverfahren.

Es gelten die kantonalen Vorschriften:
- Die Kantone bestimmen ihre Abgeordneten in den Ständerat am gleichen Tag wie jene in den Nationalrat.
- Ausnahme: Der Kanton Appenzell Innerrhoden wählt sein Ständeratsmitglied an der Landsgemeinde im April vor den Nationalratswahlen.
- Die Amtsdauer beträgt 4 Jahre, Wiederwahl ist möglich.
- Beim vorzeitigen Rücktritt eines Ständerates oder in einem Todesfall findet für den Rest der Amtsperiode eine Ersatzwahl statt.

NICE TO KNOW

Unvereinbarkeit

Das Personal der Bundesverwaltung, der Parlamentsdienste, der eidg. Gerichte und der Armeespitze, aber auch all jene Personen, die in Gremien bundesnaher Organisationen sitzen, können nicht gleichzeitig Mitglied des National- oder des Ständerates sein. (Beispiele: Mitglieder im Verwaltungsrat von SBB, Swisscom, Post und SUVA oder Mitglieder im Aufsichtsrat der Schweizerischen Nationalbank müssen sich für die Parlamentstätigkeit oder für den Verbleib in einem der erwähnten Gremien entscheiden.)

Die Parteien im Bundesparlament (Stand: 1.1.2015)

Die Eidgenössischen Räte setzen sich parteipolitisch wie folgt zusammen:

1. Der Nationalrat (200 Mitglieder)

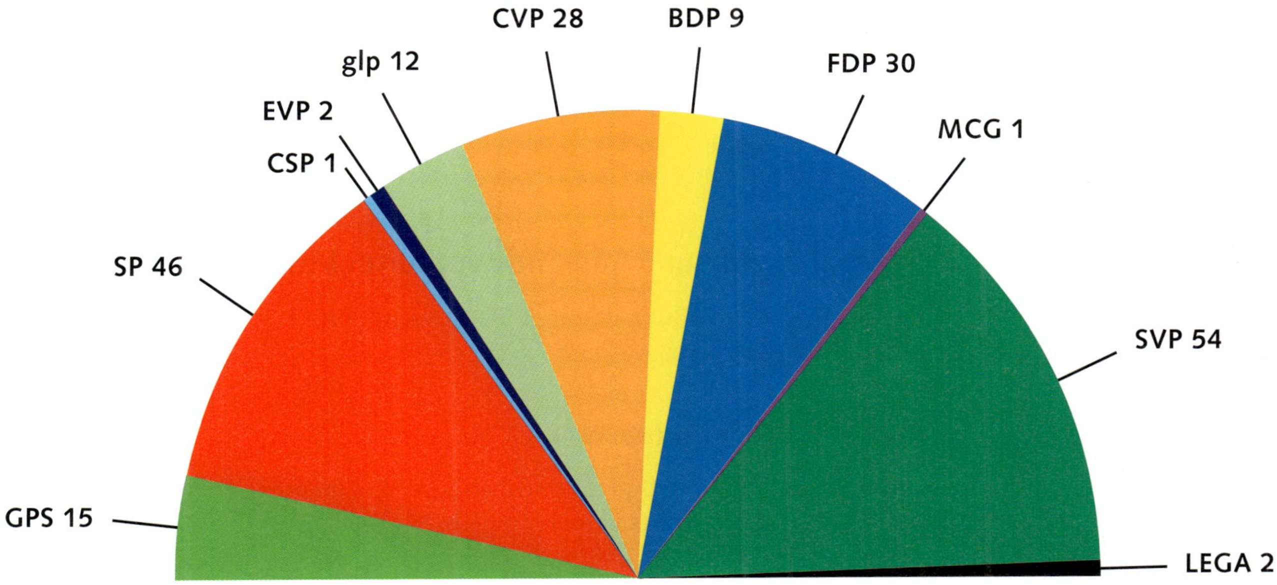

- 79% aller Abgeordneten im Nationalrat gehören den vier grössten Parteien SVP, SP, FDP und CVP an.
- 60 Mitglieder sind Frauen, das entspricht 30% (Stand 1.1.2015).
- Das Durchschnittsalter im Nationalrat betrug bei der Wahl 2011: 50 Jahre.
- Jüngstes Mitglied bei der Wahl 2011: 24-jährig (Mitglied der SP, Wallis)
- Ältestes Mitglied bei der Wahl 2011: 80-jährig (Mitglied der CVP, Waadt)

2. Der Ständerat (46 Mitglieder)

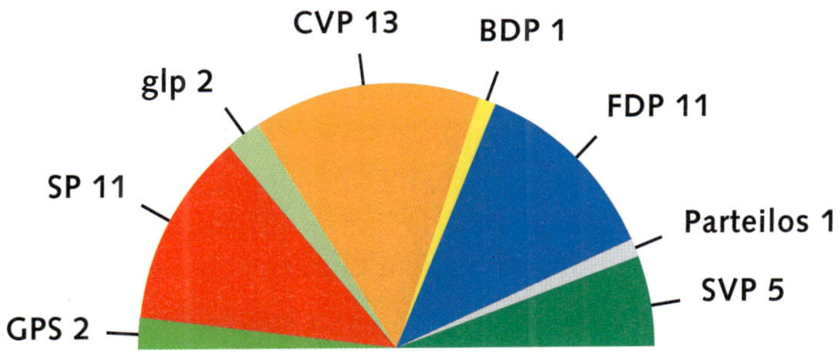

- 40 von 46 Abgeordneten des Ständerates gehören zu den vier grössten Parteien CVP, FDP, SP, SVP,
- 9 Mitglieder sind Frauen, das entspricht 19,6% (Stand 1.1.2015).
- Das Durchschnittsalter im Ständerat betrug bei der Wahl 2011: 55 Jahre.
- Jüngstes Mitglied bei der Wahl 2011: 32-jährig (Mitglied der FDP, Neuenburg)
- Ältestes Mitglied bei der Wahl 2011: 66,5-jährig (Mitglied der FDP, Obwalden)

Wichtige Aufgaben beider Räte

Gesetzgebung (BV 164/165)

Die Mitglieder von National- und Ständerat beraten Gesetze und fassen dazu Beschlüsse (siehe S. 104 ff.). Zur Zustimmung genügt die Mehrheit der anwesenden Mitglieder des National- und des Ständerates.
Wenn ein Gesetz wegen ausserordentlicher Umstände unbedingt sofort wirksam werden muss, können die Räte auch ein «dringliches Bundesgesetz» beschliessen. Dazu bedarf es der Zustimmung der absoluten Mehrheit beider Räte, d.h. mindestens 101 Mitglieder des National- und mindestens 24 Mitglieder des Ständerates müssen der Dringlichkeit des Gesetzes zustimmen.

Beziehungen zum Ausland/völkerrechtliche Verträge (BV 166)

Die Bundesversammlung gestaltet die Aussenpolitik mit und genehmigt Bündnisse und Verträge mit dem Ausland.

Bundesfinanzen (BV 167)

Die Räte beraten das Budget und befinden darüber. Sie nehmen zudem die vom Bundesrat vorgelegte Staatsrechnung ab.

Oberaufsicht (BV 169)

National- und Ständerat üben die politische Kontrolle über den Bundesrat und die Bundesverwaltung aus. Das Parlament kann Genugtuung oder Kritik äussern oder auch Empfehlungen für künftiges Handeln abgeben. Die kontrollierten Behörden dürfen keine Auskunft mit dem Argument der Geheimhaltungspflicht verweigern.

Überprüfung der Wirksamkeit (BV 170)

Die Räte können veranlassen, dass Massnahmen des Bundes auf ihre Wirksamkeit überprüft werden.

Beziehungen zwischen Bund und Kantonen (BV 172)

Das Parlament pflegt die Beziehungen zwischen Bund und Kantonen. Es ist dafür zuständig, Interventionen zum Schutz der Aufrechterhaltung der verfassungsmässigen Ordnung in einem Kanton zu beschliessen. Die Bundesversammlung gewährleistet die Kantonsverfassungen. Dadurch soll sichergestellt werden, dass kantonales Verfassungsrecht dem Bundesrecht nicht widerspricht (BV 51).

Planung (BV 173[1g])

Das Parlament wirkt bei der Planung von Staatstätigkeiten mit, indem es
- Planungsberichte des Bundesrates berät,
- dem Bundesrat Aufträge erteilt, eine Planung vorzunehmen oder die Schwerpunkte einer Planung zu ändern,
- Grundsatz- und Planungsbeschlüsse fasst.

Einzelakte (BV 173[1h])

Das Parlament erlässt Einzelakte (siehe S. 107). Darunter versteht man eine einmalige Handlung bzw. eine einmalige Massnahme. Einzelakte sind z.B. Genehmigung der Staatsrechnung, Bewilligung für Atomanlagen usw.

Rechte und Pflichten der Ratsmitglieder

Rechte

Initiativ- und Antragsrecht (BV 160)

Die Ratsmitglieder, die Kommissionen oder die Fraktionen können mit der parlamentarischen Initiative (siehe S. 52) einen ausgearbeiteten Gesetzesentwurf oder den Vorschlag, einen solchen auszuarbeiten, und weitere Vorschläge einbringen. Dasselbe Recht steht den Kantonen mittels der Standesinitiative zu (siehe S. 114).

Recht für Vorstösse (BV 171)

Jedes Ratsmitglied hat das Recht, eine Motion, ein Postulat, eine Interpellation oder eine Anfrage einzureichen (siehe S. 51 ff.).

Die Mitglieder und die Institutionen der Bundesversammlung (siehe S. 42) haben An-spruch auf jene Informationen, die sie zur Erfüllung ihrer Aufgaben benötigen. Sie unterstehen aber ihrerseits auch dem Amtsgeheimnis.

Bei Differenzen zwischen den einzelnen Ratsmitgliedern bzw. einer Kommission und dem Bundesrat darüber, ob eine Information zur Erfüllung einer parlamentarischen Aufgabe nötig ist oder nicht, entscheidet das Präsidium des entsprechenden Rates (siehe S. 56) endgültig.

Immunität (BV 162)

Absolute Immunität (Redefreiheit)
Die Ratsmitglieder können für Äusserungen in den Räten und in deren Institutionen (z. B. Kommissionen, Fraktionen) rechtlich nicht zur Verantwortung gezogen werden.

Relative Immunität
Für andere strafbare Handlungen und Äusserungen im Zusammenhang mit ihrer parlamentarischen Tätigkeit können Ratsmitglieder nur mit Ermächtigung der Bundesversammlung strafrechtlich verfolgt werden.

Instruktionsverbot (BV 161)

Die Mitglieder der Bundesversammlung stimmen ohne Weisungen von Kantonen, von Bürgerinnen und Bürgern, von Verbänden oder von politischen Parteien.

Verdienst

Ansätze ab 2012:
Lohn CHF 26 000.– plus eine steuerfreie Jahresentschädigung für Personal- und Sachausgaben von CHF 33 000.–. Pro Sitzungs- und Sessionstag: Taggeld CHF 440.–; Entschädigung für Mahlzeiten CHF 115.– und für Übernachtung CHF 180.–. Dazu kommen weitere Spesenentschädigungen, z.B. für Reisen, für auswärtige Übernachtungen und die Mahlzeiten, für Vorsorge der 3. Säule.
2011 hat ein Mitglied des Nationalrates im Durchschnitt für Einkommen inkl. Spesen CHF 133 624.– verdient, ein Mitglied des Ständerates CHF 148 655.–.

Der gesamte Parlamentsbetrieb kostet zur Zeit gut 100 Millionen Franken, was CHF 13.– pro Einwohner und Jahr ausmacht. Verglichen mit Parlamenten anderer Staaten sind diese Kosten bescheiden.

Pflichten

Wahrung des Amtsgeheimnisses

Die Ratsmitglieder sind an das Amtsgeheimnis gebunden, wenn sie als Parlamentarier Dinge erfahren, die geheim gehalten werden müssen, weil es im Interesse der Öffentlichkeit ist oder weil die Persönlichkeit einer oder mehrerer Personen geschützt werden soll.

Offenlegung der Interessenbindungen

Um die Interessenbindungen offenzulegen, muss jedes Ratsmitglied beim Eintritt in den Rat und jeweils auf Jahresbeginn das Ratsbüro unter anderem über seine berufliche Tätigkeit und seine Verwaltungsratsmandate informieren.

Sitzungsteilnahme

Die Ratsmitglieder sind verpflichtet, an den Sitzungen der Räte und der Kommissionen teilzunehmen.

Der Ratsbetrieb

Vereidigung

Die Mitglieder des Ständerates werden nur nach ihrer ersten Wahl vereidigt. Im Nationalrat erfolgt auch eine Vereidigung bei einer Wiederwahl.

Eid und Gelübde

Jedes Mitglied der Bundesversammlung legt vor seinem Amtsantritt den Eid oder das Gelübde ab.

Der Eid lautet: «Ich schwöre vor Gott dem Allmächtigen, die Verfassung und die Gesetze zu beachten und die Pflichten meines Amtes gewissenhaft zu erfüllen.»
Das Gelübde lautet: «Ich gelobe, die Verfassung und die Gesetze zu beachten und die Pflichten meines Amtes gewissenhaft zu erfüllen.»

Sessionen (BV 151)

Session: *Sitzungsdauer eines Parlaments.*

Ordentliche Session

Die Eidgenössischen Räte versammeln sich regelmässig zu ordentlichen Sessionen.

Pro Jahr finden 4 ordentliche Sessionen zu 3 Wochen statt, jeweils von Montagabend bis Donnerstag/Freitagvormittag. Es müssen beide Räte zusammentreten.

Frühjahrssession (März)	Herbstsession (September)
Sommersession (Juni)	Wintersession (November/Dezember)

Die beiden Räte tagen jeweils gleichzeitig, aber in verschiedenen Räumen (BV 156). Gesetze und wichtige Beschlüsse müssen von jeder Kammer beraten werden.

Die Verhandlungen in den Räten sind in der Regel öffentlich (BV 158). Es stehen Tribünen für Journalistinnen und Journalisten sowie Besucherinnen und Besucher zur Verfügung.

Im National- und im Ständerat müssen bei Verhandlungen mindestens 101 bzw. 24 Parlamentsmitglieder anwesend sein (BV 159).

Sondersession

Jeder Rat entscheidet selbst für sich, ob er zusätzlich zu den ordentlichen Sessionen noch eine weitere Session abhalten will. Dies geschieht, wenn die ordentlichen Sessionen zum Abbau der Geschäfte nicht ausreichen.
Der Nationalrat sieht in seinem Geschäftsreglement jedes Jahr mindestens einmal eine Sondersession vor (zwischen der ordentlichen Frühjahrs- und der Sommersession), die höchstens eine Woche dauern soll, sofern genügend Geschäfte zur Behandlung vorliegen.

Ausserordentliche Session

Ein Viertel der Mitglieder im National- oder im Ständerat oder der Bundesrat können die Einberufung der Räte oder der Vereinigten Bundesversammlung zu einer ausserordentlichen Session verlangen. Gründe können sein: Wahlen; Erklärung des Bundesrates; in beiden Räten eingereichte gleich lautende Motionen usw.
Eine ausserordentliche Session findet in beiden Räten in der Regel in derselben Kalenderwoche statt.

→ www.verlag-fuchs.ch/staat

Sitzordnung

Seit 1995 wird die Sitzordnung im Nationalratssaal nach politischer und nicht mehr nach sprachlicher Zugehörigkeit aufgeteilt. Links sitzen die Mitglieder der SP, in der Mitte jene der CVP und der FDP, und am rechten Ende ist die SVP anzutreffen. Diese Umstellung soll eine Annäherung innerhalb der Parteien über die Sprachgrenzen hinweg ermöglichen.

Vorsitz (BV 152)

Jeder Rat wählt in der Wintersession für die Dauer eines Jahres seine Präsidentin oder seinen Präsidenten und die erste Vizepräsidentin oder den ersten Vizepräsidenten und die zweite Vizepräsidentin oder den zweiten Vizepräsidenten. Im Normalfall rückt man vom zweiten Vizepräsidium im folgenden Jahr ins erste Vizepräsidium und wieder ein Jahr später ins Präsidium nach.

Höchstes Amt in der Schweiz
Das Amt der Nationalratspräsidentin bzw. des Nationalratspräsidenten ist das höchste in der Schweiz zu vergebende Amt (Präsidium der Volksvertretung: BV 148); es ist aber nicht mit mehr Macht ausgestattet.

Appell

Die Mitglieder des Nationalrates müssen sich während den Sitzungen in eine Präsenzliste eintragen.
Im Ständerat wird die Anwesenheit beim Sitzungsbeginn per Namensaufruf registriert.

Verhandlungsfähigkeit und erforderliches Mehr (BV 159)

Um gültig abstimmen zu können, müssen im Nationalrat und im Ständerat die Mehrheit der Mitglieder anwesend sein.

Damit ein Beschluss rechtsgültig gefasst werden kann, braucht es in jedem der beiden Räte und in der Vereinigten Bundesversammlung die Mehrheit der Ratsmitglieder, die an der Abstimmung teilnehmen.

Ausnahmen:
Im National- und im Ständerat braucht es die Zustimmung der Mehrheit der Mitglieder für:
- die Dringlicherklärung von Bundesgesetzen
- Beschlüsse über neue einmalige Ausgaben von mehr als 20 Millionen Franken
- neue wiederkehrende Ausgaben von mehr als 2 Millionen Franken.
- die Erhöhung der Gesamtausgaben bei ausserordentlichem Zahlungsbedarf

Wortmeldungen

- Um im Nationalrat ans Rednerpult gelangen zu können, müssen die Mitglieder des Nationalrates ihr Votum schriftlich beim Nationalratspräsidenten oder bei der Nationalratspräsidentin anmelden.
- Im Ständerat müssen die Mitglieder sich bei der Ratspräsidentin oder beim Ratspräsidenten einfach melden.

Sprechordnung

- **Freie Debatte:** Jedermann kann sprechen.
- **Organisierte Debatte:** Die Gesamtredezeit ist beschränkt. Sie wird angemessen aufgeteilt. Unter anderem bekommen Fraktionen (siehe S. 58) eine bestimmte Zeit zugeteilt, die sie auf verschiedene Rednerinnen und Redner aufteilen können (insbesondere bei der Eintretensdebatte, siehe S. 105, und bei der Beratung einer Interpellation, siehe S. 53, oder eines Berichts).
- **Fraktionsdebatte:** Das Rederecht wird auf die Sprecherinnen und Sprecher der Fraktionen sowie die Antragstellenden beschränkt.
- **Kurzdebatte:** Das Rederecht wird auf die Sprecherinnen und Sprecher der Kommissionsminderheiten beschränkt (kommt am häufigsten vor).
- **Schriftliches Verfahren:** Es besteht kein Recht auf Wortmeldung.

Kommissionsberichterstatter und das zuständige Mitglied des Bundesrates dürfen immer sprechen.

Sprache bei Debatten / Simultanübersetzungen

Die Debatten im National- und im Ständerat werden in den drei Amtssprachen Deutsch, Französisch und Italienisch geführt.

Während die Mitglieder des Ständerates Französisch bzw. Deutsch verstehen sollten, werden die Debatten im Nationalrat simultan ins Deutsche, ins Französische und ins Italienische übersetzt. Die Ratsmitglieder können diese Simultanübersetzungen an ihrem Platz mithören.

Redezeit

Während die Redezeiten im Ständerat nicht beschränkt sind, gilt für den Nationalrat höchstens:
- 20 Minuten in einer Eintretensdebatte (siehe S. 105) für die Berichterstattung von Kommissionen sowie für die Mitglieder des Bundesrates
- 15 Minuten für die Sprecherinnen und Sprecher im Namen ihrer Fraktionen
- 5 Minuten für die Begründung eines Antrages, den ein Ratsmitglied eingereicht hat
- 5 Minuten Redezeit für Einzelrednerinnen und -redner.

Abstimmung

Nachdem im Nationalrat schon seit längerer Zeit elektronisch abgestimmt wird, also per Knopfdruck, hat sich der Ständerat im März 2013 dieser Abstimmungsmethode angeschlossen.

Die jeweilige Präsidentin bzw. der Präsident nimmt an den Abstimmungen im Rat nicht teil. Bei Stimmengleichheit gibt sie bzw. er den Stichentscheid.

Die parlamentarischen Vorstösse

Anstoss für Massnahmen oder für neue Rechtsbestimmungen geben

Die Motion

Motion: *Vorstoss aus dem Parlament, der den Bundesrat verpflichtet, ein Gesetz auszuarbeiten oder eine bestimmte Massnahme zu ergreifen (verbindlicher Handlungsauftrag).*

Urheberschaft

Ein Ratsmitglied oder eine Fraktion oder eine parlamentarische Kommission

Vorgehen

- Ein als «Motion» gekennzeichneter Vorstoss wird dem Ratssekretariat (siehe S. 64) übergeben, welches die Motion an den Bundesrat weiterleitet.
- Der Bundesrat nimmt zur Motion schriftlich Stellung, in der Regel bis zur nächsten Session. Er stellt Antrag auf Ablehnung oder Annahme der Motion.
- Die Motion wird aber in jedem Falle im Rat behandelt. Falls der Rat der Motion mehrheitlich zustimmt, muss sie danach vom anderen Rat behandelt werden.
- Wenn beide Räte der Motion zugestimmt haben, muss der Bundesrat die Motion ausführen. Will der Bundesrat im Nachhinein verbindlich erteilte Aufträge noch mit einem Abschreibungsantrag unterlaufen (der Inhalt der Motion sei nicht mehr dringlich, die Ausgangslage habe sich verändert usw.), muss er dem Parlament einen begründeten Antrag stellen. Lehnen beide Räte die vom Bundesrat geforderte Abschreibung der Motion ab, muss der Bundesrat den Auftrag innert zwei Jahren oder innerhalb einer vom Parlament festgelegten Frist erfüllen.

Eine Motion kann nicht in ein Postulat umgewandelt, aber im Zweitrat abgeändert werden.
Zulässig sind auch Motionen, deren Inhalt auf einen Bereich abzielt, der eigentlich in die Zuständigkeit des Bundesrates gehört.

Das Postulat

Postulat: *Vorstoss aus dem Parlament, der vom Bundesrat verlangt, dass er prüfen und Bericht erstatten soll, ob ein Gesetz oder ein Beschluss vorzulegen oder eine Massnahme zu treffen sei (verbindlicher Prüfungsauftrag).*

Urheberschaft

Ein Ratsmitglied oder eine Fraktion oder eine parlamentarische Kommission

Vorgehen

- Ein als «Postulat» gekennzeichneter Vorstoss wird dem Ratssekretariat übergeben, welches das Postulat an den Bundesrat weiterleitet.
- Der Bundesrat antwortet auf das Postulat schriftlich, in der Regel bis zur nächsten Session. Er stellt Antrag, das Postulat anzunehmen oder abzulehnen.
- Bei Ablehnung: Die für das Postulat verantwortliche Person oder Gruppe kann erklären, ob sie die Ablehnung annimmt oder ob sie am Postulat festhält.
- In jedem Falle aber wird das Postulat im entsprechenden Rat behandelt.
- Überweist der Rat das Postulat an den Bundesrat, muss dieser das Ergebnis seiner Überprüfung in einem Bericht darlegen.

→ CiviCampus

→ www.verlag-fuchs.ch/staat

NICE TO KNOW

Abschreibung

Ein Vorstoss (Motion oder Postulat) eines Ratsmitglieds oder einer Fraktion wird ohne Ratsbeschluss abgeschrieben, wenn der Rat den Vorstoss nicht innert 2 Jahren nach seiner Einreichung abschliessend behandelt hat. Bei der Abschreibung wird ein Geschäft von der Geschäftsliste gestrichen, womit es als erledigt gilt. Es kann erst wieder behandelt werden, wenn es neu in der Bundesversammlung oder im Rat eingereicht wird.

Anstoss für Massnahmen oder für neue Rechtsbestimmungen geben

Die parlamentarische Initiative

Parlamentarische Initiative: *Vorstoss aus dem Parlament, dass der Entwurf für ein neues Gesetz oder einen neuen Verfassungsartikel von einer Parlamentskommission selber ausgearbeitet werden soll.*
(Bei der Motion wird der Bundesrat damit beauftragt!)

Urheberschaft

Ein Ratsmitglied oder eine Fraktion oder eine parlamentarische Kommission

Vorgehen

1. Vorprüfungsverfahren

Die parlamentarische Initiative wird an die zuständige Kommission des Rates, in dem sie eingereicht wurde, weitergeleitet. Die Kommission unterzieht sie einer Vorprüfung und beschliesst spätestens ein Jahr nach der Zuweisung der Initiative dem Gesamtrat zu beantragen:

a) der Initiative keine Folge zu geben. Es bestehen 2 Möglichkeiten:
  - a1) Der Rat beschliesst im Sinne der Kommission und lehnt sie ab: Die Initiative ist vom Tisch und wird nicht weiterverfolgt.
  - a2) Der Rat nimmt die parlamentarische Initiative gegen den Willen seiner Kommission an. Die zuständige Kommission des anderen Rates muss sich nun mit dieser parlamentarischen Initiative befassen.

b) der parlamentarischen Initiative Folge zu geben. Dieser Beschluss bedarf (spätestens ein Jahr nach der Zuweisung) der Zustimmung der zuständigen Kommission des anderen Rates. Es bestehen wiederum 2 Möglichkeiten:
  - b1) Die Kommission des Zweitrates ist mit der parlamentarischen Initiative ebenfalls einverstanden. (Weiteres Vorgehen siehe unter 2. Ausführung)
  - b2) Die Kommission des Zweitrates lehnt die Initiative ab: Sie kommt nun vor den Zweitrat:
    - Lehnt der Zweitrat die Initiative ab, ist sie vom Tisch und wird nicht weiterverfolgt.
    - Stimmt der Zweitrat der «parlamentarischen Initiative» zu, kommt sie zur Ausführung.

2. Ausführung

- Die zuständige Kommission jenes Rates, in dem die parlamentarische Initiative eingereicht worden ist, beginnt mit der Arbeit (z.B. Ausformulierung des Gesetzestextes).
- Die Kommission kann das zuständige Departement beiziehen, um alle für die Ausarbeitung eines Erlassentwurfs notwendigen Rechts- und Sachauskünfte zu erhalten. Zudem kann sie den Bundesrat beauftragen, zum Vorentwurf ein Vernehmlassungsverfahren durchzuführen (siehe «Entstehung eines Gesetzes», S. 103 ff.).
- Die Kommission überweist den Bericht und den Entwurf zu einem Erlass gleichzeitig ihrem Rat und dem Bundesrat zur Stellungnahme.
- Beantragt der Bundesrat eine Änderung, so berät die Kommission die Stellungnahme des Bundesrates vor der Beratung des Erlassentwurfs im Erstrat.
- Danach erfolgt die Eintretensdebatte im Erstrat (siehe «Die Entstehung eines Gesetzes», S. 103 ff.).

→ CiviCampus
→ www.verlag-fuchs.ch/staat

NICE TO KNOW

Mitunterzeichner

Vorstösse können von mehreren Ratsmitgliedern unterzeichnet werden. Das Ratsmitglied, das als erstes unterzeichnet, gilt als Urheberin oder als Urheber. Die andern sind die Mitunterzeichner. Mit zunehmender Zahl von Mitunterzeichnenden gewinnt ein Vorstoss an politischem Gewicht.

Vom Bundesrat Auskunft verlangen

Die Interpellation

Interpellation: *Vorstoss aus dem Parlament, der den Bundesrat verpflichtet, dem Parlament über Angelegenheiten des Bundes mündlich oder schriftlich Auskunft zu geben.*

Urheberschaft

Ein Ratsmitglied oder mehrere Ratsmitglieder gemeinsam

Vorgehen

- Dem Bundesrat wird eine schriftlich formulierte Frage unterbreitet, die als «Interpellation» gekennzeichnet ist.
- Im Normalfall antwortet der Bundesrat darauf dem Rat schriftlich.
- Die Interpellantin oder der Interpellant kann erklären, ob die Antwort des Bundesrates befriedigt. Befriedigt die Antwort nicht, kann das Ratsmitglied innerhalb einer Woche eine Diskussion vor dem Rat verlangen. Der Rat entscheidet dann, ob er auf die Diskussion eintreten will oder nicht.
- Findet eine Diskussion statt, muss auch das entsprechende Mitglied des Bundesrates dem Rat Rede und Antwort stehen.
- Eine als «dringlich» erklärte Interpellation wird womöglich in der gleichen Session behandelt. (Das Ratsbüro entscheidet aber, ob die Interpellation als «dringlich» behandelt wird.)

Die Anfrage

Anfrage: *Vorstoss aus dem Parlament, worin ein Ratsmitglied vom Bundesrat über eine Angelegenheit des Bundes Auskunft verlangt.*

Urheberschaft

Ein Ratsmitglied

Vorgehen

- Das Ratsmitglied reicht dem Bundesrat seine Frage schriftlich ein, und zwar als «Anfrage» gekennzeichnet.
- Der Bundesrat muss diese «Anfrage» spätestens im Verlauf der nachfolgenden Session schriftlich beantworten. Die Antwort wird sämtlichen Ratsmitgliedern des entsprechenden Rates zugestellt.
- Anfragen werden aber vom Ratsplenum nicht behandelt.
- Die Anfrage kann mit Zustimmung des Präsidenten/der Präsidentin des Büros (siehe S. 57) als dringlich erklärt werden, wenn sie eine Woche vor Sessionsende eingereicht wird.

Die Fragestunde (nur im Nationalrat)

Fragestunde: *Vorstösse aus dem Nationalrat, bei denen Nationalratsmitglieder vor dem Ratsplenum von einem Mitglied des Bundesrates mündlich Auskunft verlangen.*

Urheberschaft

Ein Ratsmitglied des Nationalrates

Vorgehen

- Das Ratsmitglied stellt dem Bundesrat schriftlich eine kurze Frage, welche vom Bundesrat in der kommenden Sessionswoche (jeweils am Montagnachmittag) mündlich beantwortet wird. (Die Fragestunde findet zweimal pro Session statt.)
- Die fragestellende Person hat das Recht, mündlich eine sachbezogene Zusatzfrage zu stellen, die vom Bundesratsmitglied sofort beantwortet wird.

Die Fragestunde dauert maximal 90 Minuten.

→ CiviCampus
→ www.verlag-fuchs.ch/staat

Weiteres zum eidgenössischen Parlament

Amtliches Bulletin

Mit dem Amtlichen Bulletin der Bundesversammlung werden die Debatten im National- und im Ständerat umfassend der Öffentlichkeit zugänglich gemacht.

Heute werden sämtliche in den Räten abgegebenen Voten in der Originalsprache protokolliert. Die Ratsmitglieder dürfen danach innerhalb einer mehrtägigen Frist noch stilistische, nicht aber inhaltliche Korrekturen vornehmen.

Arbeitsbelastung

Die Belastung für die Mitglieder von National- und Ständerat ist enorm gross. Die meisten Parlamentsmitglieder werden pro Jahr 180 und mehr Tage durch ihr Amt beansprucht.

Zur ordentlichen Arbeit während den Sessionen (rund 50 Sitzungstage) kommt die Mitarbeit in vorberatenden Kommissionen (zwischen 20 bis 50 Tage für die Mitglieder des Nationalrates und zwischen 40 bis 70 Tage für die Ständeratsmitglieder), was intensives Studium der Unterlagen voraussetzt.

Wer erneut gewählt werden will, darf den Kontakt zum Volk nicht verlieren. Das bedeutet ständiges Engagement in Partei und Verbänden, Profilierung in Wahlen und Fachkompetenz in Abstimmungskämpfen (zum Beispiel Referate halten).

Eine vom Schweizerischen Nationalfonds unterstützte Befragung der National- und Ständeräte aus dem Jahre 2007 zeigt, dass die wenigsten Mitglieder des Parlaments ihr Mandat nur halbamtlich ausüben. Die Befragung ergab, dass Nationalräte im Durchschnitt 57 % und Ständeräte 67 % ihrer Arbeitszeit für ihr Mandat aufwenden. Vor allem die Mitglieder des Ständerates gelten heutzutage quasi als Berufspolitiker. Die zeitliche Belastung im Ständerat ist nämlich grösser, weil hier jedes Mitglied in zwei bis drei Kommissionen sitzt, während die Mehrheit der Nationalräte nur einen oder zwei Kommissionssitze innehaben (entnommen der NZZ vom 4. Mai 2010).

Bundesblatt

Seit 1848 ist das Bundesblatt das allgemeine Mitteilungsblatt der Eidgenossenschaft. Darin werden u.a. veröffentlicht:
- Botschaften des Bundesrates (siehe S. 104)
- vom Parlament verabschiedete Beschlüsse und Gesetze (unterliegen solche dem fakultativen Referendum, beginnt ab dem Tag der Veröffentlichung die 100-tägige Unterschriftenfrist zu laufen, siehe S. 106 und 108 f.)
- die Bundesbeschlüsse (siehe S. 107)
- die Verfügungen der Bundeskanzlei über Volksinitiativen und Referenden

Bundeshaus

Das Parlamentsgebäude wurde zwischen 1894 und 1902 erbaut.

Die Kosten für Landerwerb, Bau, innere Ausstattung und Mobiliar beliefen sich auf 7,2 Millionen Franken. Bei der Bauausführung wurde darauf geachtet, dass «thunlichst alle Landesteile sich an der Bauausführung beteiligen sollen, so dass derselbe nach allen Seiten Verdienst und Arbeit verschaffe». So stammen praktisch alle verwendeten Steine aus der Schweiz.

Das Bundeshaus wurde von 2006 bis 2008 für 103 Millionen Franken innen und aussen total renoviert.

→ www.verlag-fuchs.ch/staat

Einfluss

Wirklichen Einfluss üben die Parlamentarier in den Kommissionen aus, denn dort werden die Geschäfte vorberaten und weitgehend entschieden.

«Gäste» der Ratsmitglieder

Jedes Ratsmitglied hat die Möglichkeit, zwei Personen zu bestimmen, die als seine Gäste im Parlamentsgebäude ein- und ausgehen können. Diese Gäste vertreten bei den Mitgliedern des Parlaments oftmals die Interessen von Verbänden, Firmen oder anderer Organisationen. Sie selber gehören nicht dem Parlament an. Solche Gäste haben damit auch die Gelegenheit, Lobbying zu betreiben, indem sie sich z.B. in der Wandelhalle auch mit anderen Parlamentsmitgliedern treffen und sie zu beeinflussen versuchen. *Beispiele:* die Bauern-Lobby, die Banken-Lobby, die Automobil-Lobby, die Umwelt-Lobby (Verband, siehe S. 24 f.).

Redaktionskommission

Sie ist eine gemeinsame Kommission beider Räte. Sie legt die endgültige Fassung der Erlasse fest und sorgt für die Übereinstimmung der Texte in den drei Amtssprachen.

Sanktionen

Verstösst ein Ratsmitglied gegen die Ordnungs- und die Verfahrensvorschriften der Räte, so kann der Präsident oder die Präsidentin nach erfolgter Mahnung und im Wiederholungsfalle:
- dem Ratsmitglied das Wort entziehen oder
- das Ratsmitglied höchstens für die restliche Dauer einer Sitzung ausschliessen.

In schwerwiegenden Fällen, oder wenn das Amtsgeheimnis verletzt worden ist, kann das zuständige Ratsbüro:
- gegen das Ratsmitglied einen Verweis aussprechen oder
- das Ratsmitglied bis zu 6 Monate aus seinen Kommissionen ausschliessen.

Wandelhalle

Die Wandelhalle ist dem Nationalratssaal vorgelagert. Dort treffen sich die Mitglieder des Parlaments mit Journalistinnen und Journalisten, Lobbyistinnen und Lobbyisten usw. und führen miteinander Gespräche. Diese Gespräche können manchmal grosse politische Bedeutung erlangen.

Die Ratspräsidentschaft / Die Präsidien

Der Ratspräsident / die Ratspräsidentin

Jeder Rat wählt seine Präsidentin/seinen Präsidenten selber.

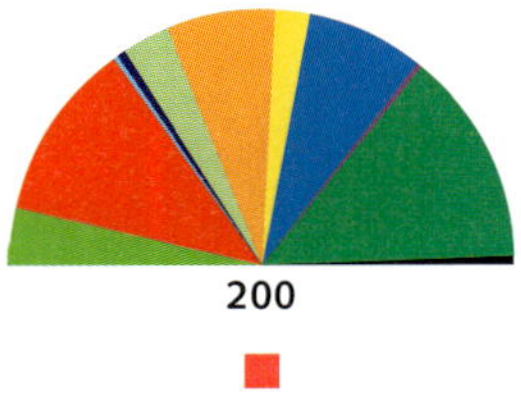

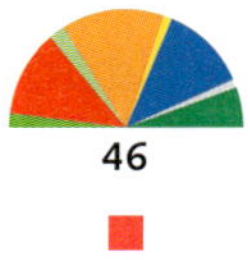

Nationalrat

Ratspräsident / Ratspräsidentin
- vertritt den Nationalrat nach aussen
- leitet die Verhandlungen im Nationalrat
- enthält sich bei Sachgeschäften der Stimme
- gibt bei Stimmengleichheit den Stichentscheid
- leitet die gemeinsame Sitzung beider Räte, die Vereinigte Bundesversammlung (siehe S. 63)

Ständerat

Ratspräsident / Ratspräsidentin
- vertritt den Ständerat nach aussen
- leitet die Verhandlungen im Ständerat
- enthält sich bei Sachgeschäften der Stimme
- gibt bei Stimmengleichheit den Stichentscheid

Das höchste Amt der Schweiz

Das Amt der Nationalratspräsidentin bzw. des Nationalratspräsidenten ist das höchste in der Schweiz zu vergebende Amt (Präsidium der Volksvertretung); es ist aber nicht mit mehr Macht ausgestattet.

Gemeinsame Aufgabe der beiden Präsidenten / Präsidentinnen

Festlegen, welcher Rat welche Geschäfte als Erstrat behandelt (siehe S. 103)

Das Präsidium im Nationalrat und im Ständerat

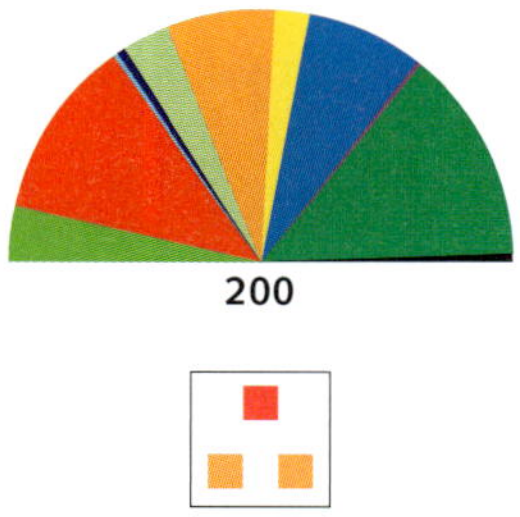

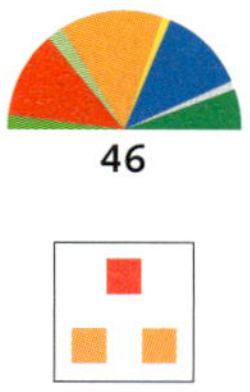

Nationalrat

Zusammensetzung:
- Präsident / Präsidentin
- 1. und 2. Vizepräsident / Vizepräsidentin

Ständerat

Zusammensetzung:
- Präsident / Präsidentin
- 1. und 2. Vizepräsident / Vizepräsidentin

Aufgaben der Präsidien

- Zwischen einem einzelnen Ratsmitglied oder einer Kommission einerseits und dem Bundesrat anderseits vermitteln, wenn Uneinigkeit besteht, wie viele Informationen der Bundesrat dem Ratsmitglied bzw. der Kommission geben muss. (Das Ratspräsidium kann zur Vorbereitung der Vermittlung ohne Einschränkungen Einsicht in die Unterlagen des Bundesrates und der Bundesverwaltung nehmen.)
- Einen endgültigen Entscheid fällen, wenn zwischen dem Ratsmitglied oder der Kommission einerseits und dem Bundesrat anderseits strittig ist, ob die Informationen zur Ausübung des parlamentarischen Mandates erforderlich sind oder nicht.

Die Büros / Die Koordinationskonferenz

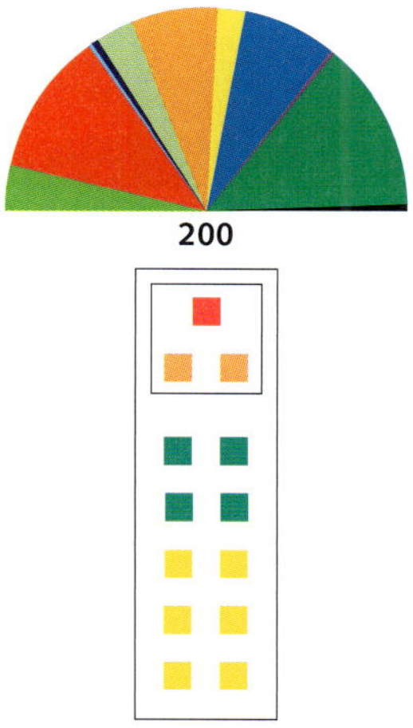

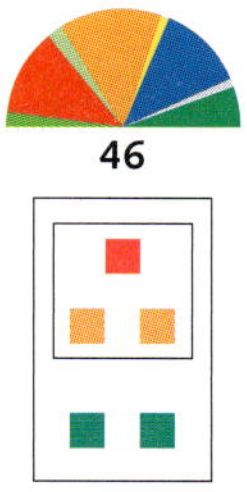

Die Büros der beiden Kammern

Das Büro des Nationalrats

Zusammensetzung:
- Präsidium (siehe S. 56)
- 4 Stimmenzähler / Stimmenzählerinnen
- Fraktionspräsidenten / Fraktionspräsidentinnen

Das Büro des Ständerats

Zusammensetzung:
- Präsidium (siehe S. 56)
- 2 Stimmenzähler / Stimmenzählerinnen

Aufgaben der Büros
- den Nationalrat bzw. den Ständerat einberufen
- das Arbeits- und das Sessionsprogramm für den Rat festlegen
- Mitglieder der Kommissionen und Delegationen (auf Vorschlag der Fraktionen) ernennen und deren Präsident bzw. deren Präsidentin wählen
- Geschäfte an die Kommissionen zuteilen
- Stimmen bei Wahlen und bei Abstimmungen auszählen
- die Beratungsart beschliessen (dies ist nur eine Aufgabe des Nationalratsbüros; siehe Sprechordnung, S. 50)
- Interpellationen als «dringlich» oder als «nicht dringlich» erklären

Die Koordinationskonferenz

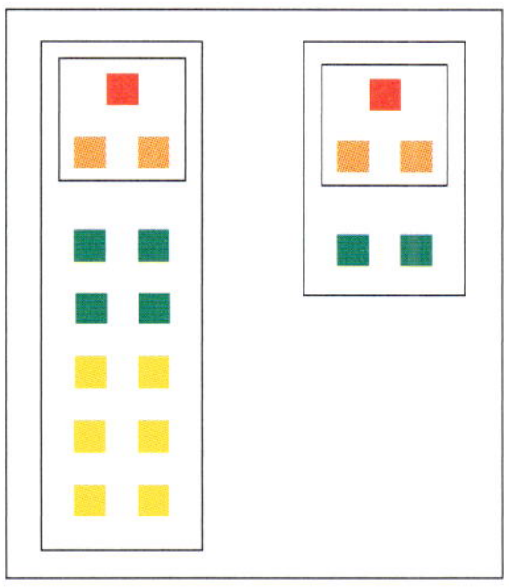

Die Koordinationskonferenz

Zusammensetzung:
Büro des Nationalrates und Büro des Ständerates

Aufgaben der Koordinationskonferenz
- Tätigkeiten der Bundesversammlung planen
- die Sessions- und die Jahresplanung aufeinander abstimmen
- für den Geschäftsverkehr sorgen zwischen
    - den Räten
    - den Räten und dem Bundesrat
- die Vereinigte Bundesversammlung einberufen
- den Generalsekretär / die Generalsekretärin der Bundesversammlung wählen (bedarf danach der Bestätigung durch die Vereinigte Bundesversammlung)
- die Bildung neuer Fraktionen genehmigen
- die Verwaltungsdelegation wählen
- dafür zu sorgen, dass die Präsidentinnen und Präsidenten der Geschäftsprüfungskommission beider Räte (siehe S. 61) nicht derselben Fraktion (siehe S. 58) angehören.

Die Koordinationskonferenz, erweitert durch die Präsidentinnen oder die Präsidenten der aussenpolitischen Kommission (APK) beider Räte, plant und koordiniert die parlamentarischen Aussenbeziehungen.

Die Fraktionen der Bundesversammlung

Fraktion: *Zusammenschluss von Ratsmitgliedern gleicher Parteizugehörigkeit. Parteilose und Angehörige unterschiedlicher Parteien können, sofern sie eine ähnliche politische Ausrichtung haben, eine Fraktion bilden. («fractio» = Bruchteil. Jede Partei ist ein Bruchteil des gesamten Parlaments.)*

Voraussetzung zur Bildung einer Fraktion

BV 154 sagt: «Die Mitglieder der Bundesversammlung können Fraktionen bilden.» Zur Bildung einer Fraktion braucht es mindestens 5 Ratsmitglieder aus einem Rat.

Bedeutung einer Fraktion

- Fraktionen haben das Recht, parlamentarische Initiativen, Vorstösse, Anträge und Wahlvorschläge einzureichen.
- Die Fraktionen haben vor allem im Nationalrat eine grosse Bedeutung. Ihre Präsidenten sind Mitglieder des Büros des Nationalrates (siehe S. 57).
- Eine Fraktion hat mehr politisches Gewicht als einzelne Parlamentarierinnen und Parlamentarier.

Die Fraktionen 2011–2015 (dargestellt von Links nach Rechts)

Fraktion GPS	
Nationalrat:	15
Ständerat:	2
Total Mitglieder:	**17**

Fraktion SP	
Nationalrat:	46
Ständerat:	11
Total Mitglieder:	**57**

Fraktion glp	
Nationalrat:	12
Ständerat:	2
Total Mitglieder:	**14**

Fraktion CVP/EVP/CSP	
Nationalrat:	
– CVP	28
– EVP	2
– CSP	1
Total Nationalrat	31
Ständerat:	
– CVP	13
Total Ständerat	13
Total Mitglieder:	**44**

Fraktion BDP	
Nationalrat:	9
Ständerat:	1
Total Mitglieder:	**10**

Fraktion FDP	
Nationalrat:	30
Ständerat:	11
Total Mitglieder:	**41**

Fraktion SVP/LEGA	
Nationalrat:	
– SVP	54
– Lega	2
Total Nationalrat	56
Ständerat:	
– SVP	5
– Parteilos	1
Total Ständerat	6
Total Mitglieder:	**62**

Fraktionslos ist im Nationalrat das einzige Mitglied des MCG (siehe S. 19).

Zweck einer Fraktion

- Nur wer einer Fraktion angehört, kann Einsitz in Kommissionen nehmen und dort seinen Einfluss geltend machen.
- In den Fraktionssitzungen werden die Ratsgeschäfte und die Wahlen vorbesprochen. Die Kommissionsmitglieder informieren ihre Fraktionskolleginnen und Fraktionskollegen über die entsprechenden Vorlagen. Dabei wird versucht, zu einer einheitlichen Fraktionsaussage zu gelangen, was bisweilen dann schwierig ist, wenn die Partei vielfältig zusammengesetzt ist. (Die CVP hat z.B. in ihren Reihen Unternehmerinnen und Unternehmer, Bäuerinnen und Bauern, Angestellte, Arbeitnehmerinnen und Arbeitnehmer.)

→ CiviCampus
→ www.verlag-fuchs.ch/staat

Die Kommissionen und Subkommissionen

Kommission: *Parlamentarischer Ausschuss, der ein Geschäft, zum Beispiel einen Gesetzesentwurf oder die Finanzausgaben, prüft und im Detail berät. Jeder Rat setzt seine eigenen Kommissionen ein (BV 153).*

Zweck von Kommissionen

Kommissionen werden gebildet, weil nicht alle 246 Parlamentarierinnen und Parlamentarier sich mit jeder Vorlage umfassend auseinandersetzen können.

Aufgaben der Kommissionen

- Die ihnen zugewiesenen Geschäfte zuhanden ihres Rates vorberaten, dem Rat Bericht erstatten.
- Aufgrund der Beratungen stellt die Kommission ihrem Rat einen Antrag. Folgende Anträge können gestellt werden:
    - Auf das Geschäft nicht eintreten
    - Auf das Geschäft eintreten
    - Das Geschäft an den Bundesrat oder die Kommission zurückweisen

  Danach kann auch die Kommissionsminderheit einen Antrag stellen.
- Änderungsvorschläge gegenüber dem Entwurf vornehmen
- Vorschläge in ihrem Zuständigkeitsbereich vorbereiten

Allgemeine Rechte von Kommissionen

Kommissionen können:
- parlamentarische Initiativen, Vorstösse und Anträge einreichen
- Berichte erstatten
- aussenstehende Sachverständige beiziehen
- Vertreterinnen und Vertreter der Kantone und interessierter Kreise anhören
- Besichtigungen vornehmen
- aus ihrer Mitte Subkommissionen einsetzen

Die zuständigen Kommissionen können vom Bundesrat verlangen, dass sie konsultiert werden, bevor der Bundesrat eine Verordnung (siehe S. 102) erlässt.

Subkommissionen

Subkommission: *Unterkommission innerhalb einer Kommission.*

Jede Kommission kann aus ihrer Reihe einzelne Mitglieder in eine Subkommission einsetzen, die einzelne Geschäfte vorprüft oder abklärt. Die Subkommission unterbreitet ihre Berichte und Anträge der jeweiligen Gesamtkommission. Subkommissionen können die Effizienz einer Kommission erhöhen.

Vertraulichkeit

Die Beratungen der Kommissionen sind vertraulich; so wird nicht bekannt gegeben, wie die einzelnen Mitglieder Stellung genommen oder abgestimmt haben.

Information der Öffentlichkeit

Die Sitzungen der Kommissionen sind nicht öffentlich. Zudem sind die Protokolle der Kommissionssitzungen auch nicht öffentlich einsehbar. Die Kommissionen informieren aber die Öffentlichkeit über ihre Beratungsergebnisse.

Die Zusammensetzung der Kommissionen

- Die parteipolitische Verteilung der Kommissionssitze richtet sich nach der Grösse der Fraktionen: Je mehr Mitglieder eine Fraktion hat, desto mehr Sitze erhält sie. Entsprechend sind die Kommissionen Abbilder des Parlaments. Daher folgen die Räte sehr oft den Anträgen ihrer Kommissionen.
- In die entsprechenden Kommissionen delegieren die Fraktionen ihre «Spezialistinnen und Spezialisten».
- Die Kommissionen umfassen im Nationalrat je 25 und im Ständerat je 13 Mitglieder.
- Die Mitglieder des Nationalrats arbeiten in der Regel in einer oder in zwei Kommissionen, jene des Ständerats in bis zu vier.

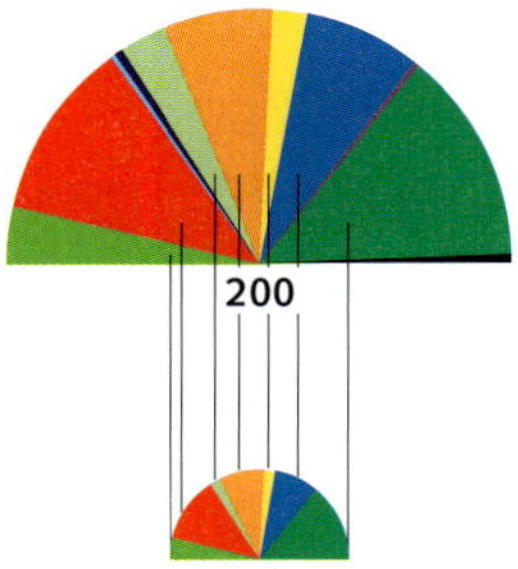

Kommissionen im Nationalrat 2011–2015
Sie setzen sich aus je 25 Mitgliedern zusammen:

Fraktion SVP/ LEGA	stellt	7 Mitglieder	und präsidiert	4 Kommissionen
Fraktion SP	stellt	5–6 Mitglieder	und präsidiert	3 Kommissionen
Fraktion CVP/EVP/CSP	stellt	3–4 Mitglieder	und präsidiert	2 Kommissionen
Fraktion FDP	stellt	3–4 Mitglieder	und präsidiert	2 Kommissionen
Fraktion GPS	stellt	1–2 Mitglieder	und präsidiert	1 Kommission
Fraktion glp	stellt	1–2 Mitglied	und präsidiert	keine Kommission
Fraktion BDP	stellt	1–2 Mitglied	und präsidiert	keine Kommission

(Ausnahme: Der Nationalrat kennt noch eine Immunitätskommission, die 9 Mitglieder zählt.)

Kommissionen im Ständerat 2011–2015
Während der Nationalrat Fraktionen bildet, kennt der Ständerat nur informelle Gruppen. Daher ist es möglich, dass im Nationalrat SP und GPS getrennte Fraktionen bilden, im Ständerat hingegen zugunsten der Sitzzahl in den Kommissionen sich zusammengeschlossen haben.

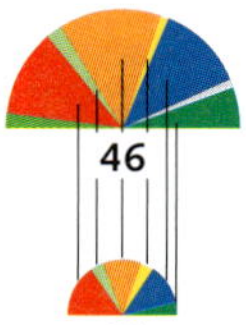

Die Kommissionen im Ständerat setzen sich aus je 13 Mitgliedern zusammen:

CVP	stellt 3–4 Mitglieder	und präsidiert	4 Kommissionen
FDP	stellt 3–4 Mitglieder	und präsidiert	3 Kommissionen
SP/GPS	stellt 3–4 Mitglieder	und präsidiert	3 Kommissionen
SVP/Parteiloser	stellt 1–2 Mitglieder	und präsidiert	1 Kommission
glp	stellt 1–0 Mitglied	und präsidiert	keine Kommission
BDP	stellt 1–0 Mitglied	und präsidiert	keine Kommission

Bestehen nach 3 Beratungen in jedem Rat noch Differenzen bei einem Geschäft, findet eine Einigungskonferenz mit je 13 Mitgliedern der entsprechenden Kommission statt.

KOMMISSIONSSITZUNG

ARENA

→ CiviCampus
→ www.verlag-fuchs.ch/staat

Die Ständigen Kommissionen

Nationalrat und Ständerat verfügen über 11 Ständige Kommissionen, welche die in ihren Themenbereich fallenden Vorlagen behandeln. Es sind dies:

2 Aufsichtskommissionen

- Finanzkommission (FK)
- Geschäftsprüfungskommission (GPK)

9 Legislativkommissionen

- Aussenpolitische Kommission (APK)
- Kommission für Wissenschaft, Bildung und Kultur (WBK)
- Kommission für soziale Sicherheit und Gesundheit (SGK)
- Kommission für Umwelt, Raumplanung und Energie (UREK)
- Sicherheitspolitische Kommission (SiK)
- Kommission für Verkehr und Fernmeldewesen (KVF)
- Kommission für Wirtschaft und Abgaben (WAK)
- Staatspolitische Kommission (SPK)
- Kommission für Rechtsfragen (RK)

Ad-hoc-Kommissionen

Für ausserordentliche Fälle können die Räte eine Ad-hoc-Kommission (eine nur für diesen speziellen Fall gebildete Kommission) ins Leben rufen.

Die parlamentarische Untersuchungskommission (PUK)

Bei Vorkommnissen von grosser Tragweite können beide Räte mit Mehrheitsentscheid eine gemeinsame parlamentarische Untersuchungskommission (PUK) einsetzen. Eine PUK setzt sich aus gleich vielen Mitgliedern des National- und des Ständerates zusammen.

Unter den Kommissionen ist die PUK jene mit den grössten Kompetenzen. Ihr sind keine Einschränkungen auferlegt. Auf Verlangen muss der Bundesrat ihr ausnahmslos alle Dokumente offenlegen.
Die PUK kann nicht nur innerhalb, sondern auch ausserhalb der Verwaltung Personen befragen und Zeugen einvernehmen. (Ein Zeuge ist verpflichtet, einer Vorladung Folge zu leisten. Sagt ein Zeuge nicht die Wahrheit, muss er mit einer Strafklage rechnen).
Damit die Arbeit der PUK effizient geleistet werden kann, besteht die Möglichkeit, externes Personal beizuziehen.

Eine PUK wird äusserst selten eingesetzt.

NICE TO KNOW

Leere Sessel – warum?

Die Mitglieder des National- und des Ständerates dürfen während der öffentlichen Debatten den Saal verlassen, um an Kommissionssitzungen und Interviewterminen teilzunehmen, sich den Fragen der Medien zu stellen, ein nächstes Votum vorzubereiten, einen Antrag zu schreiben, Besuche zu empfangen (z.B. Schulklassen) usw. Die meisten Parlamentarier haben sich ihre definitive Meinung zu Vorlagen nämlich in den Kommissionen bzw. in ihren Fraktionen bereits schon gebildet. Da aber jedes Geschäft öffentlich vor dem ganzen Rat behandelt werden muss, trifft man häufig «leere Bänke» an, sieht einzelne Abgeordnete die Zeitung lesen oder miteinander reden. Es entsteht so der Eindruck, als ob unsere Parlamentarier ihre Arbeit nicht ernst nehmen würden. Um ihre Aufgaben wahrzunehmen, müssen sie aber während der Session zahlreichen weiteren Verpflichtungen nachgehen. In der Plenumsdebatte geht es nicht nur darum, Kollegen zu überzeugen, sondern um Transparenz gegenüber der Öffentlichkeit zu schaffen. Wichtig ist die Teilnahme an den Abstimmungen, wozu die Mitglieder des Parlaments mittels Funk in den Vorzimmern und im Bundeshauscafé aufmerksam gemacht werden.

Die Delegationen

Das Parlament als oberste Gewalt im Staat hat dafür zu sorgen, dass der Bundesrat rechtmässig handelt und dass er seine Aufgaben zweckmässig, wirksam und wirtschaftlich erfüllt. Für National- und Ständerat nehmen die Geschäftsprüfungskommission (GPK) und die Finanzkommission (FK) diese Oberaufsicht wahr. Heiklere Fälle untersucht die Geschäftsprüfungsdelegation (GPDel). Denn sie hat, wie eine PUK, griffigere Instrumente als die Geschäftsprüfungskommission (GPK). Ihr muss der Bundesrat laut Parlamentsgesetz alle Dokumente offenlegen.

Delegation: *Gemeinsame Subkommission, die aus gleichen Kommissionen der beiden Räte gebildet wird. Eine Delegation beschäftigt sich mit besonderen Aufgaben.*

Gemeinsame Delegationen des National- und des Ständerates

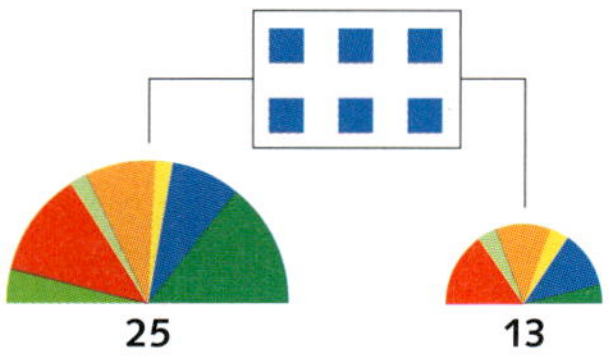

- **Geschäftsprüfungsdelegation (GPDel):** Sie setzt sich aus je 3 GPK-Mitgliedern beider Räte zusammen. Die GPDel hat den klaren Gesetzesauftrag, Tätigkeiten im Bereich des Staatsschutzes und der Nachrichtendienste zu überwachen. In Ausnahmefällen kann ihr die GPK auch besondere Aufgaben übertragen. Die GPDel hat aber gegenüber einer PUK zwei wichtige Nachteile: Sie darf das Verhalten des Gesamtbundesrates nicht beurteilen, und sie verfügt bei aufwendigen Untersuchungen über zu wenig Personal.
- **Finanzdelegation (FinDel):** Die Finanzdelegation prüft und überwacht laufend den gesamten Finanzhaushalt des Bundes. Sie kann auch Vorlagen des Bundesrates ans Parlament beraten und die Finanzkommissionen oder andere Kommissionen schriftlich oder mündlich über ihre Beratung und Anträge informieren.
- **Verwaltungsdelegation (VD):** Die Verwaltungsdelegation überwacht die Geschäftsführung und die Finanzverwaltung der Parlamentsdienste.
- **NEAT-Aufsichtsdelegation (NAD):** Die NEAT-Aufsichtsdelegation überwacht als Oberaufsicht der Bundesversammlung das NEAT-Projekt. Sie setzt sich aus Mitgliedern der Geschäftsprüfungskommissionen und der Kommissionen für Verkehr und Fernmeldewesen beider Räte zusammen.

Delegationen internationaler parlamentarischer Versammlungen

Diese Delegationen stellen einen Spezialfall der Kommissionen dar. Sie haben die Aufgabe, die Schweizerische Bundesversammlung in einer internationalen parlamentarischen Versammlung zu vertreten. National- und Ständerat unterhalten Delegationen unter anderen bei der:
- Parlamentarischen Versammlung des Europarates (siehe S. 163)
- Parlamentarischen Versammlung der OSZE (siehe S. 190)

Die Vereinigte Bundesversammlung

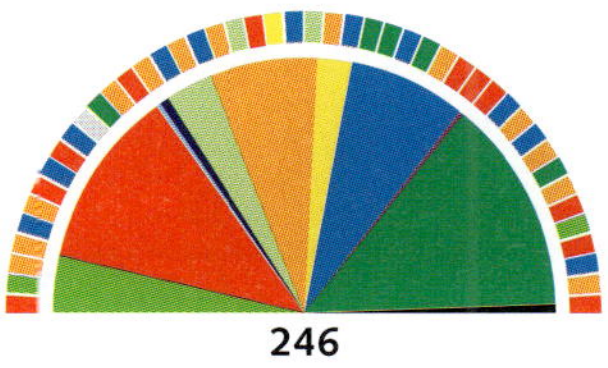

Vereinigte Bundesversammlung: *Gemeinsame Sitzung beider Räte unter dem Vorsitz der Nationalratspräsidentin oder des Nationalratspräsidenten (BV 157).*

Für bestimmte Aufgaben tagen die beiden Räte gemeinsam im Nationalratssaal (in der Regel am 2. Mittwoch einer Session).

Aufgaben der Vereinigten Bundesversammlung

- **Wahlen vornehmen**
  Sie wählt Mitglieder des Bundesrates und des Bundesgerichts, den Bundespräsidenten oder die Bundespräsidentin, den Bundeskanzler oder die Bundeskanzlerin, die Bundesanwältin oder den Bundesanwalt und im Kriegsfall den General.
- **Begnadigungen aussprechen**
  Die Vereinigte Bundesversammlung kann Strafen aus Urteilen, die von einem der Bundesgerichte gefällt worden sind, ganz oder teilweise erlassen.
- **Zuständigkeitskonflikte entscheiden**
  Treten zwischen den Bundesbehörden (Parlament/Bundesrat/Bundesgericht) Zuständigkeitskonflikte auf (Wer ist wofür zuständig?), so entscheidet die Vereinigte Bundesversammlung endgültig.

Die Vereinigte Bundesversammlung versammelt sich ausserdem bei besonderen Anlässen und zur Entgegennahme von Erklärungen des Bundesrates.

Das Büro der Vereinigten Bundesversammlung

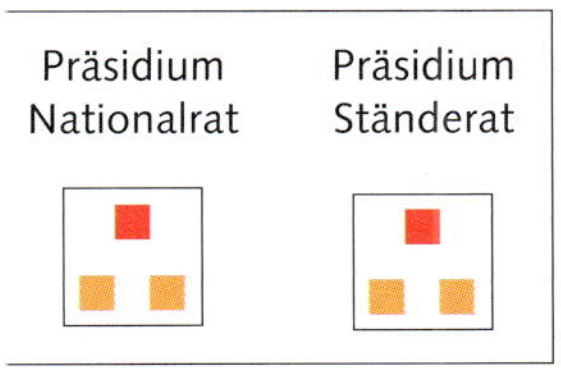

Zusammensetzung:
Präsidium des National- und Präsidium des Ständerates (siehe S. 56)

Vorsitz:
Präsident oder Präsidentin des Nationalrates
(im Verhinderungsfall: Präsident oder Präsidentin des Ständerates)

Aufgaben:
- die Sitzungen der Vereinigten Bundesversammlung vorbereiten
- die Kommissionen der Vereinigten Bundesversammlung einsetzen
- bei Wahlen die Auszählung der Stimmen vornehmen

Die Kommissionen der Vereinigten Bundesversammlung

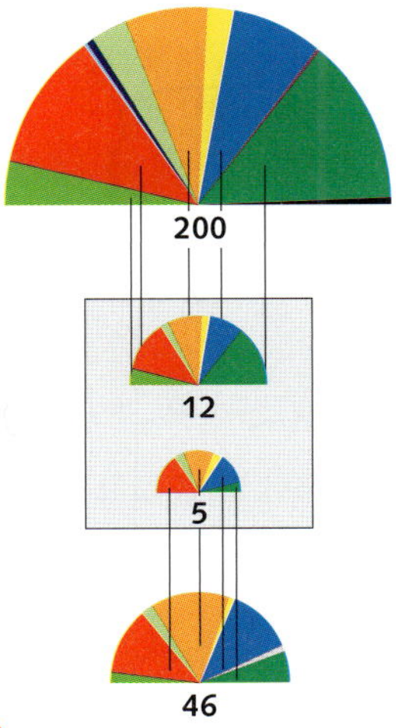

Zusammensetzung:
12 Mitglieder des National- und 5 Mitglieder des Ständerates, insgesamt 17 Personen

Aufgabe der Gerichtskommission:
- Wahlen und Amtsenthebungen von Richtern und Richterinnen der Gerichte des Bundes (siehe S. 82) vorbereiten und Antrag stellen
- offene Richterstellen öffentlich ausschreiben
- die Einzelheiten des Arbeitsverhältnisses der Richterinnen und Richter festlegen

Aufgaben der Kommission für Begnadigungen:
- Begnadigungsgesuche bzw. Zuständigkeitskonflikte zuhanden der Vereinigten Bundesversammlung vorberaten und Antrag stellen
- Begnadigungsgesuch dem Bundesrat zum Bericht und zur Antragstellung überweisen

→ CiviCampus

Die Parlamentsdienste

Parlamentsdienste: *Ist das Ratssekretariat des National- und des Ständerates. Die Parlamentsdienste unterstützen die Mitglieder des National- und des Ständerates bei der Erfüllung ihrer Aufgaben.*

Leitung

Die Generalsekretärin oder der Generalsekretär der Bundesversammlung führt die Parlamentsdienste. Sie bzw. er wird von der Koordinationskonferenz (siehe S. 57) gewählt. Diese Wahl bedarf danach der Bestätigung durch die Vereinigte Bundesversammlung.

Aufgaben

Die Parlamentsdienste nehmen insbesondere folgende Aufgaben wahr:

- die Sessionen der Räte und die Sitzungen der Kommissionen planen und organisieren.
- die Übersetzungsarbeiten und die Protokollierung der Beschlüsse und Verhandlungen der Räte, der Vereinigten Bundesversammlung und der Kommissionen vornehmen
- das Amtliche Bulletin und die Sessionsvorschau herausgeben
- die Ratsmitglieder in Sach- und Verfahrensfragen beraten
- die Öffentlichkeit über die Bundesversammlung und ihre Tätigkeiten informieren
- die Bundesversammlung bei der Pflege ihrer internationalen Beziehungen unterstützen
- Parlamentarierreisen planen und organisieren
- ausländische Delegationen beim Besuch des Parlaments betreuen
- die Mitglieder des Parlaments mit Vorschau und Rückschau auf Verhandlungen im Parlament, mit Presseschauen, mit Legislaturrückblicken usw. dokumentieren
- Übersichtstabellen zum Verhandlungsstand aller Geschäfte in den Räten erstellen

Die Parlamentsdienste unterstehen der Aufsicht der Verwaltungsdelegation (siehe S. 62).

NICE TO KNOW

Parlamentarische Gruppen

Ratsmitglieder, welche sich für einen bestimmten Sachbereich interessieren, können sich zu parlamentarischen Gruppen zusammenschliessen. Sie melden die Gruppe den Parlamentsdiensten.

→ www.verlag-fuchs.ch/staat

Der Bundesrat

Souverän

Parlament | Regierung | Gerichte

Bundesrat: *Oberste vollziehende und leitende Behörde der Schweiz, die sich aus 7 Mitgliedern zusammensetzt und von der Vereinigten Bundesversammlung gewählt wird.*
Der Bundesrat ist unsere Landesregierung (BV 174).

2015, der Gesamtbundesrat (von links nach rechts im Uhrzeigersinn):
Bundesrat Didier Burkhalter, die Bundesrätinnen Eveline Widmer-Schlumpf und Doris Leuthard, die Bundesräte Ueli Maurer und Alain Berset, Bundeskanzlerin Corina Casanova, Bundespräsidentin Simonetta Sommaruga und Vizepräsident Johann Schneider-Ammann.

Das Regierungssystem der Schweiz

Die Institution Bundesrat besteht seit der Gründung des Bundesstaates im Jahre 1848 unverändert und weist bedeutende Unterschiede zu anderen Regierungssystemen auf.

In praktisch allen demokratischen Staaten nimmt der Regierungschef/die Regierungschefin (z.B. der Präsident in den USA, der Ministerpräsident in Italien, der Premierminister in Grossbritannien oder die Bundeskanzlerin in Deutschland) eine stark führende Stellung ein, die in ihrer Ausprägung von Land zu Land unterschiedlich ist (der Präsident der USA hat z.B. eine bedeutend stärkere Stellung als der deutsche Bundeskanzler, siehe auch S. 34).

Der Regierungschef bzw. die Regierungschefin bestimmt die Regierungsmitglieder (die Minister und Ministerinnen) selber. Jeder Minister bzw. jede Ministerin leitet einen Fachbereich (z.B. Bildung, Finanzen, Soziales, Verkehr, Wirtschaft), und zusammen mit dem Regierungschef bzw. der Regierungschefin bilden sie das Kabinett, das in der Regel etwa 15 bis 20 Mitglieder umfasst.

Unsere Bundesrätinnen und Bundesräte sind mit den Ministerinnen und den Ministern in anderen Staaten vergleichbar. Ein eigentlicher Regierungschef bzw. eine Regierungschefin fehlt jedoch in unserem System. Die Verantwortung tragen die 7 Bundesratsmitglieder gemeinsam (siehe S. 72, die Kollegialbehörde).
Dieses System der Schweizer Regierung wurde bewusst so geschaffen und zeichnet sich vor allem durch seine Stabilität aus (siehe auch die Zauberformel, S. 66).

In den Kantonen besteht praktisch dasselbe Regierungssystem wie auf Bundesebene.

→ CiviCampus

→ www.verlag-fuchs.ch/staat

Zusammensetzung des Bundesrats

Seit der Bundesgründung 1848 kann die parteipolitische Zusammensetzung des Bundesrats in vier Phasen gegliedert werden:

Die freisinnige Dominanz 1848–1919

Nachdem die Liberalen (Freisinnigen) im Sonderbundskrieg erfolgreich waren, setzte sich der Bundesrat im neu gegründeten Staat ausschliesslich aus Liberalen zusammen. Mit dem Ausbau der politischen Volksrechte im letzten Viertel des 19. Jahrhunderts erlangten die Konservativen mehr politisches Gewicht. Daher banden die Liberalen die Konservativen mit einem Vertreter im Bundesrat ein (1891).

Einbindung weiterer politischer Kräfte 1920–1959

Mit der Einführung des Proporzwahlsystems für den Nationalrat waren die Freisinnigen gezwungen, weitere Macht im Bundesrat an andere Parteien abzugeben. 1920 erhielten die Konservativen einen 2. Sitz und 10 Jahre später wurde erstmals ein BGB-Vertreter in den Bundesrat gewählt. 1943, in der Zeit des Zweiten Weltkriegs, wurde schliesslich auch die erstarkte SP in die Regierung eingebunden.

Die Zauberformel 1960–2003

Ende der 50er-Jahre gelang es einer KK-SP-Koalition, die Zauberformel zu schaffen. Damit waren für über 40 Jahre die vier grössten Parteien entsprechend ihrer Stärke im Bundesrat vertreten: 2 FDP-,2 KK- (CVP-), 2 SP-, 1 BGB- (SVP-) Vertreter.

Seit 2004: Suche nach einer neuen Konkordanzformel

Auf starken Druck der SVP wählte die Vereinigte Bundesversammlung 2003 anstelle der CVP-Bundesrätin Ruth Metzler den SVP-Vordenker Christoph Blocher in den Bundesrat. Dieser wurde jedoch bereits vier Jahre später nicht wiedergewählt und durch die gemässigte SVP-Vertreterin Eveline Widmer-Schlumpf ersetzt. Daraufhin schloss die SVP sie aus der Partei aus. In der Folge gründeten ebenfalls gemässigte SVP-Vertreter eine neue Partei (die BDP). Der zweite SVP-Bundesrat schloss sich der BDP an, während die SVP nach eigenen Worten in die Opposition ging. Mit der Wahl von Ueli Maurer kehrte sie jedoch bereits im Jahr 2009 in den Bundesrat zurück.
Die Gesamterneuerungswahlen Ende 2011 bestätigten die parteipolitische Zusammensetzung des Bundesrats, womit im Sinne der arithmetischen Zauberformel (siehe S. 154) die stärkste Partei (SVP) untervertreten bleibt.

NICE TO KNOW

Die Zusammensetzung des Bundesrats seit der Gründung des Bundesstaates 1848

	FDP	KK / CVP	BGB / SVP	SP	BDP
1848–1891	■■■■■■■				
1892–1919	■■■■■■	■			
1920 – 1929	■■■■■	■■			
1930 – 1943	■■■■	■■	■		
1944 – 1952	■■■	■■	■	■	
1953	■■■■	■■	■		
1954 – 1959	■■■	■■■	■		
1960 – 2003	■■	■■	■	■■	
2004 – 2007	■■	■	■■	■■	
2008	■■	■		■■	■■
ab 2009	■■	■	■	■■	■

Regieren / Planen / Informieren

Regieren

In einem demokratischen Staat heisst «regieren» nicht nur Parlamentsbeschlüsse ausführen, sondern den Staat auch lenken und führen, also Ideen und Ziele für die Zukunft entwickeln, gemeinsame Werte schaffen, Koalitionen bilden und Menschen überzeugen sowie motivieren (Beispiel: Im Mai 2011 entschied der Bundesrat den Ausstieg aus der Atomenergie bis 2034).
Zudem vertritt die Regierung den Staat nach innen und nach aussen.

Planen

Legislaturplanung

Zu Beginn der Legislaturperiode (4-jährige Amtsdauer des Parlaments, siehe S. 43) unterbreitet der Bundesrat der Bundesversammlung einen Bericht über die Legislaturplanung. Sie besteht aus den Richtlinien der Regierungspolitik und dem Legislaturfinanzplan. (Die Richtlinien legen die politischen Leitlinien und die wichtigsten Ziele dar, die der Bundesrat in der neuen Legislaturperiode verfolgt.)
Die Bundesversammlung nimmt von der Legislaturplanung nicht bloss Kenntnis, sondern sie fasst Beschluss (einfacher Bundesbeschluss, siehe S. 107) zum Entwurf des Bundesrates über die Ziele der Legislaturplanung.
Der Bundesrat unterbreitet der Bundesversammlung periodisch einen Bericht zur Aussenpolitik der Schweiz.

Jahresziele

Zu Beginn der Wintersession unterbreitet der Bundesrat dem Parlament seine Jahresziele für das nächste Jahr. Diese sind auf die Legislaturplanung abgestimmt.

Geschäftsbericht

Der Geschäftsbericht des Bundesrates orientiert über die Schwerpunkte seiner Tätigkeit des vergangenen Geschäftsjahrs. Spätestens am 31. März orientiert er das Parlament darüber.

Informieren

Politik des Bundesrates

Der Bundesrat muss die Öffentlichkeit rechtzeitig und umfassend über seine Politik informieren.

Eidgenössische Abstimmungen

Der Bundesrat hat ebenso die Pflicht, das Stimmvolk über eidgenössische Vorlagen vollständig, sachlich und klar zu informieren. Er legt dabei die wichtigsten im parlamentarischen Entscheidungsprozess vertretenen Positionen dar. Die Haltung des Bundesrates darf nicht von der Abstimmungsempfehlung der Bundesversammlung abweichen.

Vertretung in parlamentarischen Institutionen

Vertretung in der Bundesversammlung

An den Verhandlungen der Bundesversammlung nimmt in der Regel die Vorsteherin oder der Vorsteher desjenigen Departements teil, in dessen Geschäftsbereich der Beratungsgegenstand gehört.

Teilnahme an Kommissionssitzungen

Bei der Behandlung von Beratungsgegenständen, die der Bundesrat eingebracht oder zu welchen er Stellung genommen hat, nimmt in der Regel ein Mitglied des Bundesrates an den Kommissionssitzungen teil.

Die Wahl des Bundesrats

Grundregeln der Bundesratswahlen

- In den Bundesrat wählbar ist, wer das Schweizer Bürgerrecht hat, volljährig und urteilsfähig ist.
- Die Vereinigte Bundesversammlung wählt die Mitglieder des Bundesrates (im Majorzwahlverfahren) jeweils im Dezember des Jahres, in welchem die Nationalratswahlen durchgeführt worden sind, und zwar für 4 Jahre (BV 175).
- Die Wiederwahl ist möglich und auch üblich.
- Während der vierjährigen Amtsdauer kann ein Mitglied des Bundesrates weder abgewählt noch zum Rücktritt gezwungen werden, doch kann es freiwillig zurücktreten.

Politische Einschränkungen

Bundesratswahlen sind politisch kompliziert, weil die Auswahl eingeengt ist:
- BV 175 verlangt, dass die Landesgegenden und die Sprachregionen angemessen vertreten sind (allgemeine Rücksichtsklausel). Somit können 2 Mitglieder des Bundesrates aus dem gleichen Kanton stammen.
- Die staatspolitische Gerechtigkeit und Klugheit will es, dass zwei bis drei Mitglieder des Bundesrates aus der Westschweiz oder dem Tessin stammen.
- Traditionell stellen die 3 bevölkerungsreichsten Kantone Zürich, Bern und Waadt fast immer ein Mitglied des Bundesrates.
- Zudem sollen beide Geschlechter angemessen im Bundesrat vertreten sein.

Regeln beim Wahlverfahren von Bundesräten

Grundsatz: Es wird so lange gewählt, bis jemand das absolute Mehr erreicht hat.

1. und 2. Wahlgang	Der 1. und der 2. Wahlgang sind absolut frei. Das heisst, dass im 2. Wahlgang Namen ins Spiel gebracht werden können, die im 1. Wahlgang noch gar keine Stimmen erhalten haben.
Ab 2. Wahlgang gilt	Wer weniger als 10 Stimmen erhält, wird für den nächsten Wahlgang nicht mehr zugelassen.
Ab 3. Wahlgang gilt	– Neue Namen sind nicht mehr zulässig. – Wer am wenigsten Stimmen erzielt hat, fällt aus dem Rennen.

Die Gesamterneuerungswahl des Bundesrates

Zu Beginn einer neuen Legislaturperiode (im Dezember nach den Nationalratswahlen) wird der gesamte Bundesrat nach folgender Regel neu gewählt:
- Die Sitze werden einzeln und nacheinander besetzt, und zwar in der Reihenfolge des Amtsalters der bisherigen Bundesrätinnen und Bundesräte.
- Sitze für bisherige Mitglieder des Bundesrates werden zuerst besetzt.
- Allfällige Ersatzwahlen für zurückgetretene Mitglieder erfolgen am Schluss des Wahlprozedere.

NICE TO KNOW

Der Bundesrat tritt in der Regel jeden Mittwochmorgen zur ordentlichen Sitzung zusammen. (Ausnahme: In den Ferien finden keine Sitzungen statt; während den Sessionen sind die Sitzungen in der Regel jeweils am Freitag.) Je nach Bedarf kommen noch ausserordentliche Sitzungen hinzu. Jedes Jahr finden zudem noch mehrere Klausursitzungen statt, die jeweils der Beratung spezieller und grosser Themenkomplexe gewidmet sind.

Bundesratssitzungen

Höflichkeitsform

Die Bundesratsmitglieder sprechen einander als Herr Bundesrat / Frau Bundesrätin oder als Herr Finanzminister, Frau Aussenministerin usw. an. (In der Kaffeepause duzen sich alle Regierungsmitglieder, doch in der Sitzung gilt das formelle Sie.)

Sprechordnung

Bei den Behandlungen von Geschäften äussert sich zuerst der Bundespräsident / die Bundespräsidentin, dann ist der Vizepräsident / die Vizepräsidentin an der Reihe, nachher äussern sich die anderen Mitglieder des Bundesrates, und zwar in der Folge ihrer Amtsdauer (Anciennitätsprinzip).

Reihenfolge der Geschäfte

Normalerweise behandelt die Regierung an einer Sitzung bis zu 100 Geschäfte. Die Akten sind in vier Farben geordnet und die Geschäfte werden in einer fest vorgegebenen Reihenfolge behandelt:

1. Orange Geschäfte	2. Blaue Geschäfte	3. Weisse Geschäfte	4. Grüne Geschäfte
Jede Sitzung beginnt mit den orangen Geschäften (Beschwerden, Änderungen von Verordnungen und internationale Routine-Verträge).	Die Farbe blau umfasst parlamentarische Vorstösse, die der Bundesrat beantworten muss.	Weiss sind die eigentlich politischen Geschäfte (Gesetzesvorlagen, bedeutende internationale Abkommen und aktuelle Themen).	Mit Grün werden Geheimgeschäfte gekennzeichnet. Grüne Papiere werden nur in je 1 Exemplar an die Bundesräte persönlich sowie an die Bundeskanzlerin und die beiden Vizekanzler verteilt.

Bundesratssitzung (Bundesratszimmer am Mittwoch, 14. Januar 2015)

Beginnend von links im Uhrzeigersinn: Bundesrat Didier Burkhalter, Vizekanzler Thomas Helbling (Protokollführer), Bundeskanzlerin Corina Casanova, Bundespräsidentin Simonetta Sommaruga, Vizekanzler André Simonazzi (Bundesratssprecher), die Bundesräte Alain Berset und Ueli Maurer, Bundesrätin Doris Leuthard, Vizepräsident Johann Schneider-Ammann und Bundesrätin Eveline Widmer-Schlumpf.

Die Zuständigkeiten des Bundesrats

Regierungspolitik (BV 180)

Der Bundesrat muss vor allem regieren, d.h. vorausblicken, zukünftige Probleme erkennen und abklären, welches die Bedürfnisse der nächsten Jahre sein werden. Er erarbeitet Lösungsvorschläge und unterbreitet diese dann dem Parlament. Zu Beginn einer Legislaturperiode (4-jährige Amtszeit, siehe S. 43) veröffentlicht der Bundesrat das Regierungsprogramm (Legislaturplanung, siehe S. 67), worin er seine Politik darlegt. Grundsätzlich muss der Bundesrat die Öffentlichkeit rechtzeitig und umfassend informieren.

Initiativrecht (BV 181)

Der Bundesrat leitet die vorparlamentarische Phase bei der Entstehung eines Gesetzes (siehe S. 103 ff.). Dabei kann er aus eigenem Antrieb oder auf parlamentarischen Auftrag hin (siehe S. 51 und 104) der Bundesversammlung Vorschläge zu Verfassungsänderungen, Bundesgesetzen und Bundesbeschlüssen unterbreiten.

Rechtsetzung und Vollzug (BV 182)

- Soweit er dazu ermächtigt ist, erlässt der Bundesrat nähere Ausführungsbestimmungen zu einzelnen Gesetzesartikeln, sogenannte Verordnungen.
- Der Bundesrat ist verantwortlich für den Vollzug (die Ausführung) der Gesetze.
- Er legt den Termin für die Inkraftsetzung eines Gesetzes fest. Meistens sind dies der 1. Januar und der 1. Juli.

Bundesfinanzen (BV 183)

Der Bundesrat ist zuständig für:
- die Finanzplanung (Ein Staat muss mehrjährige Finanzpläne erstellen.)
- den Budgetentwurf (Über den Entwurf stimmt die Bundesversammlung ab, ohne an die Anträge des Bundesrates gebunden zu sein.)
- die Erstellung der Staatsrechnung (Diese hat er dem Parlament vorzulegen.)
- eine ordnungsgemässe Haushaltführung

Beziehungen zum Ausland (BV 184)

- Der Bundesrat vertritt die Schweiz nach aussen. Er allein darf gegenüber anderen Staaten und internationalen Organisationen rechtsverbindliche Erklärungen abgeben.
- Der Bundesrat bestimmt und koordiniert die schweizerische Aussenpolitik.
- Er handelt Verträge mit dem Ausland aus, unterzeichnet (ratifiziert) sie und legt sie zur Genehmigung der Bundesversammlung vor.

Äussere und innere Sicherheit (BV 185)

a) Äussere Sicherheit: Der Bundesrat muss für die Unabhängigkeit sowie für die Neutralität der Schweiz sorgen.
b) Innere Sicherheit. Es geht um den Schutz der Polizeigüter (insbesondere Leben, Freiheit, Gesundheit, Sittlichkeit), aber auch um den Schutz der Natur.

In dringenden Fällen darf der Bundesrat Truppen bis 4000 Personen aufbieten.

Beziehungen zwischen Bund und Kantonen (BV 186)

Der Bundesrat pflegt die Beziehungen zu den Kantonen. Er überprüft interkantonale Verträge.

Die Bundespräsidentin / der Bundespräsident

Bundespräsidentin / Bundespräsident: *Führt den Vorsitz im Bundesrat; von der Vereinigten Bundesversammlung jeweils für ein Jahr gewählt (BV 176).*

Ihre/seine Stellung ist nicht vergleichbar mit jener eines Staatschefs oder einer Staatspräsidentin im Ausland. Sie/er hat nicht mehr Machtbefugnisse als die übrigen Bundesratsmitglieder. Sie/er ist «prima/primus inter pares», was so viel heisst wie «Erste/Erster unter Gleichen».

Aufgaben

- Die Bundesratssitzungen vorbereiten und leiten sowie bei strittigen Fragen schlichten. Diese Aufgabe verlangt das Aktenstudium aller Geschäfte, wobei die Bundeskanzlerin oder der Bundeskanzler behilflich ist.
- Bei Sachentscheiden: Wenn an Bundesratssitzungen Stimmengleichheit herrscht, den Stichentscheid geben;
- Bei Notwendigkeit ein Mitglied des Bundesrates beauftragen, bis zu einem bestimmten Zeitpunkt dem Gesamtbundesrat ein bestimmtes Geschäft zu unterbreiten;
- Repräsentationsaufgaben erfüllen wie Vorsitzende anderer Staaten sowie Botschafterinnen und Botschafter empfangen;
- Sich an besonderen Tagen an die Bevölkerung wenden (Neujahr, 1. August, Tag der Kranken);
- In beiden Räten den Geschäftsbericht des Bundesrates vertreten.

Da zudem auch noch das Departement geführt werden muss, ist die Bundespräsidentin oder der Bundespräsident während des Präsidialjahres mit grosser Mehrarbeit belastet. Ihr/ihm steht ein Präsidialdienst zur Seite.

Johann Schneider-Ammann, Vizepräsident 2015

Simonetta Sommaruga, Bundespräsidentin 2015

Die Reihenfolge der Präsidentschaft

Die Mitglieder des Bundesrates übernehmen der Reihe nach die Präsidentschaft. Dabei gilt folgende Regel:
Ein Mitglied des Bundesrates muss unter der Präsidentschaft aller Kolleginnen und Kollegen gedient haben, bis sie Präsidentin bzw. er Präsident wird.

Die Vereinigte Bundesversammlung wählt im Dezember (Wintersession) die Vizepräsidentin / den Vizepräsidenten für das folgende Jahr zur Bundespräsidentin / zum Bundespräsidenten.

Das Kollegialsystem

Der Bundesrat als Kollegialbehörde (BV 177)

Kollegialbehörde: *Behörde, die einen gemeinsamen Willen bildet, nach aussen als Einheit auftritt und die Verantwortung auch gemeinsam trägt. Kein Mitglied hat mehr Rechte als ein anderes. Jedes Mitglied vertritt nach aussen die Meinung der Mehrheit, auch wenn es an der Sitzung selber anderer Meinung gewesen ist (siehe Konkordanzdemokratie, S. 154).*

Der Bundesrat, aber auch Regierungs- und Gemeinderäte sind Kollegialbehörden.

Kollegialsystem

Alt Bundeskanzler Buser sagte über das Kollegialsystem: «Kollegialsystem heisst, dass unsere Landesregierung nach aussen stets als Einheit auftritt. Ist einmal ein Beschluss gefasst, wird er von allen 7 Mitgliedern des Rates gegenüber Dritten mit den Argumenten vertreten, die den Ausschlag gegeben haben. Jede Woche, wenn der Bundesrat in seinem Sitzungszimmer zusammenkommt, prallen die Meinungen meist in vielen Fragen hart, aber zugleich stets sachlich und höflich aufeinander. Abgestimmt wird dabei selten, weil sich jeder klar und deutlich zu den umstrittenen Themen äussert. Regelmässig schliesst die Präsidentin oder der Präsident zusammenfassend mit den Worten: ‹Wir sind der Meinung, dass...›»

Vorteile:
- Ein Mitglied einer Regierung oder einer Behörde (Bundesrat, Regierungsrat, Gemeinderat usw.) kann seine Entscheidungen freier treffen, ohne dabei Rücksicht auf die Medien und seine Partei nehmen zu müssen. (Kompromisse sind so eher möglich.)
- Druckversuchen von aussen kann somit eher begegnet werden.
- Auch stehen der Einheitsgedanke und die Geschlossenheit im Vordergrund, was vor allem bei heiklen Entscheiden besseres Durchsetzungsvermögen bewirkt.

Nachteile:
- Wenn ein Mitglied einer Regierung oder einer Behörde anderer Meinung ist, darf es dies nach aussen nicht kundtun. Somit kann dieses Mitglied unter Umständen in einen grossen seelischen Konflikt kommen, vor allem wenn es sich um Grundsatzfragen handelt.
- Die einzelnen Mitglieder können sich nach aussen weniger profilieren.

NICE TO KNOW

Probleme:

Das Kollegialsystem wird immer wieder in Frage gestellt: Links stehende und kleinere Parteien beklagen die fehlende Transparenz, und Regierungs- und Behördenmitglieder durchbrechen dieses Prinzip, indem sie ihre Meinung in der Öffentlichkeit kundtun.

Das Departementalprinzip

Der Bundesrat als Vorsteher eines Departements

Departement (auf Kantonsebene oft auch «Direktion» genannt): *Ein Sektor in der Verwaltung, der eine Fülle von Aufgaben umfasst (siehe S. 75).*

Departementalprinzip

Die Mitglieder des Bundesrates sind einerseits Angehörige der Kollegialbehörde und gleichzeitig sind sie Vorsteherin oder Vorsteher eines Departements (BV 177). Das Departementalprinzip verteilt die Vielzahl von Aufgaben auf die einzelnen Mitglieder des Bundesrates und legt die Zuständigkeiten fest.
Die Departemente bereiten die Geschäfte zuhanden des Kollegiums vor und führen die Beschlüsse des Kollegiums aus.

Vorrang des Kollegialsystems

Das Kollegialsystem hat gegenüber dem Departementalprinzip Vorrang, d.h. die Entscheide des Kollegiums gehen den Entscheiden des Departementschefs bzw. der Departementschefin vor. Über seine Tätigkeit ist jedes Mitglied des Bundesrates dem Parlament Rechenschaft schuldig.

Die Verteilung der Departemente im Bundesrat

- Die Verteilung der Departemente im Bundesrat ist eine Entscheidung, die allein dem 7-köpfigen Regierungskollegium zusteht. Sie wird ohne Anwesenheit der Bundeskanzlerin/des Bundeskanzlers vorgenommen.
- Sitzungen über die Departementsverteilung hält der Bundesrat in der Regel nach Ersatz- und Gesamterneuerungswahlen ab.
- Grundsätzlich muss jedes gewählte Mitglied des Bundesrates jedes der 7 Departemente übernehmen können.
- Die Verteilung erfolgt nach dem Anciennitätsprinzip. Das heisst: Als Erstes darf das amtsälteste Mitglied des Bundesrates seinen Wunsch äussern. Danach folgen die Mitglieder gemäss der Dauer ihrer Amtszeit im Bundesrat. Das zuletzt gewählte Mitglied muss das übrig gebliebene Departement übernehmen.
- In vielen Fällen setzt sich dieses Vorgehen durch. Die Wünsche werden berücksichtigt. Dennoch kann es bei der Verteilung zu Differenzen kommen. Können sich Mitglieder nicht einigen, entscheidet der Gesamtbundesrat über die Verteilung.
- Grundsätzlich strebt das Kollegium eine einvernehmliche Lösung an. Diese Sitzung gilt auch als erster Test für die Zusammenarbeit im Bundesrat.
- Der Bundesrat bezeichnet für jedes seiner Mitglieder aus seiner Mitte einen Stellvertreter oder eine Stellvertreterin.

Organisation der Departemente

Jedes Departement umfasst mehrere Bundesämter und ein Generalsekretariat. Das Mitglied des Bundesrates, das dem Departement vorsteht, entscheidet über die Organisation im Departement und ist auch für das Personalwesen zuständig.

Staatssekretäre

Zu seiner eigenen Entlastung darf der Gesamtbundesrat bis zu 10 Staatssekretäre ernennen. Derzeit gibt es vier ständige Staatssekretäre (Aussenpolitik, internationale Finanzfragen, Wirtschaft sowie Bildung und Forschung). Die Staatssekretäre sollen den Bundesrat vor allem im Verkehr mit dem Ausland vertreten.

Die Verwaltung

Verwaltung: *Alle Angestellten, die im Dienste des Parlaments, der Regierung und der Gerichte beschäftigt sind.*

Die Parlaments- und die Gerichtsverwaltung sind allgemein verschwindend klein neben der Verwaltung, die im Dienste der Regierung tätig ist.

Die drei Verwaltungsebenen

Man unterscheidet:
- Bundesverwaltung (auch «eidgenössische Verwaltung» genannt)
- kantonale Verwaltungen
- Gemeindeverwaltungen

Die Gliederung der Bundesverwaltung

Die Bundesverwaltung gliedert sich in
- 7 Departemente
- die Bundeskanzlei
- die Parlamentsdienste (Parlamentsverwaltung) und
- die Verwaltung der Bundesgerichte

Jedes Mitglied des Bundesrates ist für ein Departement verantwortlich. Ihm steht innerhalb und ausserhalb des Bundeshauses eine grosse Anzahl von Angestellten zur Seite. Je nach Bedarf trifft sich das Bundesratsmitglied mit seinen Chefangestellten, erteilt Aufträge, nimmt Ergebnisse entgegen, lässt sich informieren und trifft dann die Entscheidungen.

→ CiviCampus
→ www.verlag-fuchs.ch/staat

Die 7 Departemente des Bundes

(Stand: 1.1.2015)

Departement	Wichtige Aufgabenbereiche	Bundesrat / Bundesrätin
Eidgenössisches Departement für auswärtige Angelegenheiten (EDA)	– Beziehungen zum Ausland – Staatsverträge – Entwicklung und Zusammenarbeit – Internationale Organisationen – Völkerrecht – Direktion für europäische Angelegenheiten	 **Didier Burkhalter** 1960 / Kanton Neuenburg / FDP / Bundesrat seit 2009
Eidgenössisches Departement des Innern (EDI)	– Sozialversicherungen – Gesundheit – Kultur – Statistik – Landesbibliothek, Landesmuseum, Bundesarchiv – Meteorologie und Klimatologie	 **Alain Berset** 1972 / Kanton Freiburg / SP / Bundesrat seit 2012
Eidgenössisches Justiz- und Polizei-Departement (EJPD)	– Justiz und Polizei – Asyl- und Ausländerfragen – Flüchtlinge – Zuwanderung, Integration und Auswanderung – Geistiges Eigentum – Bundesanwaltschaft	 **Simonetta Sommaruga** 1960 / Kanton Bern / SP / Bundesrätin seit 1.11.2010
Eidgenössisches Departement für Verteidigung, Bevölkerungsschutz und Sport (VBS)	– Landesverteidigung (Generalstab, Heer, Luftwaffe, Rüstung) – Ziviler Bevölkerungsschutz (Zivilschutz, Friedensförderung und Sicherheitskooperation) – Sport (mit Eidg. Turn- und Sportschule) – Landestopografie (swisstopo)	 **Ueli Maurer** 1950 / Kanton Zürich / SVP / Bundesrat seit 2009
Eidgenössisches Finanzdepartement (EFD)	– Finanz- und Steuerverwaltung – Bauten und Logistik – Informatik und Telekommunikation – Zollverwaltung – Personalamt – Privatversicherungen	 **Eveline Widmer-Schlumpf** 1956 / Kanton Graubünden / BDP / Bundesrätin seit 2008
Eidgenössisches Departement für Wirtschaft, Bildung und Forschung (WBF)	– Staatssekretariat für Wirtschaft (SECO = Secrétariat d'Etat à l'économie) – Staatssekretariat für Bildung, Forschung und Innovation (SBFI) – Eidgenössische Technische Hochschule (ETH) – Bundesamt für Landwirtschaft (BLW) – Wirtschaftliche Landesversorgung – Wohnungswesen – Zivildienst – Preisüberwachung – Konsumentenfragen	 **Johann Schneider-Ammann** 1952 / Kanton Bern / FDP / Bundesrat seit 1.11.2010
Eidgenössisches Departement für Umwelt, Verkehr, Energie und Kommunikation (UVEK)	– Umwelt (Bundesamt für Umwelt: BAFU) – Verkehr – Zivilluftfahrt – Wasser und Geologie – Energie (Bundesamt für Energie: BFE) – Raumentwicklung – Kommunikation – Strassen	 **Doris Leuthard** 1963 / Kanton Aargau / CVP / Bundesrätin seit 2006

Die Bundeskanzlei

Bundeskanzlei: *Oberste Stabsstelle des Bundesrates. In ihr laufen gewissermassen alle Fäden zusammen (BV 179).*

Wichtige Aufgaben der Bundeskanzlei

- Den Ablauf der Geschäfte koordinieren
- Die Sitzungen des Bundesrates vorbereiten und das Protokoll führen
- Die Bundespräsidentin oder den Bundespräsidenten bei der Leitung der Regierungsgeschäfte unterstützen
- Die Öffentlichkeit über Absichten und Entscheide des Bundesrates informieren
- Den Informationsfluss zwischen den Departementen koordinieren
- Für die Verbindung zum Parlament sorgen
- Kanzlei- und Sekretariatsdienste erfüllen
- Eidgenössische Wahlen und Abstimmungen durchführen
- Volksinitiativen und Referenden betreuen
- Texte aus der Verwaltung, aus dem Parlament und von Volksinitiativen in die 3 Amtssprachen (Deutsch, Französisch und Italienisch) übersetzen und die Texte sprachlich kontrollieren
- Gesetze, Beschlüsse und Entwürfe des Bundesrates veröffentlichen
- Die Parlamentsbibliothek und das Drucksachenwesen betreuen

Die Bundeskanzlerin / der Bundeskanzler

Bundeskanzlerin Corina Casanova

Bundeskanzlerin / Bundeskanzler: *Stabschefin bzw. Stabschef des Bundesrates, mit der Leitung der Bundeskanzlei betraut (BV 179). Der offizielle Titel lautet «Kanzler der Schweizerischen Eidgenossenschaft».*

Die Bundeskanzlerin oder der Bundeskanzler wird von der Vereinigten Bundesversammlung gewählt und wie die Mitglieder des Bundesrates alle 4 Jahre bestätigt; mehr als diese ist sie/er zu politischer Neutralität verpflichtet und muss ohne Rücksicht auf die eigene Parteizugehörigkeit jedem Bundesratsmitglied die gleichen Dienste leisten.

Die Bundeskanzlerin oder der Bundeskanzler nimmt an Bundesratssitzungen mit beratender Stimme teil; das heisst, sie/er darf sich zu allen Geschäften äussern, am Schluss jedoch nicht abstimmen. Wenn sie/er aber überzeugende Argumente vorbringt, können gewisse Entscheide beeinflusst werden. Daher wird die/der Vorsitzende der Bundeskanzlei auch als «achter Bundesrat» bezeichnet.

Zwei Personen als Vizekanzler

Dem «Kanzler der Schweizerischen Eidgenossenschaft» zur Seite stehen 2 Personen als Vizekanzlerin oder Vizekanzler, die vom Bundesrat gewählt werden.
Eine der beiden Personen ist für die Führung des Protokolls an den Bundesratssitzungen zuständig. Die andere Person ist für die Information der Öffentlichkeit verantwortlich. Sie informiert die Öffentlichkeit über die Bundesratssitzungen, und sie koordiniert die Informationspolitik zwischen der Regierung und den Departementen.

→ www.verlag-fuchs.ch/staat

NICE TO KNOW

Deutscher und österreichischer Bundeskanzler

Die Funktion unseres «Kanzlers» darf in keiner Art und Weise mit jener der Bundeskanzler in Deutschland und Österreich verwechselt werden, wo der Bundeskanzler Chef der gesamten Regierung ist und den Regierungskurs festlegt und somit mehr Kompetenzen hat als jedes einzelne Mitglied unseres Bundesrates.

Staatsquote / Fiskalquote / Verschuldung

Die Gesamtheit von Bund, Kantonen und Gemeinden bilden «die öffentliche Hand». Um all ihre Aufgaben erfüllen zu können, bedürfen sie Geld. In diesem Zusammenhang spielen zwei Begriffe in der politischen Diskussion eine zentrale Rolle: Die Staats- und die Fiskalquote.

Staatsquote

Staatsquote: *Sie ist das Verhältnis in Prozenten zwischen den öffentlichen Ausgaben (Bund, Kantone, Gemeinden und Sozialversicherungen) und dem Bruttoinlandprodukt (siehe S. 258 ff.).*

Durch die wachsende Bedeutung von Infrastrukturleistungen (z.B. Verkehr, Umweltschutz) und von Umverteilungszielen (soziale Wohlfahrt, Subventionen) ist der Anteil der Staatsausgaben am BIP, die Staatsquote, in den letzten Jahrzehnten beträchtlich gestiegen und 2014 erreichte sie 31,3% (1970: 24,3%). Im Jahre 2003 war sie mit 35,3% am höchsten.

Fiskalquote

Fiskalquote: *Sie zeigt, wie gross der Anteil aller Steuern und der obligatorischen Sozialversicherungsbeiträge im Verhältnis zum BIP ist.*

Den steigenden Geldbedarf kann der Staat nur mit der Erhöhung der Zwangsabgaben (Steuern und obligatorische Sozialversicherungsbeiträge) decken. 2014 betrug die Fiskalquote der öffentlichen Hand (Bund, Kantone, Gemeinden) 26,7%.

Zunehmende Verschuldung

Die Schulden von Bund, Kantonen und Gemeinden dürften per Ende 2014 gut 221,7 Milliarden Franken betragen. Sie vergrösserten sich damit seit 1990 um 111,6% (Stand 1990: CHF 104.76 Milliarden). Gegenüber dem Höchststand von 2004 (CHF 245.923 Milliarden) baute die öffentliche Hand die Gesamtschulden aber um 9,85% ab.

Bruttoschulden
(gemäss Maastricht-Kriterien, ohne Sozialversicherungen)

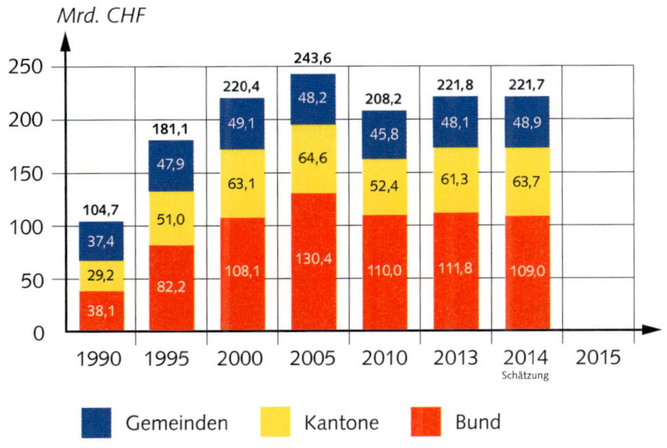

Staatsquote / Fiskalquote / Schuldenquote
(in % des BIP)

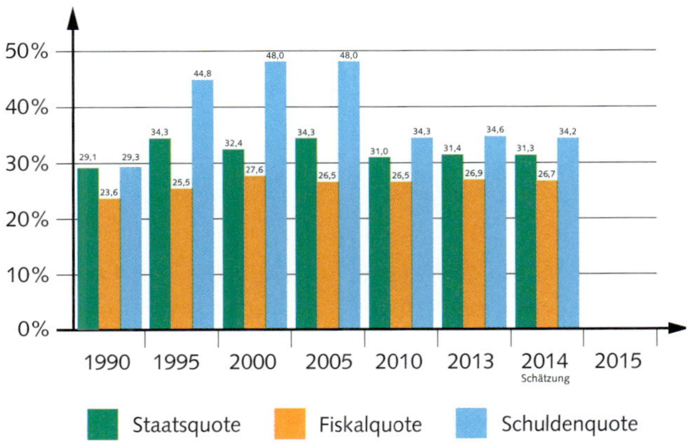

Die Bundesfinanzen

Die Finanzierungsrechnung

Finanzierungsrechnung: *Widerspiegelt den Zustand der Bundesfinanzen und gibt Auskunft über die Einnahmen und die Ausgaben des Bundes.*

- BV 126–135 regelt die Finanzordnung des Bundes und hält vor allem die Einnahmequellen fest: direkte Bundessteuer, Mehrwertsteuer, Verrechnungssteuer usw.
- In BV 126 ist der Grundsatz festgehalten, wonach der Bund seine Ausgaben und Einnahmen auf die Dauer im Gleichgewicht zu halten hat.
- BV 167 hält fest, dass die Bundesversammlung über die Ausgaben des Bundes beschliesst, den Voranschlag festsetzt und die Staatsrechnung abnimmt.
- BV 183 besagt, dass der Bundesrat den Finanzplan erarbeitet, den Voranschlag entwirft und die Staatsrechnung erstellt.

Die Einnahmen

Die wichtigsten Einnahmenbereiche 2014

a) Direkte Steuern:		
– Direkte Bundessteuer[1]	17 975 Mio. CHF	28,1%
– Verrechnungssteuer[2]	5 631 Mio. CHF	8,8%
b) Indirekte Steuern:		
– MwSt.	22 614 Mio. CHF	35,4%
– Mineralölsteuer	4 972 Mio. CHF	7,8%
– Stempelabgaben	2 148 Mio. CHF	3,4%
– Zölle	1 068 Mio. CHF	1,7%
– Übrige Fiskaleinnahmen	5 789 Mio. CHF	9,1%
c) Andere Einnahmen	3 679 Mio. CHF	5,8%
Gesamteinnahmen	**63 876 Mio. CHF**	**100,0%**

Übersicht über die wichtigsten Einnahmen

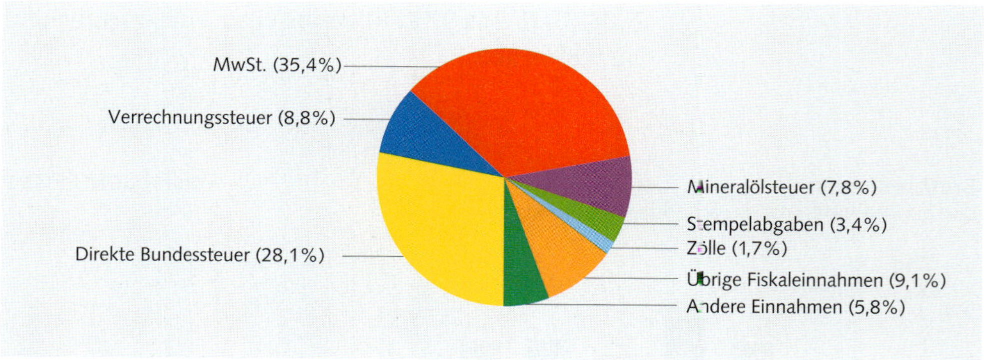

[1] *Die direkte Bundessteuer ist eine Einkommenssteuer für natürliche Personen sowie eine Steuer auf dem Reinertrag für juristische Personen (z.B. Aktiengesellschaften). Rund 53% der Erträge stammen von den natürlichen Personen und 47% von juristischen Personen.*

[2] *Die Verrechnungssteuer ist eine vom Bund an der Quelle erhobene Steuer auf dem Ertrag von beweglichem Kapitalvermögen (insbesondere Zinsen und Dividenden), auf den Lotteriegewinnen und auf bestimmten Versicherungsleistungen. Mit der Steuer soll die Steuerhinterziehung bekämpft werden. Beim ordnungsgemässen Deklarieren der Verrechnungssteuer in der Steuererklärung wird sie dem Steuerpflichtigen zurückerstattet. Der Steuersatz beträgt 35%.*

Die Ausgaben

Die wichtigsten Ausgabenbereiche des Bundes 2014

– Soziale Wohlfahrt (AHV, IV, Krankenversicherungen usw.)	21 414 Mio. CHF	33,5%
– Finanzen und Steuern (u.a. Schuldzinsen)	9 469 Mio. CHF	14,8%
– Verkehr	8 429 Mio. CHF	13,2%
– Landesverteidigung	4 348 Mio. CHF	6,8%
– Landwirtschaft und Ernährung	3 693 Mio. CHF	5,8%
– Bildung und Forschung	6 952 Mio. CHF	10,9%
– Beziehungen zum Ausland (u.a. Entwicklungshilfe)	3 508 Mio. CHF	5,5%
– Übrige Ausgaben	6 187 Mio. CHF	9,7%
Gesamtausgaben	**64 000 Mio. CHF**	**100,0%**

Übersicht über die wichtigsten Ausgabengebiete

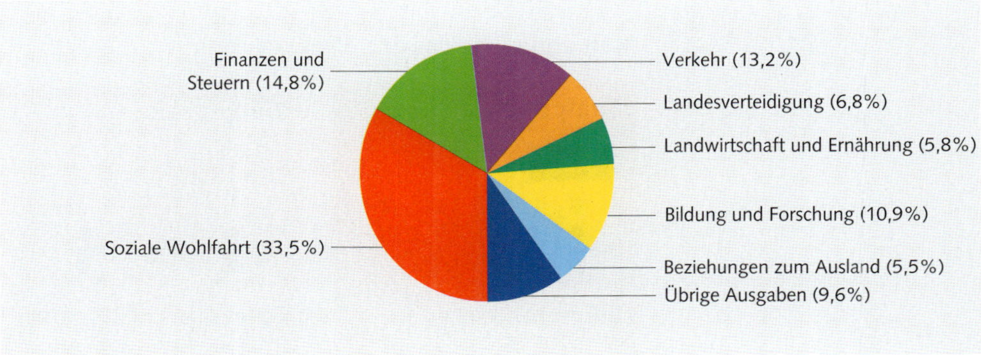

Einnahmenüberschuss in der ordentlichen Finanzierungsrechnung 2014
Einnahmen abzüglich Ausgaben ergeben für 2014 ein Defizit von CHF 124 Millionen (Ende 2014: Bruttoschulden des Bundes CHF 108,797 Milliarden).

Subventionen des Bundes

Subvention: *Zweckgebundene Unterstützung aus öffentlichen Mitteln. Diese Mittel müssen nicht mehr zurückbezahlt werden, dürfen aber nur für den bestimmten Zweck verwendet werden.*

2014 zahlte der Bund Subventionen in der Höhe von CHF 39,753 Milliarden. Allein die fünf grössten Brocken machen 89,0% aus, nämlich:
- Soziale Wohlfahrt: CHF 17,082 Milliarden (AHV, Krankenversicherungen usw.)
- Bildung und Forschung: CHF 6,514 Milliarden
- Verkehr: CHF 5,093 Milliarden (Strassen, öffentlicher Verkehr usw.)
- Landwirtschaft und Ernährung: CHF 3,522 Milliarden (Direktzahlungen usw.)
- Finanzen und Steuern: CHF 3,185 Milliarden

Übersicht über die wichtigsten Subventionsbereiche

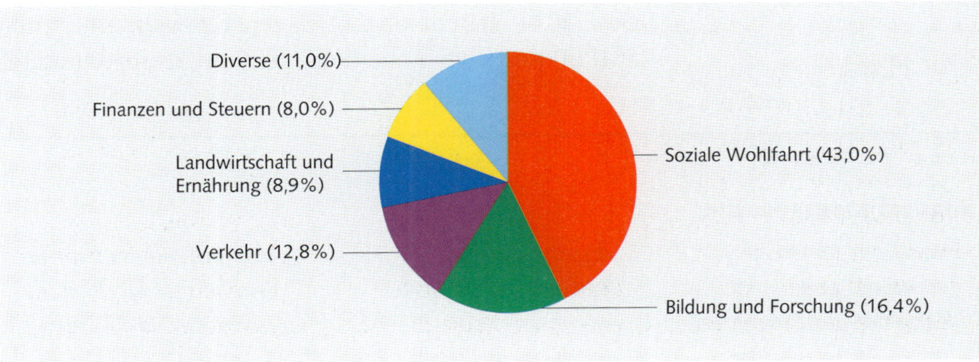

Die Rechtsprechung

Souverän
Parlament | Regierung | Gerichte

Gesetze erlassen und anwenden genügt allein noch nicht, sie müssen auch durchgesetzt werden, wenn
- Menschen gegen sie verstossen,
- Menschen sich in rechtlichen Angelegenheiten nicht einigen können und eine Entscheidung suchen,
- Menschen glauben, staatliche Stellen hätten ihre Kompetenzen überschritten.

Gesetze durchsetzen, also Recht sprechen, ist Aufgabe der 3. Gewalt im Staat, der Gerichte. Im Rechtsstaat müssen die Gerichte von den beiden anderen Gewalten (dem Parlament und der Regierung) unabhängig sein.

Die Prozessarten

Prozess: *Durchführung eines Gerichtsverfahrens.*

Man unterscheidet drei Prozessarten:

Strafprozess	Zivilprozess	Verwaltungsprozess
Staat ▼ Bürgerin / Bürger	Bürgerin / Bürger ◄ ► Bürgerin / Bürger	Staat ▲ Bürgerin / Bürger
Schutz der Einwohner vor Straftätern	Schutz der Einwohner gegen Übergriffe Privater	Schutz der Einwohner vor Machtübergriffen des Staates
Im Strafrecht sind die strafbaren Handlungen und die dafür vorgesehen Strafen festgehalten.	Das Zivilrecht regelt die rechtlichen Verhältnisse zwischen den Bürgerinnen und Bürgern.	Eine Bürgerin oder ein Bürger ist mit einem Entscheid der Behörde (Gemeinde, Kanton usw.) nicht einverstanden und beschwert sich über diese Behörde.
Beispiele: – Strafgesetzbuch (Beispiele: Raub, Diebstahl, Mord) – Strafbestimmungen des Strassenverkehrsgesetzes	*Beispiele:* – Eherecht – Erbrecht – Sachenrecht – Vertragsrecht	*Beispiele:* – Steuerrecht – Baurecht – Gewerbepolizeiliche Vorschriften

→ CiviCampus

Seit 2011 gelten in der ganzen Schweiz eine einheitliche Strafprozessordnung (StPO) und eine einheitliche Zivilprozessordnung (ZPO).

NICE TO KNOW

Begnadigungsgesuche

- *Wer vom Bundesgericht verurteilt worden ist, kann bei den Eidgenössischen Räten um Begnadigung nachsuchen. Die Vereinigte Bundesversammlung (siehe S. 63) befindet darüber.*
- *Wer von einem kantonalen Gericht letztinstanzlich verurteilt worden ist, muss das Gesuch dem entsprechenden kantonalen Parlament einreichen, das dann darüber entscheidet.*

Die Gerichtsarten

Die ordentlichen Gerichte

Ordentliches Gericht: *Gericht, das im Regelfall für Straf-, Zivil- oder Verwaltungsrecht zuständig ist, soweit für einen speziellen Bereich kein Fachgericht besteht.*

Strafgericht	Zivilgericht	Verwaltungsgericht
Es ist zuständig, wenn eine Privatperson gegen die vom Staat aufgestellten gesetzlichen Bestimmungen des Strafrechts (Strafgesetzbuch, Strassenverkehrsgesetz usw.) verstossen hat. Nur wer schuldig ist, darf bestraft werden.	Es ist zuständig, wenn es Streitigkeiten über Rechte und Pflichten gibt, die das Verhältnis von Privatpersonen und juristischen Personen untereinander betreffen (Zivilgesetzbuch, Obligationenrecht usw.). Die Richterinnen und Richter sollen entscheiden, wer im Recht oder wer im Unrecht ist.	Es ist zuständig, wenn sich eine Privatperson von einer staatlichen Stelle (der Steuerbehörde, dem Gemeinderat, einem kantonalen Amt usw.) in rechtswidriger Weise behandelt fühlt. Die Privatperson kann in der Regel die Entscheide der Verwaltungsbehörden überprüfen lassen. Nur der Rechtsstaat erlaubt es Privatpersonen, Entscheidungen staatlicher Institutionen überprüfen zu lassen.

Die Fachgerichte (nur auf kantonaler Ebene)

Fachgericht: *Gericht, das für einen ganz bestimmten Sachbereich zuständig ist. Die Richterinnen und Richter sind auf diesem Gebiet gewissermassen «spezialisiert». Dadurch soll die Qualität der Urteile verbessert werden.*

Arbeitsgerichte: Können z.B. ein Arbeitgeber und ein Arbeitnehmer einen arbeitsrechtlichen Streit nicht lösen, rufen sie das Arbeitsgericht an. Dieses muss paritätisch (das heisst zu gleichen Teilen) aus Arbeitgeberinnen und Arbeitgebern sowie Arbeitnehmerinnen und Arbeitnehmern zusammengesetzt sein.

Versicherungsgerichte: Ihre Zuständigkeit umfasst alle sozialversicherungsrechtlichen Fragen wie AHV, IV, EO, ALV usw.

Mietgerichte: Gewisse Kantone haben Mietgerichte. Sie sind zuständig für Streitigkeiten aus Mietverhältnissen.

Handels- und Gewerbegerichte: Nur vier Kantone kennen für Streitigkeiten im Handelsrecht dieses Fachgericht (AG, BE, SG, ZH).

Jugendgerichte: In gewissen Kantonen sind spezielle Jugendgerichte zuständig für Straftaten von Kindern und Jugendlichen bis zum vollendeten 18. Altersjahr. In den anderen Kantonen befassen sich die ordentlichen Gerichte damit.

Die Gerichte des Bundes

Oberstes Gericht

Bundesgericht

Sitz: Lausanne (und einzelne Abteilungen in Luzern)
Richter: 35–45
Amtsdauer: 6 Jahre (Pensionierung mit 68 Jahren)
Wahlgremium: Vereinigte Bundesversammlung

Das Bundesgericht ist die oberste Recht sprechende Behörde des Bundes. Seine Entscheide sind endgültig (Ausnahme: Beschwerden an den Europäischen Gerichtshof für Menschenrechte, siehe S. 163 f.).

Das Bundesgericht übt die Aufsicht über die Geschäftsführung des Bundesstrafgerichts und des Bundesverwaltungsgerichts aus, und es beurteilt Beschwerden gegen deren Urteile. Der weitaus grössere Teil der Fälle betrifft aber Urteile kantonaler Gerichte (Straf-, Zivil- und Verwaltungsgerichte).

↑ Beschwerde in Strafsachen ↑

↑ Beschwerde in öffentlich-rechtlichen Angelegenheiten ↑

Bundesstrafgericht

Sitz: Bellinzona
Richter: 15–35
Amtsdauer: 6 Jahre
Wahlgremium: Vereinigte Bundesversammlung

Beurteilt nur Strafsachen des Bundes. Weiterzug ans Bundesgericht möglich. (Die allermeisten Straftaten werden von kantonalen Gerichten beurteilt und können von dort direkt ans Bundesgericht weitergezogen werden.)

↑

Die Bundesanwaltschaft führt Ermittlungen in Strafsachen des Bundes durch. Das betrifft etwa Geldfälschung, gewisse Sprengstoffdelikte usw. Gegebenenfalls erhebt sie Anklage.

Es gibt kein eidgenössisches Zivilgericht. Alle zivilrechtlichen Streitigkeiten (also Streitigkeiten unter Privatpersonen) werden zuerst von kantonalen Gerichten beurteilt. Von der letzten kantonalen Instanz können die Fälle direkt weitergezogen werden ans Bundesgericht. Bei vermögensrechtlichen Streitigkeiten ist dies aber nur ab einem Streitwert von CHF 15 000.– in arbeits- und mietrechtlichen Fällen, und ab einem Streitwert von CHF 30 000.– in allen übrigen Fällen zulässig (Bundesgerichtsgesetz Art. 74). Für ein Bundeszivilgericht besteht somit keine Notwendigkeit, da es keine Zivilrechtsstreitigkeiten gibt, die nur auf Bundesebene beurteilt werden.

Bundesverwaltungsgericht

Sitz: St. Gallen
Richter: 50–70
Amtsdauer: 6 Jahre
Wahlgremium: Vereinigte Bundesversammlung

Beurteilt Streitigkeiten, die ein Bundesamt oder ein Departement betreffen (also eine Verwaltungsstelle des Bundes). Die Entscheide können ans Bundesgericht weitergezogen werden.

↑

Bundesämter und eidgenössische Departemente erlassen Verfügungen des Bundes. Gegen diese kann Beschwerde ans Bundesverwaltungsgericht geführt werden.

NICE TO KNOW

Militärgerichte

Militärische Straftaten werden durch eigene Militärgerichte beurteilt. Deren Entscheide können an eines der drei Militärappellationsgerichte und schliesslich an das Militärkassationsgericht weitergezogen werden.

Die Gerichte der Kantone (allgemeiner Überblick)

Vorbemerkung:

- Je nach Kanton heissen die Gerichte anders.
- Bezüglich Gerichts- und Verwaltungsverfahren äussern sich BV 29 f. (siehe S. 139).

Oberstes Gericht	**Bundesgericht:** Die Entscheidungen der obersten kantonalen Gerichte können im Normalfall noch ans Bundesgericht (siehe S. 82) weitergezogen werden. Das Bundesgericht kann also auch bei kantonalen Urteilen als letzte Instanz angerufen werden, allerdings zum Teil mit Einschränkungen.		
	↑	↑	↑
Obere Gerichte	**Obergericht / Kantonsgericht** *(Auf kantonaler Ebene sind Zivil- und Strafgerichte meist im selben Gericht vereinigt.)* Urteilt als oberste kantonale Gerichtsinstanz über erstinstanzliche Entscheide in Strafsachen, gegen die ein Rechtsmittel ergriffen wurde. In jedem Kanton gibt es nur ein solches Gericht, da es die oberste kantonale Instanz ist.	**Obergericht / Kantonsgericht** *(Auf kantonaler Ebene sind Zivil- und Strafgerichte meist im selben Gericht vereinigt.)* Urteilt als oberste kantonale Gerichtsinstanz über erstinstanzliche Entscheide in Zivilsachen, gegen die ein Rechtsmittel ergriffen wurde. In jedem Kanton gibt es nur ein solches Gericht, da es die oberste kantonale Instanz ist.	**Verwaltungsgericht / Versicherungsgericht** Entscheidet als oberste kantonale Gerichtsinstanz über Verwaltungsgerichtsbeschwerden gegen Entscheide von Rekurs- oder Beschwerdeinstanzen. Es gibt nur ein solches Gericht pro Kanton.
	↑	↑	↑
Untere Gerichte	**Amtsgericht / Bezirksgericht / Kriminalgericht** *(Auf kantonaler Ebene sind Zivil- und Strafgerichte meist im selben Gericht vereinigt.)* Beurteilt als 1. (gerichtliche) Instanz Straftaten. Bei schweren Straftaten wird diese Funktion in einzelnen Kantonen auch einem speziellen Straf- oder Kriminalgericht übertragen.	**Amtsgericht / Bezirksgericht / Kreisgericht** *(Auf kantonaler Ebene sind Zivil- und Strafgerichte meist im selben Gericht vereinigt.)* Beurteilt als 1. (gerichtliche) Instanz zivilrechtliche Streitigkeiten.	**Rekurskommission** Urteilt über Beschwerden gegen Entscheide von Verwaltungsbehörden des Kantons oder der Gemeinden (jedoch nicht des Bundes, siehe S. 82). Häufig wird diese Aufgabe auch durch verwaltungsinterne Beschwerdeinstanzen (Regierungsrat / Departemente) wahrgenommen, die damit eine gerichtsähnliche Funktion ausüben.
	↑	↑	↑
	Staatsanwaltschaft Führt mit Hilfe der Polizei die Ermittlungen in Strafsachen durch. Gestützt darauf erhebt die Staatsanwaltschaft allenfalls Anklage.	**Schlichtungsbehörde** (Friedensrichter / Vermittler) Versucht, einen Zivilstreit gütlich beizulegen (in der Regel obligatorische Streitschlichtung). Misslingt dies, wird eine Klagebewilligung erteilt.	**Gemeinderat / Amtsstelle / Departement usw.** Erlassen eine Verfügung in Verwaltungssachen (z.B. dass eine Steuer geschuldet sei). Diese kann angefochten werden.

Straffall – Zivilfall – Verwaltungsfall

	Straffall	Zivilfall	Verwaltungsfall
Gesetzliche Grundlagen	– Strafgesetzbuch (StGB) – Strassenverkehrsgesetz (Strafbestimmungen)	– Zivilgesetzbuch (ZGB) – Obligationenrecht (OR) – Strassenverkehrsgesetz (Haftpflicht)	Die für das betreffende Sachgebiet massgeblichen Verwaltungsgesetze, z.B. Baugesetz, Steuergesetz
Verbindlichkeit der Gesetze	Verbindlich	In der Regel: Nur für den Streitfall verbindlich (sonst Abweichungen möglich)	Verbindlich (Vorbehalt: Ausnahmebewilligungen)
Grund für ein Verfahren	Verstoss gegen das Gesetz	Streit oder Forderung	a) Gesuch um eine Bewilligung b) Verstoss gegen ein Gesetz
Parteien	Staatsanwaltschaft (Anklägerin) und Beschuldigter	Kläger und Beklagter	Beschwerdeführer und Beschwerdegegner
Gerichtsorte	In der Regel: Tatort	In der Regel: Am Wohnort der beklagten Person	Ort der zuständigen Behörde
Beweislast	Staatsanwaltschaft	Kläger	In der Regel: Staat bzw. die zuständige Behörde
Verlauf des Verfahrens	1. Untersuchung (Polizei, Staatsanwaltschaft) – Beschuldigter hat Sachverhalt zugegeben und die Freiheitsstrafe beträgt max. 5 Jahre: Staatsanwaltschaft kann mit dem Beschuldigten / Verteidiger eine Absprache treffen. Diese gilt als Anklage und kann vom Gericht zum Urteil erhoben werden. – In klaren Fällen und bei einem Strafrahmen bis höchstens 6 Monaten: Staatsanwaltschaft erlässt einen Strafbefehl. Dies ist eine Urteilsofferte. Bei Annahme durch Beschuldigten: Strafbefehl erlangt Rechtskraft. Bei Ablehnung: Strafbefehl = Anklage vor Gericht. 2. Gerichtsverhandlung 3. Urteil	Der Kläger muss einen Kostenvorschuss zahlen, wenn er zivilrechtlich gegen jemanden Klage erhebt. 1. Schlichtungsverfahren (in der Regel obligatorisch) evtl. Mediation – Streitwertsumme bis zu CHF 2000.–: Schlichter kann auf Verlangen des Klägers ein Urteil fällen. – Wenn Streitwertsumme weniger als CHF 5000.–: Schlichter kann einen Urteilsvorschlag machen. – Falls Klagebewilligung erteilt: 2. ordentliches oder vereinfachtes Verfahren 3. Gerichtsentscheid	a) Bei Gesuch: 1. Gesuch 2. Abklärung 3. Entscheid b) Bei Gesetzesverstoss: 1. Abklärung 2. Stellungnahme 3. Entscheid
Urteil	Schuldig oder unschuldig? Wenn schuldig, welche Strafe?	Wer ist im Recht, wer im Unrecht? (Wer kann sein Recht beweisen?)	Wurden die Gesetze beachtet?

Der richterliche Instanzenweg (Grundzüge)

Instanz: *Zuständige Stelle bei Behörden oder Gerichten.*

Die dargestellten Instanzenwege gelten nur im Regelfall und sind grob vereinfacht.

	Strafprozess	Zivilprozess	Verwaltungsprozess
Letzte, oberste Instanz	Bundesgericht (strafrechtliche Abteilung)	Bundesgericht (zivilrechtliche Abteilung)	Bundesgericht (verwaltungsrechtliche Abteilung)
▲	*Beschwerde in Strafsachen*	*Beschwerde in Zivilsachen*	*Beschwerde in öffentlich-rechtlichen Angelegenheiten*
	(subsidiäre Verfassungsbeschwerde)		
Zweite Instanz	Obergericht / Kantonsgericht	Obergericht / Kantonsgericht	Kantonales Verwaltungsgericht
▲	*Berufung*	*Berufung/Beschwerde*	*Verwaltungsgerichtsbeschwerde*
Erste Instanz	Amtsgericht / Bezirksgericht / Kriminalgericht	Amtsgericht / Bezirksgericht / Kreisgericht	Regierungsrat / Rekurskommission / Amt / Bezirk / Kreis
▲	*Anklage*	*Klage*	*Verwaltungsbeschwerde*
	Staatsanwaltschaft	Schlichtungsbehörde (Friedensrichter / Vermittler)	Gemeinderat / Amtsstelle / Departement usw. erlassen Verfügungen

Rechtsmittel

Rechtsmittel: *Mittel, um Gerichts- oder Verwaltungsentscheide anzufechten und von einer nächsthöheren Instanz beurteilen zu lassen*

In einem Gerichtsentscheid wird erwähnt, bei welcher Instanz welches Rechtsmittel eingereicht werden kann. Daher ist es wichtig, einen Entscheid sorgfältig zu lesen.

Berufung im Straf- wie im Zivilprozess (an Fristen gebunden)
Mit der Berufung kann der Fall umfassend überprüft werden (ob der Sachverhalt vollständig und richtig erfasst bzw. ob das Recht falsch angewendet wurde).
Im Zivilprozess muss zudem die Streitsumme mehr als CHF 10 000.– betragen.

Beschwerde im Zivilprozess (an Fristen gebunden)
Im Gegensatz zur Berufung kann mit der Beschwerde der Sachverhalt nur dann angefochten werden, wenn dieser offensichtlich falsch erfasst worden ist. Eine Beschwerde im Zivilprozess ist bis zu einer Streitsumme von CHF 10 000.– möglich.

Revision (an keine Frist gebunden)
Meist kann ein abgeschlossenes Verfahren (Straf- / Zivil- / Verwaltungsverfahren) beim Auftauchen neuer Tatsachen oder Beweismittel bei der Instanz wieder aufgenommen werden, die zuletzt entschieden hat.

→ CiviCampus

Das Strafrecht

Grundsätze der Justiz (siehe auch S. 136)

- Keine Strafe ohne Gesetz und ohne Schuld
  (StGB 1; «Schuld» heisst: Der Täter hatte zur Tatzeit die Möglichkeit, das Unrecht seiner Tat einzusehen und nach dieser Einsicht zu handeln).
- Unkenntnis eines Gesetzes schützt nicht vor Strafe.
- Alle Bürger sind vor dem Gesetz gleich (BV 8; Rechtsgleichheit).
- Im Zweifelsfalle zugunsten der beschuldigten Person entscheiden (in dubio pro reo). Dieses Prinzip regelt sowohl die Beweislast als auch die Beweiswürdigung.
  a) Beweislast: Nicht die beschuldigte Person muss ihre Unschuld beweisen, sondern die Staatsanwaltschaft muss der beschuldigten Person die Schuld nachweisen.
  b) Beweiswürdigung: Hat ein Richter «nicht zu unterdrückende Zweifel», dass die beschuldigte Person die Tat begangen hat, würde eine Verurteilung das Prinzip «in dubio pro reo» verletzen.

Zweck des Strafrechts und der Strafe

Zweck des Strafrechts
Durch das Strafrecht werden Verhaltensweisen verboten, durch die wichtige Gemeinschaftsgüter und der soziale Frieden, also das friedliche Zusammenleben untereinander, gefährdet werden könnten.

Zweck der Strafe
1. Nach älterer Theorie diente die Strafe der reinen Vergeltung. Das Erleiden der Strafe sollte der Beitrag des Täters zur Wiederherstellung der Rechtsordnung sein.
2. Eine spätere Auffassung stellte die Verbrechensverhütung in den Vordergrund. Durch die regelmässige Bestrafung sollten andere vom Begehen von Straftaten abgehalten werden. Zudem sollte die Strafe eine erzieherische Funktion auf die Bestraften ausüben.
3. Die heute geltende Theorie vereinigt die beiden früheren Auffassungen: Die Strafe soll zwar in erster Linie Vergeltung der Tatschuld sein, doch sollen dadurch zugleich andere vom Begehen gleichartiger Straftaten abgehalten und die straffällige Person selbst gebessert werden (Resozialisierung = Wiedereingliederung in die Gesellschaft).

Informationspflicht der Polizei

Seit 2011 muss ein Polizist einer verhafteten Person gegenüber erklären, dass …

– gegen sie wegen … *(strafbarer Grund nennen)* ein Vorverfahren eingeleitet worden ist;
– sie die Aussage und die Mitwirkung verweigern kann;
– sie jederzeit eine Verteidigung nach freier Wahl und auf eigenes Kostenrisiko beiziehen oder in gewissen Fällen eine amtliche Verteidigung beantragen kann (es gibt Fälle, bei denen zwingend ein Anwalt beigezogen werden muss);
– sie eine Person zum Übersetzen verlangen kann.

«Anwalt der ersten Stunde»

Neu dürfen Verteidiger an allen polizeilichen Einvernahmen teilnehmen und Fragen stellen.
Voraussetzung: Eine beschuldigte Person hat ausdrücklich nach einem Verteidiger verlangt, der aber Zeit haben muss, da kein Recht auf Verschiebung der Einvernahme besteht.

Voraussetzungen der Strafbarkeit

(siehe auch S. 135 f.)

Begehen einer Straftat

Wenn jemand ein Verhalten an den Tag legt, wofür das Gesetz eine Strafe vorsieht, begeht er eine Straftat.

Vorsatz und Fahrlässigkeit

Vorsatz: *Begehen einer Straftat mit Wissen und Willen.*

Handelt der Täter vorsätzlich, so weiss er, was er tut (er befindet sich nicht in einem Irrtum). Er kennt die Strafbarkeit seiner Handlung und er will diese Handlung auch verwirklichen.
Vorsätzliche Tatbegehung ist immer strafbar (StGB 12^{1+2}).

Fahrlässigkeit: *Begehen einer Straftat aus pflichtwidriger Unvorsichtigkeit.*

Der Täter will die Straftat nicht verwirklichen. Er bedenkt aber die Folgen seiner Handlungen nicht, weil er nicht jenes Mass an Vorsicht anwendet, zu dem er nach den Umständen verpflichtet wäre. Fahrlässige Tatbegehung ist nur strafbar, wenn das Gesetz dies ausdrücklich vorsieht (StGB 12^{3}).

Eventualvorsatz: *Wissen um die strafrechtlichen Folgen eines Verhaltens und Inkaufnahme der Verwirklichung einer Straftat.*

Der Täter will zwar die Straftat nicht direkt verwirklichen, er nimmt aber in Kauf, dass dies passiert (er findet sich damit ab, es ist ihm praktisch gleichgültig). Von den Folgen her ist der Eventualvorsatz dem Vorsatz vollkommen gleichgestellt (siehe oben StGB 12^{1+2}).

Der Strafantrag

Eine geschädigte Person kann mittels eines Strafantrages die Bestrafung des Täters fordern (StGB 30–33).

Antragsdelikte: *Sind Delikte, vor allem leichterer Art, die nur strafbar sind, wenn jemand einen Antrag auf Strafverfolgung stellt.*

Man muss selber zur Polizei gehen und einen Strafantrag stellen. Beispiele sind Sachbeschädigung, Ehrverletzungen, fahrlässige Körperverletzung, Diebstahl gegenüber einem Familienangehörigen.

Offizialdelikte: *Sind Straftaten, die vom Staat in jedem Fall verfolgt werden müssen, sobald er davon Kenntnis erhält.*

Eine Untersuchung wird von Amtes wegen eingeleitet, ohne dass jemand eine Anzeige machen muss. Hierzu gehören Straftaten wie Raub, Mord, Diebstahl usw.

Die Straftaten und ihre Folgen im Überblick

Straftaten	Beispiele	Strafart	Strafrahmen
Übertretungen (StGB 103–109)	– Tätlichkeiten, StGB 126 (z.B. Ohrfeige) – Untergeordnete Verkehrsdelikte (z.B. geringfügige Geschwindigkeitsübertretung) – Nachtruhestörung	Busse	CHF 1.– bis CHF 10 000.–
		Gemeinnützige Arbeit (anstelle der Busse)	Bis 360 Stunden Arbeit (mit Zustimmung des Täters)
		Ersatzfreiheitsstrafe (bei Nichtbezahlung der Busse)	1 Tag bis 3 Monate (CHF 100.– Busse ≙ 1 Tag Freiheitsentzug)
Vergehen (StGB 10)	– Fahrlässige Tötung, StGB 117, – Sachbeschädigung, StGB 144 (z.B. absichtliche Beschädigung eines Autos) – Verleumdung, StGB 174	Freiheitsstrafe	Bis 3 Jahre
		Geldstrafe	Bis 360 Tagessätze zu max. je CHF 3000.– (maximale Geldstrafe: 360 x CHF 3000.– = CHF 1 080 000.–)
		Gemeinnützige Arbeit	Anstelle von maximal 6 Monaten Freiheitsstrafe oder 180 Tagessätzen Geldstrafe können maximal 720 Stunden Arbeit angeordnet werden. 1 Tag Freiheitsstrafe ≙ 1 Tagessatz Geldbusse ≙ 4 Stunden Arbeit.
Verbrechen (StGB 10)	Mord, Vergewaltigung, Raub, Freiheitsberaubung und Entführung (StGB 112, 190, 140 und 183)	Freiheitsstrafe	3 Jahre bis 20 Jahre, evtl. lebenslänglich
		Geldstrafe	siehe oben

Zum Freiheitsentzug und zum Strafverfahren äussern sich auch die Artikel 31 und 32 der Bundesverfassung (siehe S. 135 f.).

Strafmass

Richterinnen und Richter sind an die Strafart und an den Strafrahmen gebunden, die das Gesetz für eine bestimmte Tat vorsieht. Das Strafgesetz lässt den Richterinnen und Richtern sehr oft grossen Spielraum zwischen der minimal und der maximal auszusprechenden Strafe. Die Höhe der Strafe innerhalb dieses Strafrahmens richtet sich nach dem Verschulden der straffälligen Person, wobei die Richterinnen und Richter die Beweggründe, das Vorleben sowie die persönlichen Verhältnisse der straffälligen Person berücksichtigen müssen (StGB 47 ff.).

NICE TO KNOW

Freiheitsstrafe

Im neuen Allgemeinen Teil des Strafrechts wird nicht mehr zwischen Gefängnis und Zuchthaus unterschieden. Man spricht in jedem Fall nur noch von einer Freiheitsstrafe, die in einer Strafanstalt zu verbüssen ist.

Die Strafarten im Einzelnen (Sanktionen)

Busse

Vor allem kleinere Delikte werden mit Busse bestraft. Mit Busse bedrohte Straftaten heissen Übertretungen. Die Höchstgrenze beträgt CHF 10 000.– (StGB 106).

Geldstrafe

Bei Verbrechen und Vergehen können unter anderem auch Geldstrafen angedroht werden. Hier wird die Geldstrafe in Tagessätzen festgelegt. Je nach Verschulden sind mehr Tagessätze zu bezahlen, maximal 360. Die Grösse eines einzelnen Tagessatzes bemisst sich aber nicht nach dem Verschulden, sondern nach der wirtschaftlichen Leistungsfähigkeit des Täters zum Zeitpunkt des Urteils (Vermögen, Einkommen). Maximal beträgt er aber CHF 3000.– pro Tag (StGB 34–36).

Gemeinnützige Arbeit

Mit Zustimmung des Täters kann statt einer Busse oder einer Geldstrafe gemeinnützige Arbeit angeordnet werden (siehe dazu Tabelle S. 88). In Betracht kommen z.B. Arbeiten in Naturreservaten, zur Beseitigung von Schäden bei Naturkatastrophen oder zur Unterstützung hilfsbedürftiger Personen (StGB 37–39).

Freiheitsstrafe

In Frage kommen Freiheitsstrafen von 1 Tag bis 20 Jahren (unter Umständen lebenslänglich; StGB 40–41). Freiheitsstrafen von weniger als 6 Monaten sind aber nur zulässig, wenn eine Geldstrafe oder eine gemeinnützige Arbeit nicht in Frage kommen. Ein Tagessatz entspricht dann einem Tag Freiheitsstrafe (1 Tagessatz Geldstrafe ≙ 4 Stunden gemeinnützige Arbeit ≙ 1 Tag Freiheitsstrafe; StGB 39).

Bedingte Strafe

Der Vollzug von Geldstrafen, gemeinnütziger Arbeit oder Freiheitsstrafen von 6 bis 24 Monaten kann bedingt gewährt werden. Der Straffällige muss die Geldstrafe bzw. die gemeinnützige Arbeit oder die Freiheitsstrafe nicht verbüssen, wenn er während einer bestimmten Zeit (je nach der Schwere der Tat: 2–5 Jahre) keine weiteren Straftaten begeht (StGB 42). Freiheitsstrafen unter 6 Monaten sollen vermieden werden. Werden sie trotzdem ausgesprochen, können auch sie bei gegebenen Voraussetzungen bedingt gewährt werden.

Teilbedingte Strafe

Das Gericht kann auch bloss einen Teil der Strafe bedingt aussprechen. Der andere Teil muss dann in jedem Fall verbüsst werden (StGB 43).

Unbedingte Strafe

Die Strafe muss in jedem Fall verbüsst werden (StGB 40–41).

Vorzeitige Entlassung

Hat die zu einer Freiheitsstrafe verurteilte Person ²⁄₃ ihrer Strafzeit verbüsst, kann sie bedingt entlassen werden, sofern sie sich während des Vollzuges gut aufgeführt hat und man annehmen darf, dass sie sich wieder in die Gesellschaft eingliedern kann. Bei «lebenslänglich» Verurteilten kann die bedingte Entlassung frühestens nach 15 Jahren erfolgen. Kann letzterer nicht bedingt entlassen werden (z.B. wegen schlechten Verhaltens in der Strafanstalt), muss er grundsätzlich bis «ans Lebensende» in der Strafanstalt bleiben (StGB 86–89).

Die Massnahmen / Die Verjährung

Massnahmen

Massnahmen sind nicht Strafen. Sie werden angeordnet, wenn eine Strafe allein nicht geeignet ist, den Täter von weiteren Straftaten abzuhalten, wenn ein Behandlungsbedürfnis des Täters besteht oder wenn die öffentliche Sicherheit dies erfordert. In Betracht kommen vor allem die therapeutische Behandlung von psychischen Störungen und Süchten, wenn diese etwas mit der Tat zu tun haben. Falls erforderlich, kann die Behandlung in geschlossenen Therapieheimen erfolgen (StGB 56–73).

Sicherungsverwahrung

Die schärfste Massnahme ist die Sicherungsverwahrung. Sie wird ausgesprochen, wenn der Täter ein besonders schweres Verbrechen begangen hat (Mord, Geiselnahme, Vergewaltigung usw.) und ernsthaft befürchtet werden muss, dass der Täter weitere Taten dieser Art begehen wird. Man sagt dann, der Täter sei «gemeingefährlich». Die Sicherungsverwahrung gestattet es, einen Täter nach Abschluss des Strafvollzugs weiter wegzusperren. Die Möglichkeit einer Entlassung wird einmal jährlich überprüft (StGB 64b). Der Täter kommt erst wieder frei, wenn zu erwarten ist, dass er sich in der Freiheit bewährt.

Unter besonderen Umständen (wenn der Täter als dauerhaft nicht therapierbar eingestuft wird) kann das Gericht eine lebenslange Verwahrung anordnen. In diesem Fall wird die Aufrechterhaltung der Verwahrung nicht jedes Jahr wieder überprüft. Eine Entlassung kommt dann nur noch in Frage, wenn neue wissenschaftliche Erkenntnisse erwarten lassen, dass der Täter erfolgreich behandelt werden kann.

Verjährung von Straftaten

Nach Ablauf einer bestimmten Frist dürfen Straftaten nicht mehr verfolgt werden, weil ihre Begehung zu lange zurückliegt (StGB 97-101). Die Verjährungsfrist beträgt:
- 30 Jahre bei einer Strafandrohung einer lebenslänglichen Freiheitsstrafe.
- 15 Jahre bei einer Strafandrohung von mehr als 3 Jahren Freiheitsstrafe.
- 10 Jahre bei einer Strafandrohung bis zu 3 Jahren Freiheitsstrafe.
- 7 Jahre bei einer anderen Strafe.

Unverjährbar jedoch sind (StGB 101): Völkermord, Verbrechen gegen die Menschlichkeit, Kriegsverbrechen, schwerer sexueller Missbrauch von Kindern unter 12 Jahren (sexuelle Nötigung, Vergewaltigung, Schändung) usw

NICE TO KNOW

Unterscheidung von Raub und Diebstahl

Beim Raub tritt zur einfachen Wegnahme einer fremden Sache (Diebstahl) die Gewaltanwendung oder die Androhung von Gewaltanwendung (z.B. vorgehaltene Waffe) gegenüber einer Person hinzu. Es wird Gewalt gegen eine Person ausgeübt, um ihr eine Sache wegzunehmen. Deshalb wird der Raub strenger bestraft als der Diebstahl.

Das Jugendstrafrecht

Jugendstrafrecht: *Sonderstrafrecht für Kinder und Jugendliche vom 10. bis 18. Lebensjahr (JStG 1).*

– Kinder unter 10 Jahren werden strafrechtlich nicht verfolgt (JStG 4).
– Nach dem 18. Altersjahr kommt das Erwachsenenstrafrecht zur Anwendung.

Zweck

– Das Jugendstrafrecht will nicht Straftaten vergelten, sondern ausschliesslich die Jugendlichen erziehen und sie von weiteren Straftaten abhalten. Man will den Kindern und Jugendlichen helfen, Schwierigkeiten und Störungen im Entwicklungs- und Reifungsprozess zu überwinden (JStG 2).
– Die gesetzlichen Grundlagen finden sich in einem speziellen Gesetz, dem Jugendstrafgesetz (JStG).

Unterschiede zum Erwachsenenstrafrecht

– Statt Strafen sollen vor allem bessernde Massnahmen angeordnet werden. Bei schuldhaftem Verhalten können aber echte Strafen hinzutreten.
– Um abzuklären, welche Massnahmen die geeignetsten sind, werden die Lebensverhältnisse des Kindes/Jugendlichen genau festgestellt (JStG 2.2 und 9).
– Bei schwersten Delikten können Jugendliche ab dem 16. Altersjahr mit bis zu 4 Jahren Freiheitsentzug bestraft werden (JStG 25–27).
– Im Verhältnis zum Erwachsenenstrafrecht verjähren die Delikte sehr viel schneller (z.B. erfolgt bei Vergehen die Verjährung nach 3 Jahren, anstelle von 7 Jahren im Erwachsenenstrafrecht; JStG 36–37).

Schutzmassnahmen

In erster Linie wird geprüft, ob die straffällige Person (Kind, Jugendlicher) einer besonderen erzieherischen Betreuung oder therapeutischen Behandlung bedarf. Oberstes Ziel ist Erziehung und Besserung. Die in Frage kommenden Massnahmen werden als Schutzmassnahmen bezeichnet. Je nach Vergehen und Erfolgsaussichten können als Massnahmen angeordnet werden (JStG 12–20):
– **Aufsicht:** Der Jugendliche und allenfalls dessen Eltern werden beaufsichtigt.
– **Persönliche Betreuung:** Eltern werden in Erziehungsaufgaben unterstützt; der Jugendliche wird persönlich betreut.
– **Ambulante Behandlung:** Bei psychischen Störungen und Süchten kann eine geeignete Behandlung angeordnet werden.
– **Unterbringung:** In schweren Fällen erfolgt die Einweisung in eine Erziehungs- oder Behandlungseinrichtung (z.B. Erziehungsheim).
Massnahmen enden mit dem Erreichen des 22. Altersjahres.

Echte Strafen

Echte Strafen können zwar zusätzlich ausgesprochen werden, sollen aber untergeordnete Bedeutung haben. In Frage kommen (JStG 21–35):
– **Verweis:** Offizielle Rüge des Jugendlichen für sein Verhalten (JStG 22).
– **Persönliche Leistung:** Verpflichtung zu einer Arbeitsleistung (JStG 23).
– **Busse:** Bis zu CHF 2000.– bei Jugendlichen ab dem 15. Altersjahr (JStG 24).
– **Freiheitsentzug:** Aussprechen von Freiheitsstrafen je nach Alter (JStG 25–27)
    – für Jugendliche ab dem 15. Geburtstag bis zu einem Jahr.
    – ab dem 16. Geburtstag bei schwersten Delikten bis zu vier Jahren.

Das Schweizerische Strafregister

Strafregister: *In ihm werden ausgesprochene Strafen oder Massnahmen wegen Verbrechen oder Vergehen eingetragen. Ausgesprochene Strafen wegen Übertretungen werden nur ausnahmsweise eingetragen.*

- Der Zweck dieses Registers ist die Information und die Kontrolle, vor allem für Gerichte und Ämter.
- Nur Gerichte und Ämter, nicht aber Privatpersonen erhalten Einsicht in dieses Register. Die Betroffenen selber können für eine geringe Gebühr einen Auszug aus dem persönlichen Strafregister verlangen. In diesem Auszug erscheinen allerdings nur Urteile wegen Verbrechen und Berufsverbote (z.B. Entzug der Arztzulassung wegen strafrechtlicher Verurteilung).
- Es gibt ein zentrales Strafregister für die ganze Schweiz.
- Urteile betreffend Jugendliche erscheinen im Strafregisterauszug nur, wenn diese als Erwachsene wegen weiterer Taten verurteilt werden.
- Wer ins Strafregister eingetragen wurde, gilt als vorbestraft.

Einen Eintrag «entfernen»

Verurteilungen zu einer Freiheitsstrafe, zu einer Busse oder Massnahme werden im Strafregister definitiv entfernt und sind somit für niemanden mehr ersichtlich (Bereinigung des Strafregisters). Die Fristen für die Entfernung sind je nach Delikten verschieden.

Keine Nennung im Auszug

Sind zwei Drittel der für die Entfernung vorgesehenen Frist abgelaufen, erscheint ein Registereintrag schon vor seiner definitiven Löschung nicht mehr im Registerauszug. Der Eintrag ist aber noch vorhanden und wird auch wieder im Auszug genannt, wenn der Bestrafte erneut straffällig wird.

NICE TO KNOW

Guter Leumund

Nicht selten wird bei Berufen als Anforderung ein «guter Leumund» verlangt. Dies ist zwar kein juristischer Begriff. Normalerweise versteht man aber darunter, dass man einen guten Ruf, ein gutes Ansehen haben sollte. Das bedeutet auch, dass das Vorstrafenregister leer sein muss.

Die Vollstreckung der Urteile

Ein unverzichtbares Merkmal eines Rechtsstaates besteht darin, dass die Entscheide seiner Behörden, besonders die gerichtlichen Urteile, auch durchgesetzt werden. Man spricht dabei vom Vollzug bzw. von der Zwangsvollstreckung. Dafür wurden zum Teil eigene Vollzugs- oder Vollstreckungsbehörden geschaffen.

Freiheitsstrafe / Massnahme	Urteile auf Handeln oder Unterlassen	
Urteil bei Strafen	**Urteil in Zivilsachen**	**Urteil in Verwaltungssachen**
(Sanktionen siehe S. 88 f.) Freiheitsstrafe (siehe S. 89) oder Massnahme (siehe S. 90)	(etwas tun oder etwas unterlassen müssen) Urteil auf Handeln oder Unterlassen (z.B. Rückgabe eines geleasten Autos; Unterlassen einer Lärmbelästigung)	(etwas tun oder etwas unterlassen müssen) Urteil auf Handeln oder Unterlassen (z.B. Verpflichtung zu Hausabbruch; Unterlassen einer Waldrodung)

↓

Anordnung des Vollzugs bzw. der Vollstreckung
Dies geschieht in der Regel durch eine Verwaltungsbehörde (z.B. Aufgebot zum Strafantritt).

↓

Vollzug	Vollzug	Vollzug
Vollzug von Freiheitsstrafen in einer Strafanstalt oder in einem Heim	Idealerweise erfolgt die Erfüllung des Urteils durch die im Prozess unterlegene Partei freiwillig. Ansonsten erfolgt die Vollstreckung durch Verwaltungsbehörden, allenfalls mit Hilfe der Polizei (z.B. Zurückholen eines geleasten Autos, allenfalls mit Hilfe der Polizei).	Idealerweise erfolgt die Erfüllung des Urteils durch die im Prozess unterlegene Partei freiwillig. Ansonsten erfolgt die Vollstreckung durch Verwaltungsbehörden, allenfalls mit Hilfe der Polizei (z.B. Auftrag an Baufirma zum Hausabbruch, falls nötig unter Polizeischutz, auf Kosten der unterlegenen Partei).

Geldleistung
In allen drei Rechtsgebieten kann ein Urteil auch auf eine Geldzahlung lauten. Hier erfolgt die Vollstreckung auf andere Weise:

Urteil bei Strafen	Urteil in Zivilsachen	Urteil in Verwaltungssachen
Busse / Geldstrafe (z.B. Verkehrsbusse)	Urteil auf Geldleistung (z.B. gerichtliche Anerkennung einer Kaufpreisforderung)	Urteil auf Geldleistung (z.B. Entscheid, dass eine bestimmte Steuer zu bezahlen ist)

↓

Vollstreckung
Wird die Busse oder die Geldleistung nicht bezahlt, muss der Gläubiger (also derjenige, der das Geld erhalten soll) das Geld durch die Betreibungs- und Konkursbehörden eintreiben lassen. Dies geschieht durch Betreibung auf Pfändung, auf Pfandverwertung oder durch Betreibung auf Konkurs.

Die 26 Kantone (die 26 Stände)

Kanton/Stand: *Teilstaat des schweizerischen Bundesstaates. Er besitzt in dem Masse Selbständigkeit, wie sie vom Bund nicht eingeschränkt ist (BV 3).*

26 Kantone bilden in ihrer Gesamtheit die Schweizerische Eidgenossenschaft (BV 1).
- 20 Kantone haben Anspruch auf zwei Sitze im Ständerat.
- 6 Kantone (AI, AR, BS, BL, OW und NW) erhalten einen Sitz im Ständerat (BV 150). Die Standesstimme dieser 6 Kantone zählt bei eidgenössischen Urnengängen zudem als halbe Stimme (BV 142).

26 Kantone
2324 Gemeinden
(Stand: 1.1.2015)

Kantonsbehörden

Jeder Kanton hat sein Parlament, seine Regierung und seine Gerichte und verfügt – im Rahmen der Bundesverfassung – über eine Kantonsverfassung (BV 51), eine Gesetzgebung und eine Rechtsprechung.

Das Volk wählt:	Das Volk wählt:	Das Parlament wählt:
Parlament **(Legislative) (Rechtsetzung)**	**Regierung** **(Exekutive) (Rechtsanwendung)**	**Gerichte** **(Judikative) (Rechtsprechung)**
Grosser Rat/ Kantonsrat/Landrat/ Landsgemeinde	Regierungsrat/ Staatsrat	Obergericht/ Kantonsgericht

Die kantonalen Behörden sind in ihren Aufgaben und Funktionen in vielerlei Hinsicht direkt vergleichbar mit den Bundesbehörden.

Die kantonalen Parlamente bestehen nur aus einer Kammer. Um Gesetzesvorlagen dennoch gründlich im Rat behandeln zu können, erfolgt dort eine 1. und zu einem späteren Zeitpunkt eine 2. Lesung, in der dann unter Umständen Änderungsvorschläge aus der 1. Lesung berücksichtigt werden.

Zwei Kantone (Appenzell Innerrhoden und Glarus) kennen noch die ursprüngliche Form der Demokratie, die Landsgemeinde. Diese findet einmal jährlich Ende April statt. Die Stimmbürgerinnen und Stimmbürger treten im Freien zusammen, diskutieren über anstehende Geschäfte und stimmen darüber ab.

Viele Kantone sind in Bezirke, Ämter oder Kreise unterteilt. Diese Aufteilung dient rein administrativen Zwecken. Meistens bilden diese Einheiten zudem die erste Instanz im Gerichtswesen (Bezirksgericht/Amtsgericht/Kreisgericht).

Konkordate/Staatsverträge

Konkordate/Staatsverträge: *Verträge der Kantone untereinander zur Lösung von gemeinsamen Problemen, meistens Aufgaben von regionalem Interesse (BV 48).*

Kantone können einander gegenseitig helfen oder zusammenarbeiten und über Fragen, die in ihrem Kompetenzbereich liegen, Abkommen treffen. Diese müssen vom Bund überprüft und bewilligt werden.

Beispiele:
- Konkordate im Strafvollzug (nicht jeder Kanton hat eine eigene Strafanstalt)
- Konkordate in Bezug auf Armenunterstützung

Heute werden Konkordate zum Teil auch Staatsverträge genannt.

→ CiviCampus
→ www.verlag-fuchs.ch/staat

Aufgabenteilung zwischen Bund und Kantonen

BV 3 hält im Grundsatz fest: «Die Kantone sind souverän, soweit ihre Souveränität nicht durch die Bundesverfassung beschränkt ist; sie üben alle Rechte aus, die nicht dem Bund übertragen sind.» Mit anderen Worten: Über das, was nicht in der BV geregelt ist, können die Kantone selbst bestimmen. Bundesrecht bricht aber kantonales Recht; das heisst, das Bundesrecht geht dem kantonalen Recht vor. (Mitwirkungsrechte der Kantone bei der Rechtsetzung auf Bundesebene, siehe S. 124)

Man unterscheidet vier Fälle:

Gesetzgebung: Bund	**Gesetzgebung: Bund**	**Geteiltes Gesetzgebungsrecht**	**Gesetzgebung: Kantone**
Ausführung (Vollzug): Bund	**Ausführung (Vollzug): Kantone**	**Daher: geteiltes Vollzugsrecht**	**Ausführung (Vollzug): Kantone**
Bereiche, in denen der Bund allein zuständig ist.	Der Bund stellt die Gesetze auf, um Einheitlichkeit zu erreichen. Der Einfachheit halber überlässt er die Ausführung den Kantonen.	Zum gleichen Sachbereich gibt es eidgenössische und kantonale Hoheit. Der Bund ist z.B. für die National-, die Kantone für die Kantonsstrassen zuständig.	Bereiche, die ausschliesslich von den Kantonen bestimmt werden können.
Beispiele: – BV 54: Auswärtige Angelegenheiten – BV 87: Eisenbahn und weitere Verkehrsträger – BV 90: Kernenergie – BV 99: Geld- und Währungspolitik – BV 133: Zölle	*Beispiele:* – BV 74: Umweltschutz – BV 76: Wasser – BV 80: Tierschutz – BV 122 und 123: Zivil- und Strafrecht	*Beispiele:* – BV 62 und 63: Bildung – BV 70: Sprachen – BV 124: Opferhilfe – BV 128: Steuern	*Beispiele:* – BV 69: Kultur – BV 72: Kirche und Staat – BV 78: Natur- und Heimatschutz Dazu äussert sich die BV nicht: – Polizei – Spitäler

NICE TO KNOW

Staatenbund
Von 1291 bis 1798 und dann wieder von 1803 bis 1848 bildeten die Kantone einen Staatenbund und waren selbständig. Jeder Kanton hatte seine eigene Regierung, sein eigenes Militär, eigene Zölle und Münzen, eine eigene Rechtsordnung, eigene Mass- und Gewichtseinheiten sowie eine eigene Post.

Einheitsstaat
Einzig 1798–1803, nachdem Frankreich die Schweiz besetzt und ihr eine neue Verfassung aufgezwungen hatte, wurde sie vorübergehend ein Einheitsstaat. Die Schweiz wurde von einem Zentrum aus, zuerst Aarau, dann Luzern, später Bern, einheitlich regiert. Die Kantone waren bloss Verwaltungsbezirke.

Bundesstaat
1848 wählte die Schweiz den Mittelweg zwischen Einheitsstaat und Staatenbund, den Bundesstaat. Das bedeutete, dass Bund und Kantone die Aufgaben unter sich aufteilen mussten.

Die kantonalen Parlamente und Regierungen

1803* AG

Aargau

Parlament:
Grosser Rat
140 Mitglieder (P)

Regierung:
Regierungsrat
5 Mitglieder (M)

Eidg. Räte:
15 Nationalräte (P)
2 Ständeräte (M)

1513 AR

Appenzell Ausserrhoden

Parlament:
Kantonsrat
65 Mitglieder (M)

Regierung:
Regierungsrat
5 Mitglieder (M)

Eidg. Räte:
1 Nationalrat (M)
1 Ständerat (M)

1513 AI

Appenzell Innerrhoden

Parlament:
Grosser Rat
50 Mitglieder (M)

Regierung:
Standeskommission[1]
7 Mitglieder (M)

Eidg. Räte:
1 Nationalrat (M)
1 Ständerat (M)

1501 BL

Basel-Landschaft

Parlament:
Landrat
90 Mitglieder (P)

Regierung:
Regierungsrat
5 Mitglieder (M)

Eidg. Räte:
7 Nationalräte (P)
1 Ständerat (M)

1501 BS

Basel-Stadt

Parlament:
Grosser Rat
100 Mitglieder (P)

Regierung:
Regierungsrat
7 Mitglieder (M)

Eidg. Räte:
5 Nationalräte (P)
1 Ständerat (M)

1353 BE

Bern

Parlament:
Grosser Rat
160 Mitglieder (P)

Regierung:
Regierungsrat
7 Mitglieder (M)

Eidg. Räte:
26 Nationalräte (P)
2 Ständeräte (M)

1481 FR

Freiburg

Parlament:
Grosser Rat[2]
110 Mitglieder (P)

Regierung:
Staatsrat[2]
7 Mitglieder (M)

Eidg. Räte:
7 Nationalräte (P)
2 Ständeräte (M)

1815 GE

Genf

Parlament:
Grand Conseil[2]
100 Mitglieder (P)

Regierung:
Conseil d'État[2]
7 Mitglieder (M)

Eidg. Räte:
11 Nationalräte (P)
2 Ständeräte (M)

1352 GL

Glarus

Parlament:
Landrat
80 Mitglieder (P)

Regierung:
Regierungsrat
5 Mitglieder (M)

Eidg. Räte:
1 Nationalrat (M)
2 Ständeräte (M)

1803 GR

Graubünden

Parlament:
Grosser Rat
120 Mitglieder (M)

Regierung:
Regierung
5 Mitglieder (M)

Eidg. Räte:
5 Nationalräte (P)
2 Ständeräte (M)

1979 JU

Jura

Parlament:
Parlement[2]
60 Mitglieder (P)

Regierung:
Gouvernement[2]
5 Mitglieder (M)

Eidg. Räte:
2 Nationalräte (P)
2 Ständeräte (P)

1332 LU

Luzern

Parlament:
Kantonsrat
120 Mitglieder (P)

Regierung:
Regierungsrat
5 Mitglieder (M)

Eidg. Räte:
10 Nationalräte (P)
2 Ständeräte (M)

1815 NE

Neuenburg

Parlament:
Grand Conseil
115 Mitglieder (P)

Regierung:
Conseil d'État
5 Mitglieder (M)

Eidg. Räte:
5 Nationalräte (P)
2 Ständeräte (P)

1291 NW

Nidwalden

Parlament:
Landrat
60 Mitglieder (P)

Regierung:
Regierungsrat
7 Mitglieder (M)

Eidg. Räte:
1 Nationalrat (M)
1 Ständerat (M)

1291 OW

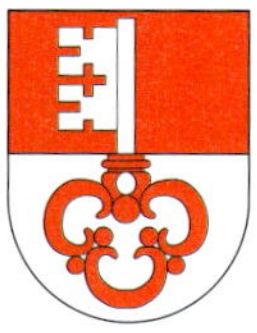

Obwalden

Parlament:
Kantonsrat
55 Mitglieder (P)

Regierung:
Regierungsrat
5 Mitglieder (M)

Eidg. Räte:
1 Nationalrat (M)
1 Ständerat (M)

1803 SG

Sankt Gallen

Parlament:
Kantonsrat
120 Mitglieder (P)

Regierung:
Regierung
7 Mitglieder (M)

Eidg. Räte:
12 Nationalräte (P)
2 Ständeräte (M)

1501 SH

Schaffhausen

Parlament:
Kantonsrat
60 Mitglieder (P)

Regierung:
Regierungsrat
5 Mitglieder (M)

Eidg. Räte:
2 Nationalräte (P)
2 Ständeräte (M)

1291 SZ

Schwyz

Parlament:
Kantonsrat
100 Mitglieder (P)

Regierung:
Regierungsrat
7 Mitglieder (M)

Eidg. Räte:
4 Nationalräte (P)
2 Ständeräte (M)

1481 SO

Solothurn

Parlament:
Kantonsrat
100 Mitglieder (P)

Regierung:
Regierungsrat
5 Mitglieder (M)

Eidg. Räte:
7 Nationalräte (P)
2 Ständeräte (M)

1803 TI

Tessin

Parlament:
Gran Consiglio
90 Mitglieder (P)

Regierung:
Consiglio di Stato
5 Mitglieder (P)

Eidg. Räte:
8 Nationalräte (P)
2 Ständeräte (M)

1803 TG

Thurgau

Parlament:
Grosser Rat
130 Mitglieder (P)

Regierung:
Regierungsrat
5 Mitglieder (M)

Eidg. Räte:
6 Nationalräte (P)
2 Ständeräte (M)

1291 UR

Uri

Parlament:
Landrat
64 Mitglieder (P)

Regierung:
Regierungsrat
7 Mitglieder (M)

Eidg. Räte:
1 Nationalrat (M)
2 Ständeräte (M)

1803 VD

Waadt

Parlament:
Grand Conseil[2]
150 Mitglieder (P)

Regierung:
Conseil d'État[2]
7 Mitglieder (M)

Eidg. Räte:
18 Nationalräte (P)
2 Ständeräte (M)

1815 VS

Wallis

Parlament:
Grosser Rat
130 Mitglieder (P)

Regierung:
Staatsrat
5 Mitglieder (M)

Eidg. Räte:
7 Nationalräte (P)
2 Ständeräte (M)

1352 ZG

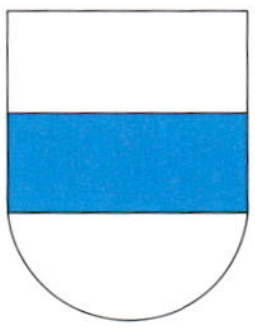

Zug

Parlament:
Kantonsrat
80 Mitglieder (P)

Regierung:
Regierungsrat
7 Mitglieder (M)

Eidg. Räte:
3 Nationalräte (P)
2 Ständeräte (M)

1351 ZH

Zürich

Parlament:
Kantonsrat
180 Mitglieder (P)

Regierung:
Regierungsrat
7 Mitglieder (M)

Eidg. Räte:
34 Nationalräte (P)
2 Ständeräte (M)

Legende:

* Bundeseintritt

M = Majorzwahlverfahren
P = Proporzwahlverfahren

Normalerweise beträgt die Amtsdauer für die Kantonsparlamente und für die Kantonsregierungen bis zur nächsten Wahl 4 Jahre. Ausnahmen sind:
[1] *1-jährige Amtsdauer*
[2] *5-jährige Amtsdauer*

Die Gemeinden

Gemeinde: *Kleinstes Element (Zelle) des schweizerischen Bundesstaates*

Am 1.1.2015 zählte die Schweiz 2324 selbständige Gemeinden. Der Begriff «Gemeinde» umfasst Städte wie Dörfer. Erreicht eine Gemeinde 10 000 Einwohner, wird sie Stadt genannt.

2012 lebten in der Schweiz über 70% der Bevölkerung in städtischen Gebieten.

Gemeindebehörden

Jede Gemeinde verfügt im Rahmen der Bundes- und der Kantonsverfassung über eine eigene Gemeindeordnung (eine Art Gemeindeverfassung), in der sie Aufgaben selbständig regeln darf. Diese Selbständigkeit wird **Gemeindeautonomie** genannt (BV 50).

Gemeindeparlament

- In kleineren Gemeinden treffen sich die Stimmberechtigten zur Gemeindeversammlung.
- In grösseren Gemeinden wählen die Stimmberechtigten im Proporzwahlverfahren ihre Vertretung in den Einwohnerrat/ Grosser Gemeinderat/ Grosser Stadtrat.

Aufgaben
- Beschlüsse über Ausgaben (Strassenbau, Bau von Schulhäusern, Sportanlagen usw.)
- Genehmigung von Gemeindebudget und Rechnung
- Wahlen
- Festsetzung der Gemeindesteuern

Gemeinderegierung

Gemeinderat / Kleiner Stadtrat

Die Stimmberechtigten wählen die Gemeinderegierung normalerweise im Majorzwahlverfahren.

Aufgaben
- Führung der Gemeindeverwaltung
- Ausführung der Beschlüsse der Gemeindeversammlung bzw. des Einwohnerrates / Grossen Gemeinderates / Grossen Stadtrates

Schlichtungsbehörde

Friedensrichter / Vermittler
- Zwei oder mehr Gemeinden können sich zu einem einzigen Friedensrichterkreis zusammenschliessen.
- Bevor im Zivilrecht Klage beim Gericht eingereicht werden darf, muss in der Regel obligatorisch ein Schlichtungsverfahren durchgeführt werden.

Aufgaben
- Schlichtungsversuch bei Streitigkeiten
- Wenn keine Einigung: Klagebewilligung für die erste Gerichtsinstanz
- Entscheidungsbefugnis bei Streitsachen im Wert bis CHF 2000.–

In Gemeinden mit Gemeindeversammlung ist die Demokratie sehr direkt verwirklicht. Die Bürgerinnen und Bürger haben die Möglichkeit, offen über Sachgeschäfte zu diskutieren und dann darüber zu befinden. Meist bestimmen sie die Mitglieder des Gemeinderates oder des Stadtrates mit dem Wahlzettel und oft mit dem Handmehr die Mitglieder der Schulpflege und der Kommissionen. Mit all diesen Personen stehen sie in direktem Kontakt und können sich eine eigene Meinung über deren Fähigkeiten bilden. Daher ist es möglich, dass parteiunabhängige Kandidaten, die starke Persönlichkeiten sind, in Gemeindeämter gewählt werden.

→ www.verlag-fuchs.ch/staat

Gemeindearten

Die Einwohnergemeinde (auch politische Gemeinde genannt) Alle im Gemeindegebiet wohnhaften Personen bilden die Einwohnergemeinde. Sie ist die bedeutendste Gemeindeart.	**Von Bund und Kanton übertragene Aufgaben:** – Einwohnerkontrolle: Stimm-, Steuer-, Zivilstandsregister – Ordnung und Sicherheit: Polizei, Zivilschutz – Mithilfe bei der Durchführung von kantonalen und eidgenössischen Abstimmungen und Wahlen – Kantonale und kommunale Steuern einziehen – Bau von Schulhäusern usw. **Aufgaben, die eine Gemeinde in eigener Verantwortung lösen kann:** – Aufstellen einer Gemeindeordnung – Bau von Gemeindestrassen, Schwimmbädern, Bibliotheken, Theatern – Versorgung mit Wasser, Gas und Strom – Kehrichtbeseitigung, Abwasserentsorgung – Festsetzen des Steuerfusses usw.
Die Bürgergemeinde (auch Heimatgemeinde, Heimatort, Burgergemeinde usw. genannt) Alle in der jeweiligen Gemeinde Heimatberechtigten ergeben die Bürgergemeinde. Dazu gehören auch alle Heimatberechtigten, die nicht mehr in der entsprechenden Gemeinde wohnen. Alle Schweizerinnen und Schweizer haben in mindestens einer Gemeinde das Bürgerrecht.	**Aufgaben:** – Die Bürgergemeinde stellt den Heimatschein aus, der bei jedem Wohnortswechsel innerhalb von 14 Tagen auf der Gemeindekanzlei der neuen Einwohnergemeinde deponiert werden muss. – Der Bürgergemeinde gehören oft auch Güter, die sie verwaltet und nutzt. Beispiele dafür sind: Wälder, Rebberge, Liegenschaften.
Die Kirchgemeinde (auch Pfarrgemeinde genannt) Alle Angehörigen der entsprechenden Konfession innerhalb der Einwohnergemeinde bilden die Kirchgemeinde.	**Aufgaben:** – Verwaltung von Kirchengütern wie Kirchen, Kapellen – Beschlüsse über Einnahmen und Ausgaben – Wahl des Pfarrers oder der Pfarrerin – Festsetzen der Kirchensteuer

Zweckverband / Regionalverband

Zweckverband/Regionalverband: *Zusammenschluss von mehreren Gemeinden einer Region, um grössere Probleme gemeinsam zu lösen.*

Beispiele: Errichtung von Kehrichtdeponien, Bau von Altersheimen, Koordinierung des öffentlichen Verkehrs, Bau von Sportanlagen.

NICE TO KNOW

1.1.2011: Nach der Glarner Gemeindereform ist die Gemeinde Glarus Süd mit rund 430 km² die flächengrösste Gemeinde der Schweiz, und somit grösser als der Kanton Schaffhausen (299 km²) oder die beiden Appenzell zusammen (416 km²).

Die flächenkleinste Gemeinde ist mit 0,28 km² Ponte Tresa im Tessin.

Die Stadt-Land-Problematik

Die Städte sind die Motoren der wirtschaftlichen Entwicklung in der Schweiz. Zusammen mit ihren Agglomerationen bilden sie den Lebensraum von 84% aller Schweizer Bewohnerinnen und Bewohner (BFS, Dez. 2014).

Agglomerationen als Ballungszentren

Agglomeration: *Sie ist ein zusammenhängendes Gebiet, das aus einem Kern (oder aus mehreren Kernen) und angrenzenden Gemeinden besteht.*

Kerngemeinde(n)

Jede Agglomeration hat eine oder mehrere Kernzonen, die aus der Kerngemeinde (den Kerngemeinden) und den Agglomerationsgemeinden besteht.

Agglomerationsgemeinden

Gemeinden, die nicht zur Kernzone gehören, gelten in der Regel als Agglomerationsgemeinden, wenn mindestens 1/6 ihrer Erwerbstätigen in der Kernzone arbeiten und wenn sie baulich mit der Kernzone zusammenhängen.

Probleme für die Zentren

Die unterschiedlichen Funktionen von Zentren (Arbeitsplätze und Freizeitangebote) und von Randgebieten (Wohnorte) bringen negative Auswirkungen mit sich, die besonders die Kernstädte betreffen:

Verkehr

Die Trennung von Wohn- und Arbeitsorten sowie von Freizeit- und Einkaufsorten hat starke Pendlerströme zwischen den Agglomerationsgemeinden und den Kernstädten zur Folge. Wenn das Verkehrsaufkommen an eine Grenze stösst (z.B. durch zunehmende Staus), steigt die Unzufriedenheit und damit der Druck, noch mehr Strassen zu bauen. Werden diese dann gebaut, verringern sich damit die Fahrzeiten und die Unannehmlichkeiten, und das Wohnen in den Agglomerationsgemeinden wird noch attraktiver.

Umwelt

Der Verkehr führt zu einer Verschlechterung der Umweltqualität, was besonders Menschen, die an grossen Verkehrswegen wohnen, spüren (Schadstoffe, Sommersmog mit Ozon, Schwebestaub, Lärm usw.). In einer Studie für die Region Bern wurden die durch den Pendlerverkehr verursachten Umweltschäden auf zirka 50 Millionen Franken pro Jahr berechnet.

Wohnraum

Da in den Zentren wegen des knappen Raums und der hohen Nachfrage durch die Unternehmen die Wohnungen teuer sind, wird das Wohnen in den Aussengemeinden noch attraktiver.

Öffentliche Finanzen

Die Kernstädte weisen wachsende Defizite auf, weil sie zunehmend besondere Funktionen für die gesamte Agglomeration übernehmen (sogenannte Zentrumslasten):

- Die Zentren bieten zahlreiche Leistungen in den Bereichen Kultur, Sport, Bildung, Gesundheit, Verkehr und Sicherheit. Finanziell werden diese Leistungen jedoch nicht von allen Nutzniessern getragen, sondern mehrheitlich von den Bewohnern der Zentren (über die Gemeindesteuern).
- Die Kernstädte bilden Sammelpunkte für viele soziale Probleme (Armut, Drogen, Integration von Ausländerinnen und Ausländern). Die Bewältigung dieser Probleme bleibt oft den Zentren allein überlassen. So haben sie im Fürsorgebereich deutlich höhere Ausgaben pro Einwohner als der Durchschnitt der anderen Gemeinden.

3. Rechtsetzung

Die Rangordnung der Rechtserlasse

Verfassung (Bundesverfassung)

Verfassung: *Grundgesetz eines Staates, welches die Grundordnung, wie der Staat aufgebaut ist, sowie die Grundregeln des Zusammenlebens enthält. Die Verfassung bildet auch die Grundlage für die Schaffung von Gesetzen.*

Bundesebene
Änderungen oder Ergänzungen der Bundesverfassung müssen in jedem Fall von Volk und Ständen (Kantonen) gutgeheissen werden (BV 195).

Kantonsebene
Jeder Kanton hat seine eigene Kantonsverfassung, deren Inhalt aber der Bundesverfassung nicht widersprechen darf. Änderungen oder Ergänzungen müssen nach der Zustimmung durch die jeweilige Kantonsbevölkerung noch von National- und Ständerat gutgeheissen werden (BV 51).

Gesetz

Gesetz: *Vom Parlament erlassene nähere Ausführung zu einer Verfassungsbestimmung. Das Gesetz enthält Rechte und Pflichten, Gebote und Verbote.*

Bundesebene
Ein Gesetz wird von National- und Ständerat beschlossen. Das Volk (mittels 50 000 Unterschriften) oder 8 Kantone können danach das fakultative Referendum ergreifen und eine Volksabstimmung erzwingen (BV 141).
Allein das Volksmehr entscheidet, ob das Gesetz angenommen oder abgelehnt wird.

Beispiele von Gesetzen auf Bundesebene sind: ZGB, OR, StGB, SVG, ArG.

Kantonsebene
Kantonale Gesetze werden vom jeweiligen Kantonsparlament (Grosser Rat/Kantonsrat/Landrat) erlassen. Da das Kantonsparlament aber nur aus 1 Kammer besteht, erfolgt bei der Beratung eine 1. und zu einem späteren Zeitpunkt eine 2. Lesung, in der dann unter Umständen Änderungsvorschläge aus der 1. Lesung berücksichtigt werden.

Gemeindeebene
Hier spricht man von Reglementen. Das sind Erlasse, die Gesetzescharakter haben. *Beispiele:* Organisationsreglement, Kehrichtreglement, Baureglement, Kanalisationsreglement

Verordnung

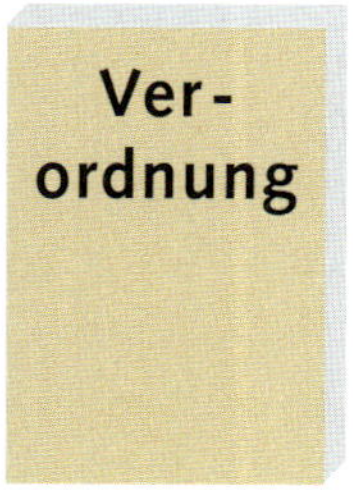

Verordnung: *Verordnungen sind untergeordnete Erlasse, die Recht setzen und die nicht dem Referendum unterstehen. Sie bedürfen einer gesetzlichen Grundlage.*

Bundesebene
Verordnungen werden vom Bundesrat (das ist der Normalfall, BV 182) oder ausnahmsweise vom Parlament selbst (BV 163) erlassen.

Kantonsebene
Neben dem Begriff «Verordnung» wird auf Kantonsebene auch der Begriff «Dekret» verwendet.

Die Entstehung eines Gesetzes (Schematische Darstellung)

1. Anstoss zur Gesetzgebung

Anstoss indirekt

- Interessengruppen
- Kantone
- Medien

Anstoss direkt/ Auslösung

- Parlamentsmitglieder mittels Motion
- Bundesrat

2. Vorparlamentarische Phase

Vorentwurf

Verwaltung arbeitet ihn zusammen mit Fachleuten aus.

Vernehmlassung

Die Verfassung schreibt vor, dass der Vorentwurf
- den Kantonen
- den Parteien
- den Verbänden
- und weiteren interessierten Kreisen

zur Stellungnahme geschickt werden muss.

Behandlung im Bundesrat

Definitiver Entwurf wird erstellt.
Der Bundesrat erlässt die Botschaft ans Parlament.
Die Botschaft umfasst den definitiven Entwurf sowie Erklärungen dazu.

Gesetze können auch ohne das Mitwirken der Verwaltung und des Bundesrates entstehen, und zwar wenn es sich um eine parlamentarische Initiative handelt (siehe S. 52).
Solche Entwürfe werden direkt den Räten zur Behandlung vorgelegt. Der Bundesrat kann dazu Stellung nehmen.

3. Parlamentarische Phase

Behandlung im Erstrat* z.B. Nationalrat

- vorberatende Kommission Erstrat
- Beratung im Erstrat
- Entscheid im Erstrat

Behandlung im Zweitrat z.B. Ständerat

- vorberatende Kommission Zweitrat
- Beratung im Zweitrat
- Entscheid im Zweitrat

evtl. Differenzbereinigung

Bestehen zwischen den beiden Räten Differenzen, so beschränkt sich die Differenzbereinigung auf die strittigen Punkte.
Das Verfahren wird bis zur Einigung wiederholt, notfalls findet eine Einigungskonferenz statt.

Schlussabstimmung

Erfolgt im National- und im Ständerat gleichzeitig.

*Die Präsidenten der beiden Kammern legen in eigener Kompetenz fest, welcher Rat welche Geschäfte als Erstrat bzw. als Zweitrat behandelt.

4. Nachparlamentarische Phase

a) Obligatorische Abstimmung

betrifft die Bundesverfassung

Annahme

Volk und Stände stimmen zu.

b) Fakultative Abstimmung

betrifft Gesetze

Annahme

Das Gesetz wir im Bundesblatt veröffentlicht.
a) Referendum wird nicht ergriffen oder kommt nicht zustande.
b) Referendum wird von mind. 50 000 Stimmberechtigten oder von 8 Kantonen innerhalb von 100 Tagen ergriffen und es kommt zustande. Das Volk stimmt dem neuen Gesetz zu.

Inkrafttreten

Änderung der Bundesverfassung:
Sie tritt mit der Annahme durch Volk und Stände sofort in Kraft.

Gesetz:
Der Bundesrat setzt das Gesetz auf einen bestimmten Zeitpunkt in Kraft (häufig auf den 1. Januar).

→ CiviCampus
→ www.verlag-fuchs.ch/staat

Die Entstehung eines Gesetzes (Beispiel: Bundesebene)

Anstoss zur Gesetzgebung

Parlament
Eine Motion (siehe S. 51) wird eingereicht. National- und Ständerat müssen ihre Zustimmung geben, damit der Bundesrat zur Ausarbeitung eines Gesetzesentwurfs verpflichtet wird.

Bundesrat
Ein Mitglied des Bundesrates lässt ein Gesetz ausarbeiten. National- und Ständerat müssen dazu weder befragt werden noch ihre Zustimmung geben.

Die vorparlamentarische Phase

1. Vorentwurf	Äussere Einflüsse
Der Bundesrat beauftragt das entsprechende Departement mit der Ausarbeitung eines Vorentwurfs. Dabei leistet die Verwaltung die Hauptarbeit, indem sie die Grundlagen beschafft und die Formulierungen redigiert. Die Departementschefin oder der Departementschef kann beim Gesetzgebungsverfahren 3 verschiedene Gruppen einsetzen, die ihr Sachwissen einbringen sollen. a) **Arbeitsgruppe:** Nur verwaltungsinterne Leute sind anwesend. Es geht um Fragen der Durchführbarkeit. b) **Studienkommission:** Nebst verwaltungsinternen Leuten werden einige wenige Fachleute aus der Wissenschaft, von Interessenverbänden oder aus anderen Bereichen beigezogen. c) **Expertenkommission:** Externe Expertinnen und Experten sind in der Überzahl; ihr politischer Einfluss ist dementsprechend gross.	– *Experten* – *Wissenschafter* – *und/oder interessengebundene Sachkundige*
2. Vernehmlassung (BV 147)	
Die Kantone, interessierte Kreise und die politischen Parteien werden zur Stellungnahme eingeladen (BV 147). Aber auch beliebige Privatpersonen können zum Vorentwurf Stellung nehmen und Änderungen beantragen. Man möchte ihre Meinung rechtzeitig erfahren. Bereits in dieser Phase werden die Weichen für das zukünftige Gesetz entscheidend gestellt.	– *Kantone* – *Parteien* – *Verbände* – *weitere interessierte Kreise* – *Einzelpersonen*
3. Botschaft des Bundesrates an das Parlament	
Aufgrund der Vernehmlassung lässt der Bundesrat die sogenannte «Botschaft» ausarbeiten, die er dem Parlament zur Beratung unterbreitet. **Die Botschaft enthält:** a) den definitiven Gesetzesentwurf, b) die Erklärungen zu diesem Entwurf und c) den Antrag des Bundesrates zuhanden des Parlaments, auf den Gesetzesentwurf einzutreten.	

Die parlamentarische Phase

4. Beratung in den Kommissionen (BV 153)	Äussere Einflüsse
National- und Ständerat bilden je eine vorberatende Kommission (siehe S. 59 ff.). Diese prüfen den Entwurf der Regierung bis in alle Einzelheiten. Sie können weitere Gutachten anfordern und zu neuen Vorschlägen kommen. Vor der Parlamentsdebatte orientieren die Kommissionsmitglieder ihre Fraktionen.	– *Interessenvertreter im Parlament* – *Parteien* – *Kantonsvertretungen*
5. Beschlussfassung im National- und im Ständerat	
A) Eintretensdebatte Die Sprecherinnen und Sprecher der Kommissionsmehrheit und der Kommissionsminderheit orientieren den Rat über die Ergebnisse ihrer Arbeit und stellen Antrag entweder auf – *Nichteintreten* (bei zweimaligem Gutheissen eines solchen Antrages landet die betroffene Vorlage im Papierkorb) oder – *Eintreten* (nach Eintreten ist über einen allfälligen Rückweisungsantrag zu befinden oder die Vorlage materiell im Detail zu beraten). Rückweisung bedeutet: die Vorlage wird an den Bundesrat oder die Kommission zurückgewiesen mit dem Auftrag, die Vorlage zu überarbeiten. **B) Detailberatung** Das Parlament berät jeden Artikel durch und stimmt darüber ab. Gibt es zwischen den Räten Differenzen, kommt es zum Differenzbereinigungsverfahren. Das Geschäft geht zurück an den Erstrat, der sich ausschliesslich auf Fragen beschränkt, über die keine Einigung erzielt wurde. Schliesst er sich im umstrittenen Punkt dem Zweitrat an, gilt diese Bestimmung als angenommen. Lenkt er nicht ein, geht die Vorlage wieder an den Zweitrat. Bestehen nach drei Beratungen in jedem Rat noch Differenzen, so findet eine Einigungskonferenz mit je 13 Mitgliedern der entsprechenden Kommissionen statt. In dieser Konferenz wird ein Einigungsvorschlag ausgearbeitet, der beiden Räten anschliessend unterbreitet werden muss. Stimmen ihm die Räte nicht zu, gilt das ganze Gesetz als definitiv abgelehnt. **C) Schlussabstimmung** Sind alle Differenzen ausgeräumt, kommt das Gesetz in beiden Räten zur Schlussabstimmung, jeweils am letzten Tag einer Session (am Freitagmorgen). Die Räte müssen das Gesetz noch als Ganzes annehmen. Stimmt ein Rat dem Gesetz nicht zu, gilt das ganze Gesetz als definitiv abgelehnt.	– *Interessenvertreter im Parlament* – *Parteien* – *Kantonsvertretungen* – *Medien*

Die nachparlamentarische Phase

6. Veröffentlichung / Referendumsfrist	Äussere Einflüsse
10 Tage nach den Schlussabstimmungen in den Räten wird der Wortlaut des Gesetzes im Bundesblatt veröffentlicht (im Normalfall an einem Dienstag). Ab diesem Zeitpunkt läuft die 100-tägige Referendumsfrist (Referendum siehe S. 108 f.).	– *Verbände* – *Parteien* – *Interessen-gruppen*
7. Inkraftsetzung	
a) Volk und Stände ergreifen kein Referendum. Dies heisst: Stillschweigende Zustimmung zum neuen Gesetz. Der Bundesrat setzt es in Kraft. b) Das Referendum wird ergriffen, kommt aber nicht zustande (d.h. innerhalb der 100-tägigen Frist gelingt es nicht, mindestens 50000 gültige Unterschriften zu sammeln). Dann bedeutet dies ebenfalls: Stillschweigende Zustimmung zum neuen Gesetz (wie bei a). Der Bundesrat setzt es in Kraft. c) Das Referendum wird ergriffen und kommt zustande. Nun muss das Volk über das neue Gesetz befinden. – Stimmt das Volk dem Gesetz zu, dann setzt der Bundesrat das Gesetz in Kraft. – Falls die Volksmehrheit das neue Gesetz ablehnt, ist die ganze gesetzgeberische Arbeit umsonst gewesen. Damit dies möglichst nicht passiert, wird bereits in den einzelnen Phasen nach Kompromissen gesucht.	– *Öffentliche Meinung* – *Parteien* – *Verbände* – *Medien*

→ CiviCampus
→ www.verlag-fuchs.ch/staat

Die Erlassformen der Bundesversammlung

Erlasse, die dem Referendum unterstehen

BV 163/164 Bundesgesetz (BG)

Bundesgesetze sind rechtsetzende Erlasse (befristet oder unbefristet).

Beispiele:
- Obligationenrecht (OR)
- Zivilgesetzbuch (ZGB)
- Strafgesetzbuch (StGB)
- Schuldbetreibung und Konkursgesetz (SchKG)
- Kranken- und Unfallversicherungsgesetz (KUVG)
- Strassenverkehrsgesetz (SVG)
- Berufsbildungsgesetz (BBG)
- Datenschutzgesetz
- Bundesgesetz über die Gleichstellung von Mann und Frau

BV 165 Dringliches Bundesgesetz

Dringliche Bundesgesetze treten vor der Volksabstimmung in Kraft.

- Beide Räte müssen mit der Dringlichkeit einverstanden sein.
- Wenn das Referendum ergriffen wird und das Volk das dringliche Bundesgesetz ablehnt, tritt es nach 1 Jahr ausser Kraft und kann nicht mehr erneuert werden.
  Beispiel:
  Änderung des Asylgesetzes vom 26. September 2012
- Stützt sich ein dringliches Bundesgesetz nicht auf die BV, untersteht es dem obligatorischen Referendum, d.h. Volk und Stände müssen befragt werden. Wird es abgelehnt, tritt es automatisch nach 1 Jahr ausser Kraft und kann nicht mehr erneuert werden.

Rechtsetzende Erlasse der Gesetzesstufe
Sie räumen Rechte ein oder auferlegen Pflichten. Das Volk hat ein Mitspracherecht.

BV 163 Bundesbeschluss (BB)

Bundesbeschlüsse sind Erlasse, die kein Recht setzen, aber dem Referendum unterstehen.

- **Einzelakte**
  Beispiele:
  - Bundesbeschluss betreffend das Konzept Bahn 2000 vom 19.12.1986
  - Bundesbeschluss über eine Vereinbarung betreffend Nichtrealisierung des Kernkraftwerks Kaiseraugst vom 17.3.1989
- Genehmigung von Staatsverträgen (BV 140/141)
  Beispiel:
  Beitritt zur UNO, Beitritt zur EU

Erlasse nicht rechtsetzender Natur
Das Volk hat ein Mitspracherecht.

Erlasse, die dem Referendum nicht unterstehen

BV 163 Einfacher Bundesbeschluss

Einfache Bundesbeschlüsse sind Erlasse, die kein Recht setzen und dem Referendum nicht unterstehen.

- **Einzelakte**
  Beispiele:
  - Budget aufstellen
  - Staatsrechnung genehmigen
  - Kantonsverfassungen gewährleisten
  - Erteilung von Eisenbahnkonzessionen
  - Genehmigung der Rahmenbewilligung für Atomanlagen
  - über die Ziele der Legislaturplanung des Bundesrates Beschluss fassen
- Genehmigung von Staatsverträgen durch das Parlament (BV 166)
  Beispiel:
  Abkommen über die soziale Sicherheit mit Irland

Erlasse nicht rechtsetzender Natur
Das Volk hat *kein* Mitspracherecht.

BV 163 Verordnung der Bundesversammlung

Verordnungen, erlassen von der Bundesversammlung, setzen zwar Recht, unterstehen aber nicht dem Referendum. Grund: Verordnungen sind **untergeordnete** rechtsetzende Erlasse. Diese Erlasse stützen sich auf die Verfassung und im Normalfall auf Bundesgesetze ab.

Die Parlamentsverordnung ist sinnvoll,
1. wenn die Bundesversammlung in einem raschen Verfahren eine Regelung eher technischer Art aus bestimmten Gründen nicht dem Bundesrat überlassen will;
2. für das parlamentarische Hausrecht.

Beispiel:
Verordnung der Bundesversammlung vom 15. Juni 2012 über Alkoholgrenzwerte im Strassenverkehr

Untergeordnete rechtsetzende Erlasse (Verordnungsstufe)
Das Volk hat *kein* Mitspracherecht.

Das Referendum

Referendum: *Das Recht des Volkes, über wichtige Beschlüsse des Parlaments selber an der Urne endgültig zu entscheiden.*
Referendum ist eigentlich nur ein anderes Wort für Volksabstimmung.

Das Volk hat zwei Möglichkeiten, bei der Gesetzgebung mitzuentscheiden:
- Mittels Stillschweigen signalisiert das Volk seine Zustimmung zu einem vom Parlament beschlossenen Gesetz.
- Mithilfe des fakultativen Referendums erzwingt das Volk eine Abstimmung über ein vom Parlament beschlossenes Gesetz (siehe unten die Bedingungen).

Das fakultative Referendum (BV 141)

Fakultatives Gesetzesreferendum (eingeführt 1874)
Das fakultative Referendum, auch Gesetzesreferendum genannt, setzt den Willen gewisser Bevölkerungsgruppen voraus, durch das Sammeln von Unterschriften eine Abstimmung über ein vom Parlament beschlossenes Gesetz zu verlangen.

Fakultatives Staatsvertragsreferendum (eingeführt 1921)
Gegen völkerrechtliche Verträge, die wichtige Recht setzende Bestimmungen enthalten oder deren Umsetzung den Erlass von Bundesgesetzen erfordert, können 50 000 Stimmberechtigte oder 8 Kantone innerhalb von 100 Tagen das fakultative Referendum ergreifen, auch fakultatives Staatsvertragsreferendum genannt.

Bedingungen

- Innerhalb von 100 Tagen – gerechnet ab Veröffentlichung im Bundesblatt (siehe S. 54 und S. 106) – müssen mindestens 50 000 Stimmberechtigte (ab 18 Jahren) das Begehren unterschreiben. Innerhalb dieser Frist von 100 Tagen muss auch die Stimmrechtsbescheinigung erfolgen, d.h. auf den Gemeindekanzleien müssen die Unterschriften auf ihre Rechtmässigkeit überprüft werden. Gültig sind also nur jene Unterschriften, die spätestens am 100. Tag bei der Bundeskanzlei eingetroffen sind, mitsamt den Stimmrechtsbescheinigungen der Gemeinden.
- Innerhalb der gleichen Frist können auch 8 Kantone verlangen, dass ein vom eidgenössischen Parlament verabschiedetes Gesetz vor das Volk kommen muss.
- Auf einem Unterschriftenbogen dürfen nur Stimmberechtigte unterschreiben, die in der auf dem Bogen bezeichneten Gemeinde wohnen. (Stimmberechtige müssen das Schweizer Bürgerrecht haben, volljährig und urteilsfähig sein.)
- Die stimmberechtigte Person muss ihren Namen, Vornamen, das Geburtsdatum und die Wohnadresse handschriftlich und leserlich (möglichst in Blockschrift) auf die Unterschriftenliste schreiben sowie zusätzlich die eigenhändige Unterschrift beifügen (Art. 61, Bundesgesetz über die politischen Rechte).
- Wer Unterschriften fälscht, streicht oder wer mehrfach unterschreibt, macht sich strafbar.

Das Volksmehr allein gibt den Ausschlag über die Annahme oder Ablehnung des Referendums. Abgestimmt wird aber immer über die Rechtsänderung, d.h. wer für die Neuerung ist, muss mit Ja stimmen, wer opponiert und das geltende Recht beibehalten will, muss ein Nein in die Urne legen.

Wird die Gesetzesänderung vom Volk gutgeheissen, setzt sie in der Regel der Bundesrat auf ein von ihm bestimmtes Datum in Kraft.

→ CiviCampus
→ www.verlag-fuchs.ch/staat

Das obligatorische Referendum (BV 140)

Wir unterscheiden zwischen dem obligatorischen Verfassungsreferendum und dem obligatorischen Staatsvertragsreferendum:

Obligatorisches Verfassungsreferendum (eingeführt 1848)
Beschliesst das eidgenössische Parlament von sich aus Änderungen oder Ergänzungen in der Bundesverfassung, müssen die Stimmberechtigten auf jeden Fall darüber entscheiden. Wie immer, wenn die Bundesverfassung geändert oder ergänzt werden soll, ist bei der Abstimmung das doppelte Mehr erforderlich, also das Volks- und das Ständemehr. Nehmen Volk und Stände einen Verfassungsartikel an, tritt er in der Regel sofort in Kraft.

Obligatorisches Staatsvertragsreferendum (eingeführt 1977)
Der Beitritt zu einer internationalen Organisation (z.B. EU, siehe S. 165 ff.) hat den Rang einer Verfassungsänderung. Bei allen Verfassungsänderungen müssen die Stimmberechtigten obligatorisch zur Urne gerufen werden. Für die Zustimmung ist daher das doppelte Mehr erforderlich.

Das Referendum, ein gewichtiges Volksrecht

Betrachtet man die Möglichkeit der Einflussnahme bei der Entstehung eines Gesetzes (siehe S. 103 ff.), stellt man Folgendes fest:

Unterschiedlichste Gruppierungen können mehrfach (in verschiedensten Phasen) auf das neu zu schaffende Gesetz Einfluss nehmen. Im politischen Alltag wird dieser Einfluss oft massiv ausgeübt. Schon die blosse Drohung einer starken Gruppe, das Referendum zu ergreifen, kann bewirken, dass das Gesetz geändert wird. Aus Furcht, das Gesetz werde zur Abstimmung gebracht und dort vom Volk abgelehnt, werden laufend Kompromisse geschlossen. Manchmal spricht man davon, das Parlament habe dem Gesetz die «Zähne gezogen».

Daraus kann auch der Schluss gezogen werden: Das Referendum ist ein gewichtiges, aber auch folgenschweres politisches Recht.

NICE TO KNOW

Gerade weil ein so zähes Ringen um Interessen erfolgt, ist der Weg zum endgültigen Gesetz langwierig und voller Hindernisse. Von der Anregung bis zur Inkraftsetzung verstreichen oft viele Jahre. Beispiel: Anfang der 80er-Jahre hat man erkannt, dass dringend ein Datenschutzgesetz geschaffen werden muss. Der Bundesrat wurde 1984 vom Parlament beauftragt, eine entsprechende Gesetzesvorlage auszuarbeiten. Seit dem 1. Juli 1993 (also nach rund 9 Jahren) ist dieses Gesetz in Kraft. Es stellt sich die Frage, ob bei einem solchen Tempo die anstehenden, einer dringenden Lösung harrenden Probleme noch zeitgerecht bewältigt werden können.

Die Initiative (auf Bundesebene)

Initiative (auch Volksinitiative genannt, BV 139): *Das Recht des Volkes, neue Artikel und / oder die Änderung oder die Aufhebung bestehender Artikel in der Bundesverfassung anzuregen.*
Dieses Recht auf Teilrevision der Bundesverfassung besteht seit dem Jahre 1891.

Auf Bundesebene gibt es zwei Möglichkeiten, eine Volksinitiative einzureichen:

Formulierte Initiative

Der genaue Wortlaut des Textes – von den Initianten verfasst – liegt vor. Dies ist der Normalfall (in weit über 95 % der Fälle).

Allgemeine Anregung

Der genaue Wortlaut des Verfassungstextes fehlt. Nach Annahme der allgemeinen Anregung durch das Parlament oder das Volk formuliert in der Regel der Bundesrat den konkreten Textentwurf. Es gibt zwei Möglichkeiten:
a) Das Parlament kann den Textvorschlag des Bundesrates unverändert verabschieden und ihn Volk und Ständen zur Annahme empfehlen.
b) Das Parlament kann den Text des Bundesrates abändern. Zur Abstimmung gelangt dann nur der vom Parlament beschlossene Text.

Volk und Stände entscheiden an der Urne über Annahme oder Ablehnung aller ausformulierten Verfassungsänderungen.
Seit Inkrafttreten der neuen Bundesverfassung im Jahre 2000 wurde noch nie von der allgemeinen Anregung Gebrauch gemacht. Daher ist sie praktisch bedeutungslos.

Bedingungen

- Innert 18 Monaten – ab Veröffentlichung im Bundesblatt – müssen mindestens 100 000 Stimmberechtigte (ab 18 Jahren) das Begehren unterschreiben.
- BV 139[3] verlangt: Initiativen
  a) müssen die «Einheit der Materie» wahren; das heisst, eine Initiative darf nur ein Ziel anstreben. (Im Jahre 1995 haben National- und Ständerat die Initiative der SP «Für weniger Militärausgaben und mehr Friedenspolitik» für ungültig erklärt mit der Begründung, die Verknüpfung von Militär- mit Sozialausgaben verletze das Prinzip der «Einheit der Materie».) und
  b) dürfen nicht gegen zwingende Bestimmungen des Völkerrechts verstossen.
  Wird eine dieser beiden Bedingungen verletzt, erklärt die Bundesversammlung die Initiative für ganz oder für teilweise ungültig.
- Die Initiative muss eine Klausel enthalten, die bestimmt, wer das Volksbegehren zurückziehen kann (Bundesgesetz über die politischen Rechte BPR 73a).
- Bei der Abstimmung über eine formulierte Verfassungsinitiative braucht es in jedem Falle das Volks- und das Ständemehr (BV 139a[4] und 142).
- Auf einem Unterschriftenbogen dürfen nur Stimmberechtigte unterschreiben, die in der auf dem Bogen bezeichneten Gemeinde wohnen. (Stimmberechtige müssen das Schweizer Bürgerrecht haben, volljährig und urteilsfähig sein.)
- Die Unterschriftenliste muss von Hand ausgefüllt und unterschrieben werden.
- Wer Unterschriften fälscht, streicht oder wer mehrfach unterschreibt, macht sich strafbar.

→ CiviCampus
→ www.verlag-fuchs.ch/staat

Prüfung der Unterschriften

- Die Gemeinden prüfen, ob die Unterzeichnenden stimmberechtigt sind.
- Danach stellt die Bundeskanzlei fest, ob die Anzahl der erforderlichen gültigen Unterschriften erreicht worden ist.

Das Verfahren bei der formulierten Volksinitiative

Sind die erforderlichen Unterschriften zustande gekommen:

1. Schritt: Der Bundesrat	**2. Schritt: National- und Ständerat**	**3. Schritt: Volk und Stände**
unterbreitet National- und Ständerat Botschaft und Antrag. Er empfiehlt:	empfehlen dem Volk:	entscheiden an der Urne. Wird die Initiative oder ein allfälliger Gegenentwurf angenommen, dann tritt sie bzw. er in der Regel sofort in Kraft.
der Initiative zuzustimmen oder	**der Initiative zuzustimmen** oder	
die Initiative ohne Gegenentwurf abzulehnen oder	**die Initiative ohne Gegenentwurf abzulehnen** oder	
dem vom Bundesrat ausgearbeiteten Gegenentwurf zuzustimmen	**dem vom Bundesrat oder vom Parlament ausgearbeiteten Gegenentwurf zuzustimmen**	

Nach Einreichung einer Volksinitiative haben Bundesrat und Parlament 30 Monate Zeit für deren Behandlung: 12 Monate stehen dem Bundesrat und 18 Monate den beiden Räten zur Verfügung. Der Bundesrat muss Volksinitiativen innert 10 Monaten nach der Schlussabstimmung in den Räten Volk und Ständen unterbreiten.

Das doppelte Ja

Gemäss BV 139^{6} ist es erlaubt, in einer Doppelabstimmung sowohl zur Initiative als auch zum Gegenentwurf Ja zu sagen. Mit der Stichfrage wird ermittelt, welchen der beiden Texte die Stimmberechtigten vorziehen.
Falls Volk und Ständen nebst der Initiative ein Gegenentwurf unterbreitet wird, sieht der Stimmzettel wie folgt aus:

SCHWEIZERISCHE EIDGENOSSENSCHAFT, VOLKSABSTIMMUNG VOM …

1. Wollen Sie die Volksinitiative «…» annehmen? — Antwort: «Ja» oder «Nein» [ ]
2. Wollen Sie den Gegenentwurf der Bundesversammlung vom … annehmen? — Antwort: «Ja» oder «Nein» [ ]
3. Stichfrage: Falls sowohl die Volksinitiative «…» als auch der Gegenentwurf von Volk und Ständen angenommen werden: Soll die Volksinitiative oder der Gegenentwurf in Kraft treten? — Antwort: Gewünschtes im betreffenden Feld ankreuzen. So: [X] — Initiative [ ] Gegenentwurf [ ]

NB: Die Fragen 1 und 2 können beide mit «Ja» oder «Nein» beantwortet werden.
Bei Frage 3 darf nur ein Feld angekreuzt werden, sonst gilt die Frage als nicht beantwortet.

Vorstösse aus dem Parlament

Vorstösse aus dem Parlament
(Gesetzes- und Verfassungsbeschlüsse)

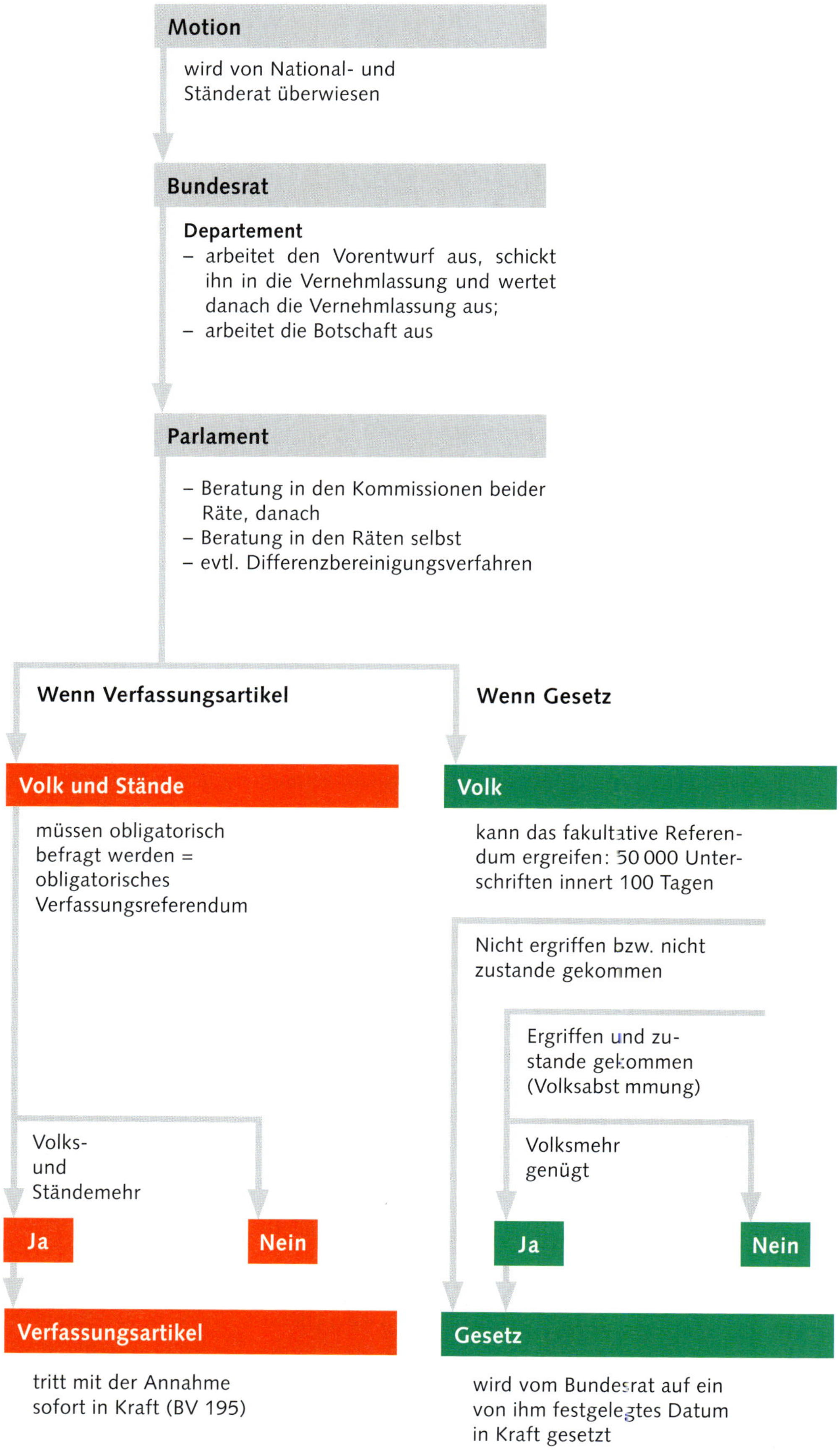

Vorstoss aus dem Volk

Vorstoss aus dem Volk

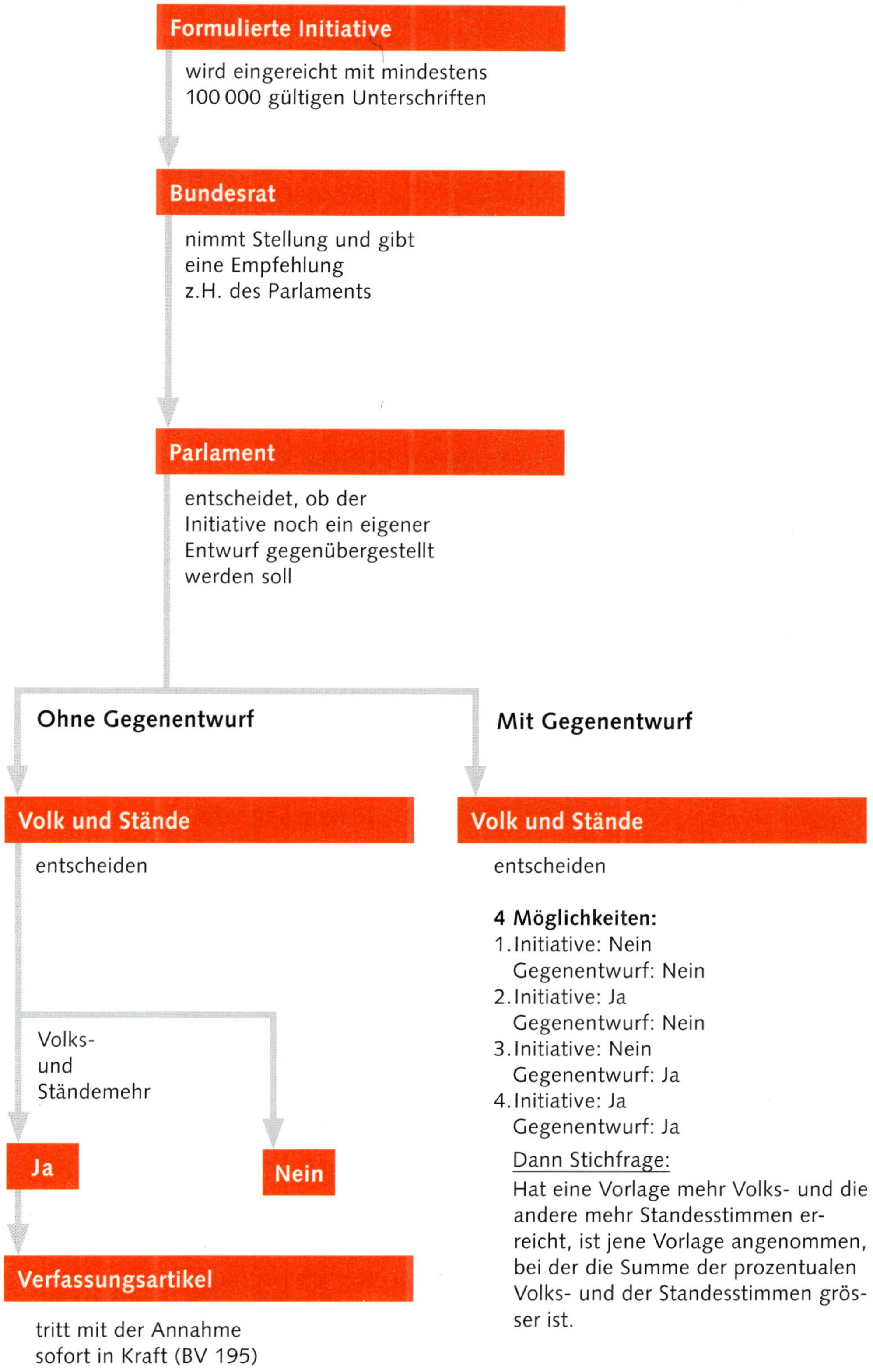

Es gibt noch die «Allgemeine Anregung» (siehe S. 110). Sie hat aber kaum praktische Bedeutung.

Rechtsetzung: Mitwirkungsrechte der Kantone

Das Vernehmlassungsverfahren

Der Bund informiert die Kantone rechtzeitig und umfassend über seine Vorhaben. Er holt ihre Stellungnahmen ein, wenn ihre Interessen betroffen sind. Die Kantone werden somit nach BV 147 ins Vernehmlassungsverfahren einbezogen.
Zudem hält BV 45 fest: «Die Kantone wirken [...] an der Willensbildung des Bundes mit, insbesondere an der Rechtsetzung.»

Die Standesinitiative

Jedem Kanton steht das Recht zu, mit einer Standesinitiative den Bundesbehörden Vorschläge zu einer Verfassungsrevision und auch zur Gesetzgebung zu unterbreiten (BV 160). Er kann zudem vorschlagen, dass eine Kommission einen Entwurf für einen Erlass der Bundesverfassung ausarbeitet.
Die Standesinitiative muss eine Begründung enthalten, in der die Zielsetzung des Erlasses enthalten ist.
Damit einer Standesinitiative Folge gegeben und ein Erlassentwurf ausgearbeitet wird, bedarf es der Zustimmung der entsprechenden Kommission beider Räte.

Das Referendumsrecht

8 Kantone können gegen ein vom Parlament beschlossenes Gesetz (BV 141 a.) und gegen völkerrechtliche Verträge, die wichtige rechtsetzende Bestimmungen enthalten oder wenn die Umsetzung völkerrechtlicher Verträge den Erlass von Bundesgesetzen erfordert (BV 141 d.3.), das fakultative Referendum ergreifen.

Erstmals in der Schweizer Geschichte ist im Herbst 2003 das Kantonsreferendum zustande gekommen. 11 Kantone, nämlich BS, BE, GL, GR, JU, OW, SG, SH, SO, VD und VS, verlangten, dass das Volk über das Steuerpaket des Bundes, das von den eidgenössischen Räten im Juni 2003 verabschiedet worden ist, entscheiden soll.

Das Volks- und das Ständemehr (siehe S. 29)

Volk und Ständen werden zur Abstimmung unterbreitet:
a) Änderungen der Bundesverfassung (Teil- oder Totalrevision), BV 140 und 195
b) der Beitritt zu Organisationen für kollektive Sicherheit (z.B. NATO) oder zu supranationalen Gemeinschaften (z.B. EU), BV 140
c) die dringlich erklärten Bundesgesetze, die keine Verfassungsgrundlage haben, BV 140 und 165
d) Änderungen im Bestand der Kantone, BV 53

In weniger als 3% der Fälle entsprach bisher der Volksentscheid nicht dem Entscheid der Stände.

NICE TO KNOW

Beim Referendumsrecht durch 8 Kantone zählen die Kantone AI, AR, BL, BS, NW und OW als ganze Kantone. Die neue Bundesverfassung hat nämlich den Begriff «Halbkanton» gestrichen. Die Verfassung lässt eine ungleiche Behandlung der Kantone nur noch in den ausdrücklich vorgesehenen Fällen zu, nämlich bei der Berechnung des Ständemehrs (AI, AR, BL, BS, NW und OW zählen als halbe Standesstimme) und bei der Zusammensetzung des Ständerates (AI, AR, BL, BS, NW und OW stellen nur ein Mitglied im Ständerat). In diesem Zusammenhang wird durchgehend der Ausdruck «Stände» verwendet. Ist hingegen von «Kantonen» die Rede, dann zählen alle Kantone als ganze.

Ausnahme: *Das Wort «Standesinitiative» wird weiterhin verwendet, damit keine Verwechslungen mit kantonalen Initiativen entstehen, die kantonales Recht (Kantonsverfassung, Kantonsgesetze) ändern wollen.*

4. Rechte, Sozialziele und Pflichten

Einteilung der Freiheiten und Rechte (gemäss BV)

Die Bundesverfassung kennt keine systematische Ordnung der Rechte. Der Verständlichkeit halber lassen sie sich in drei Bereiche gliedern. Als Kriterium gelten die jeweiligen Bedingungen zur Ausübung dieser Rechte.

Die politischen Rechte

Politische Rechte: *Sie räumen Staatsbürgerinnen und Staatsbürgern das Recht ein, im Staat mitzuentscheiden und mitzuwirken.*

Voraussetzungen

Man muss:
- im Besitz des Schweizer Bürgerrechts,
- urteilsfähig und
- volljährig (18-jährig) sein.

Die politischen Rechte kann nicht ausüben, wer:
- dauerhaft urteilsunfähig ist oder
- durch eine vorsorgebeauftragte Person vertreten wird.

Die drei politischen Rechte

BV 34/39/136: Stimm- und Wahlrecht
BV 138/139: Initiativrecht
BV 141: Referendumsrecht

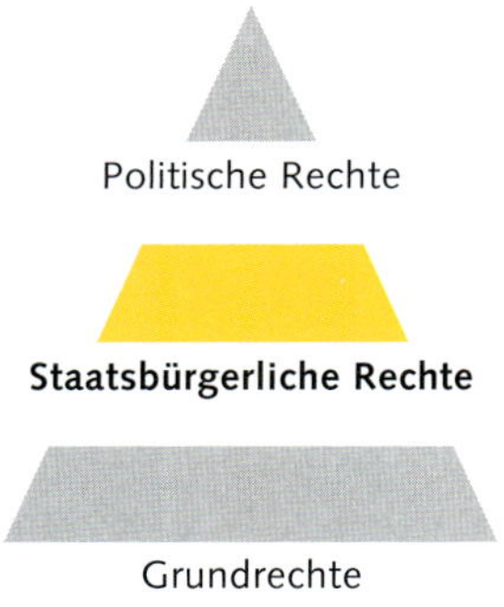

Die staatsbürgerlichen Rechte

Staatsbürgerliche Rechte: *Freiheiten und Rechte, die vorab den Schweizer Bürgerinnen und Bürgern vorbehalten sind.*

Voraussetzung

Man muss im Besitz des Schweizer Bürgerrechts sein.

Die drei untenstehenden Artikel beginnen mit: «Schweizerinnen und Schweizer ...» bzw. «Schweizer Bürgerin und Schweizer Bürger ...»

Die drei staatsbürgerlichen Rechte

BV 24: Niederlassungsfreiheit
BV 25: Schutz vor Ausweisung, Auslieferung und Ausschaffung
BV 37: Bürgerrechte

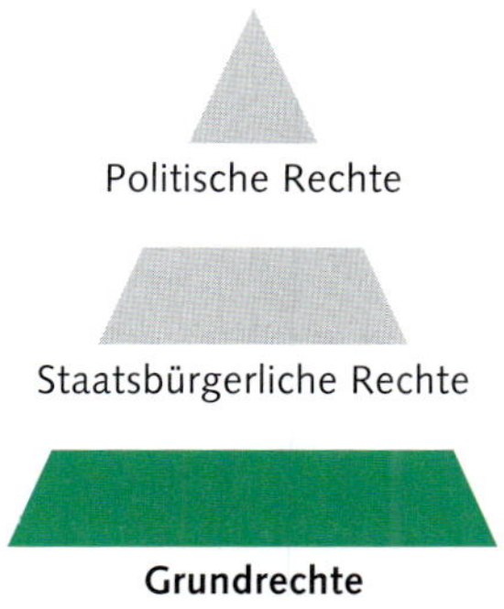

Die Grundrechte

Grundrechte (Menschenrechte): *Freiheiten und Rechte, die jede Person für sich beanspruchen kann, unabhängig von der Nationalität, dem Geschlecht, der Sprache, der Religion, der Hautfarbe, der Bildung usw.*

Es sind die grundlegendsten Freiheiten und Rechte eines Menschen, daher auch Menschenrechte genannt.
Dafür braucht es keine Voraussetzungen. Allen Menschen stehen diese Rechte zu.

Die Grundrechte in der Bundesverfassung

BV 7: Menschenwürde
BV 8: Rechtsgleichheit
BV 9: Schutz vor Willkür und Wahrung von Treu und Glauben
BV 10: Recht auf Leben und auf persönliche Freiheit
BV 11: Schutz der Kinder und Jugendlichen
BV 12: Recht auf Hilfe in Notlagen
BV 13: Schutz der Privatsphäre
BV 14: Recht auf Ehe und Familie
BV 15: Glaubens- und Gewissensfreiheit
BV 16: Meinungs- und Informationsfreiheit
BV 17: Medienfreiheit
BV 18: Sprachenfreiheit
BV 19: Anspruch auf Grundschulunterricht
BV 20: Wissenschaftsfreiheit
BV 21: Kunstfreiheit
BV 22: Versammlungsfreiheit
BV 23: Vereinigungsfreiheit
BV 26: Eigentumsgarantie
BV 27: Wirtschaftsfreiheit
BV 28: Koalitionsfreiheit
BV 29: Allgemeine Verfahrensgarantien
BV 30: Gerichtliche Verfahren
BV 31: Freiheitsentzug
BV 32: Strafverfahren
BV 33: Petitionsrecht
BV 35: Verwirklichung der Grundrechte
BV 36: Einschränkungen von Grundrechten

Vereinigungsfreiheit, Versammlungsfreiheit, Rechtsgleichheit, Petitionsfreiheit, Meinungs- und Informationsfreiheit sowie Medienfreiheit haben eine gewisse Nähe zu den politischen Rechten. Denn ohne diese Grundrechte funktionieren die politischen Rechte nicht.

Die politischen Rechte

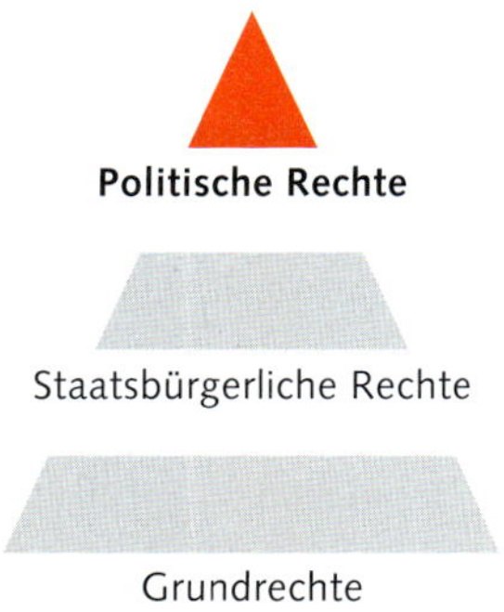

BV 34: Politische Rechte

Die politischen Rechte (Stimm- und Wahlrecht, Initiativrecht und Referendumsrecht) sind garantiert. Diese Garantie umfasst:

- die Garantie der geheimen Stimmabgabe
- den Anspruch auf korrekte Formulierung der Abstimmungsfragen
- den Anspruch auf Wahrung der Einheit der Materie
- den Anspruch auf korrekte und zurückhaltende Information durch die Behörden im Vorfeld von Wahlen und Abstimmungen
- das Recht der Bürgerinnen und Bürger, dass kein Wahl- oder Abstimmungsresultat anerkannt wird, das
  - den freien Willen der Stimmenden nicht zuverlässig ausdrückt. (*Beispiel:* vorzeitig unbefugte Urnenöffnung und «Durchsickern» des Wahltrends, die zur Mobilisierung der Wählerschaft unterliegender Parteien genutzt werden können) und
  - den freien Willen der Stimmenden verfälscht ausdrückt. (*Beispiele:* Urnendiebstahl; Auswechseln von eingeworfenen Stimmzetteln)

Hinweis: Die Bestimmungen über die Zuständigkeit im Bereich des kantonalen Stimm- und Wahlrechts finden sich in Artikel 39 BV, diejenigen über das Stimm- und Wahlrecht auf eidgenössischer Ebene in Artikel 136 BV.

Einschränkungen

- Kantonales oder kommunales Recht kann vorsehen, dass Wahlen oder Abstimmungen an Versammlungen (Landsgemeinde, Gemeindeversammlung) nicht geheim durchgeführt werden.
- Es ist verboten, dass von privater Seite (besonders den Medien) die freie Willensbildung der Bürgerinnen und Bürger beeinflusst wird durch irreführende Angaben, die so spät vorgebracht werden, dass sie nicht mehr widerlegt werden können.

Die drei politischen Rechte

- BV 136 Stimm- und Wahlrecht (siehe S. 24)
- BV 138/139 Initiativrecht (siehe S. 110 f.)
- BV 141 Referendumsrecht (siehe S. 108 f.)

Die staatsbürgerlichen Rechte

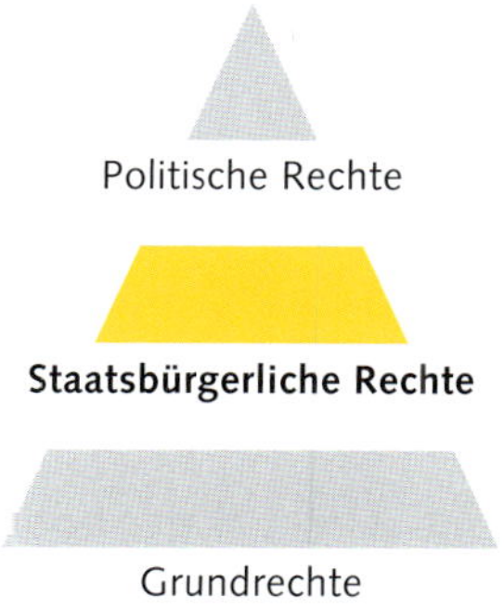

BV 24: Niederlassungsfreiheit

BV 24 garantiert ausdrücklich nur den Schweizerinnen und Schweizern das Recht, sich an irgendeinem Ort des Landes niederzulassen und aus der Schweiz aus- und jederzeit ungehindert wieder einzureisen. Daraus ergibt sich, dass Gemeinden und Kantone einerseits verpflichtet sind, Schweizer Staatsbürgerinnen und Staatsbürgern zu gestatten, sich auf ihrem Hoheitsgebiet niederzulassen. Andererseits ist es den Gemeinwesen untersagt, den Wegzug in eine andere Gemeinde oder in einen anderen Kanton zu verhindern oder zu erschweren.

Einschränkungen

- Ausländerinnen und Ausländern steht dieses Recht erst zu mit der Erteilung der Niederlassungsbewilligung (Ausweis C).
- Den der Asylgesetzgebung unterworfenen Ausländerinnen und Ausländern steht die Niederlassungsfreiheit nicht zu.
- Beamtinnen und Beamte sowie Lehrerinnen und Lehrer können verpflichtet werden, in jener Gemeinde zu wohnen, in deren Dienst sie stehen.
- Man muss sich innerhalb einer bestimmten Frist am neuen Wohnort anmelden. (Die Frist ist kantonal geregelt, im Kanton Luzern z. B. innert 10 Tagen.)

BV 25: Schutz vor Ausweisung, Auslieferung, Ausschaffung

1. **Ausweisung** bedeutet: Der Staat (ein Gericht) verpflichtet eine Person verbindlich, die Schweiz zu verlassen. Die Ausweisung ist regelmässig mit einem Rückkehrverbot verbunden. Es steht der Verwaltung aber frei, zu einem späteren Zeitpunkt eine Einreise wieder zu bewilligen.

   Einschränkung

   Schweizer Bürgerinnen und Bürger dürfen nicht aus der Schweiz gewiesen werden.

2. **Auslieferung** bedeutet: Eine ausländische Behörde ersucht die Schweiz, ihr eine Person aufgrund einer Strafverfolgung oder für den Strafvollzug auszuliefern.

   Einschränkungen

   - Gemäss Rechtshilfegesetz darf eine Auslieferung nur erfolgen, wenn Gewähr besteht, dass ein allfälliges Todesurteil nicht vollstreckt wird.
   - Die Auslieferung straffälliger Personen mit Schweizer Bürgerrecht darf nur mit dem Einverständnis der betroffenen Person erfolgen. Gemäss StGB 6 werden straffällige Schweizerinnen und Schweizer, welche in der Schweiz für eine im Ausland begangene Tat verfolgt werden, in der Schweiz abgeurteilt und verbüssen hier ihre Strafe, sofern die Tat auch in der Schweiz strafbar ist.

3. **Ausschaffung** ist der zwangsweise Vollzug einer Ausweisung. (Bei Ausschaffung in denjenigen Staat, aus dem die Person in die Schweiz eingereist ist, spricht man von Rückschaffung.)

   Einschränkungen

   - Die Rückschaffung ist dann verboten, wenn einer Person Folter oder eine andere Art grausamer und unmenschlicher Behandlung oder Bestrafung droht.
   - Flüchtlinge dürfen nicht in ein Land zurückgeschafft werden, in dem sie anschliessend verfolgt werden.

→ www.verlag-fuchs.ch/staat

BV 37/38: Das Schweizer Bürgerrecht: Der Erwerb *(noch nicht in Kraft)*

Die schweizerische Staatsangehörigkeit beruht auf drei Säulen:
Mit dem Schweizer Bürgerrecht erhält man auch das Bürgerrecht des Wohnkantons und der Wohngemeinde.

Erwerb von Gesetzes wegen

Abstammung und Adoption

- Das Schweizer Bürgerrecht hat von Geburt an:
  - a) das Kind, dessen Eltern miteinander verheiratet sind und dessen Vater oder Mutter das Schweizer Bürgerrecht hat.
  - b) das Kind einer Schweizer Bürgerin, die mit dem Vater nicht verheiratet ist.
- Ein minderjähriges ausländisches Kind eines schweizerischen Vaters, der mit der Mutter nicht verheiratet ist, erhält das Schweizer Bürgerrecht.
- Adoptiert eine Person mit Schweizer Bürgerrecht ein ausländisches minderjähriges Kind, so erhält es das Schweizer Bürgerrecht.

Erwerb durch behördlichen Beschluss

Ordentliche Einbürgerung (auf Gesuch hin!)

Wer eingebürgert werden will, muss eine Niederlassungsbewilligung besitzen und 10 Jahre in der Schweiz gewohnt haben, davon (je nach kantonaler Gesetzgebung) 2 bis 5 Jahre in dem Kanton (bzw. der Gemeinde), in dem (der) das Einbürgerungsgesuch gestellt wird.

Die zwischen dem 8. und dem 18. Lebensjahr in der Schweiz verbrachten Jahre werden doppelt gezählt. Der Aufenthalt muss aber mindestens 6 Jahre betragen.

Voraussetzungen für die Einbürgerung
Bewerber und Bewerberinnen:

- müssen mit den schweizerischen Lebensverhältnissen vertraut sein.
- dürfen keine Gefährdung der Sicherheit der Schweiz darstellen.
- müssen erfolgreich integriert sein, d.h.:
  - Sie beachten die öffentliche Sicherheit und Ordnung.
  - Sie respektieren die Werte der Bundesverfassung.
  - Sie können sich im Alltag in einer Landessprache verständigen.
  - Sie nehmen am Wirtschaftsleben und am Erwerb der Bildung teil.
  - Sie fördern sich gegenseitig in der Integration (Mann und Frau, eingetragene Partner, minderjährige Kinder).
  - Zudem können die Kantone weitere Integrationskriterien vorsehen.

Ein Einbürgerungsgesuch kann den Stimmberechtigten an einer Gemeindeversammlung zum Entscheid vorgelegt werden. Die Ablehnung ist zu begründen.

Erleichterte Einbürgerung (auf Gesuch hin)

Über eine erleichterte Einbürgerung entscheidet das Bundesamt für Migration (BFM).

a) Ausländer/innen erhalten nach der Heirat mit einem Schweizer bzw. einer Schweizerin auf Gesuch hin das Schweizer Bürgerrecht, vorausgesetzt
  - sie sind seit 3 Jahren verheiratet und leben mit ihrer Partnerin bzw. ihrem Partner zusammen, und sie haben zudem
  - insgesamt während 5 Jahren in der Schweiz gelebt, wovon 1 Jahr unmittelbar vor Einreichung des Gesuchs.

b) Ist eine ausländische Person mit einer Schweizerin bzw. einem Schweizer verheiratet und lebt das Ehepaar im Ausland oder hat während der Ehe einige Zeit im Ausland gelebt, so kann sich die ausländische Person erleichtert einbürgern lassen, vorausgesetzt
  - das Ehepaar ist seit 6 Jahren miteinander verheiratet und lebt zusammen.
  - die ausländische Person ist mit der Schweiz eng verbunden.

Die Bedingungen unter a) und b) gelten auch für eingetragene Partnerschaften.

BV 37/38: Das Schweizer Bürgerrecht: Der Verlust *(noch nicht in Kraft)*

Grundsatz

Schweizerinnen und Schweizer dürfen nicht staatenlos werden!

Verlust von Gesetzes wegen

Verlust durch Aufhebung des Kindesverhältnisses

Wird das Kindesverhältnis zu dem Elternteil aufgehoben, der dem Kind das Schweizer Bürgerrecht vermittelt hat, so verliert das Kind das Schweizer Bürgerrecht, sofern es dadurch nicht staatenlos wird.

Verlust durch Adoption

Das minderjährige Kind, das von ausländischen Eltern adoptiert wird und damit deren Staatsangehörigkeit erwirbt, verliert das Schweizer Bürgerrecht.
Der Verlust tritt nicht ein, wenn mit der Adoption auch ein Kindesverhältnis zu einem schweizerischen Elternteil begründet wird, bzw. nach der Adoption ein solches bestehen bleibt.

Verlust bei Geburt im Ausland

Das Kind eines Schweizer Elternteils verliert das Schweizer Bürgerrecht, sofern es
- das Doppelbürgerrecht hat,
- im Ausland geboren ist und
- bis zum vollendeten 25. Altersjahr keiner schweizerischen Behörde im In- oder im Ausland gemeldet worden ist oder sich selber gemeldet oder schriftlich erklärt hat, das Schweizer Bürgerrecht beibehalten zu wollen.

Wer das Schweizer Bürgerrecht von Gesetzes wegen verliert, verliert damit auch das Kantons- und das Gemeindebürgerrecht.

Verlust durch behördlichen Beschluss

Entlassung aus dem Bürgerrecht (Bedingungen)
- Man muss im Ausland leben und
- bereits im Besitz einer anderen Staatsangehörigkeit sein oder eine solche zugesichert erhalten haben.

Dabei werden minderjährige Kinder in die Entlassung miteinbezogen. Kinder jedoch, die älter als 16-jährig sind, müssen der Entlassung schriftlich zustimmen.

Entzug (Bedingungen)
- Jemand muss im Ausland leben,
- das Doppelbürgerrecht haben und
- mit seinem Verhalten den Interessen oder dem Ansehen der Schweiz erheblich nachteilig sein (z.B. Landesverrat, schweres Verbrechen).

Nichtigerklärung der Einbürgerung (Bedingung)

Die Einbürgerung ist durch falsche Angaben oder Verheimlichung erheblicher Tatsachen erschlichen worden.
Das Bundesamt für Migration (BFM) kann dann innert 2 Jahren, nachdem es davon Kenntnis erhalten hat, spätestens aber innert 8 Jahren nach dem Erwerb des Schweizer Bürgerrechts, die Einbürgerung für nichtig erklären.
Voraussetzung: Jemand wird durch die Nichtigerklärung nicht staatenlos.

Gebühren

Die Behörden von Bund, Kanton und Gemeinden können im Zusammenhang mit Einbürgerungsverfahren oder Verfahren betreffend Nichtigerklärung von Einbürgerungen und für die Behandlung eines Entlassungsgesuchs Gebühren erheben.

Ehrenbürgerrecht

Wird einer ausländischen Person das Ehrenbürgerrecht durch einen Kanton oder ein Gemeinde verliehen, und zwar ohne Einbürgerungsbewilligung des Bundes, hat dies nicht die Wirkung einer Einbürgerung.

Grundrechtstheorie: Wirkung / Einschränkung

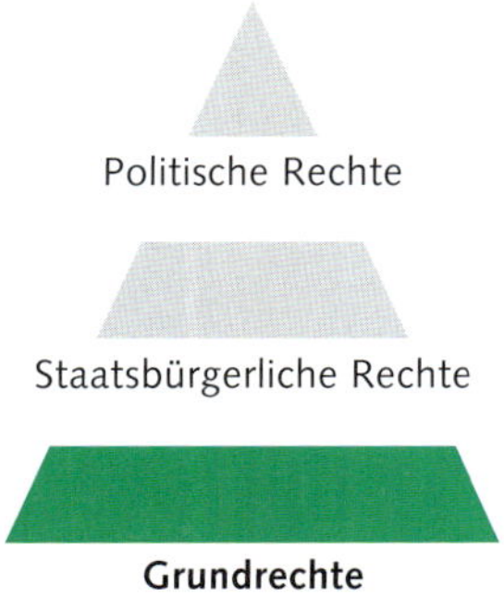

BV 35: Verwirklichung der Grundrechte

Die Grundrechte sind den einzelnen Personen garantierte Rechte, die von grundlegender Wichtigkeit sind für die Beziehungen des Einzelnen zur Gesellschaft und zu den Behörden.
Die Grundrechte sollen den Einfluss des Staates auf die Individuen beschränken und den Staat zu einem Unterlassen oder (seltener) zu einem Tun veranlassen oder ihn gar dazu verpflichten.

- Die Grundrechte sind Fundament unserer Rechtsordnung.
- Die Grundrechte sind garantiert und daher einklagbar.
- Die staatlichen Behörden sind beauftragt, für die tatsächliche Verwirklichung der Grundrechte zu sorgen und sich jeder Tätigkeit zu enthalten, die den Grundrechten schaden könnte.
- Die Grundrechte richten sich an sämtliche staatlichen Behörden (an Bund, Kantone, Gemeinden).
- Da der Einzelne auch gesellschaftlichem Druck ausgesetzt ist, sollen die Behörden (vor allem die Gerichte) dafür sorgen, dass die Grundrechte auch auf die Beziehung unter Privaten Wirkung haben. (Beispiele: Private dürfen einander in ihrer Bewegungsfreiheit nicht einschränken, aber auch die Polizei darf eine Person nur mit einem Haftbefehl in Haft setzen.)

BV 36: Einschränkungen von Grundrechten

Grundsatz: Die Freiheit der einzelnen Person findet die Grenzen bei der Freiheit der andern Personen.

Die von der Verfassung garantierten Grundrechte sind daher nicht absolut zu verstehen. Sie können oder müssen teilweise eingeschränkt werden.

Einschränkungen

1. Die Grundrechte dürfen nur durch formelle Gesetze eingeschränkt werden, durch ein Gesetz also, wogegen das fakultative Referendum ergriffen werden kann.
2. Der Kerngehalt der Grundrechte ist unantastbar.
   Der Wesens- oder Kerngehalt ist derjenige Bereich eines Rechts, der keinen Eingriff duldet. (Der Respekt der Menschenwürde und das absolute Folterverbot sind unantastbare Kerngehalte der persönlichen Freiheit.)

3. Die Einschränkungen müssen verhältnismässig sein.
   a) Der Eingriff muss zur Erreichung des Zieles notwendig sein.
   b) Eine staatliche Massnahme muss geeignet sein, das angestrebte Ziel zu erreichen (Geeignetheit).
      Beispiele:
      - Der Freiheitsentzug für schwere Verbrechen ist geeignet, die Gesellschaft vor rückfälligen Verbrechern zu schützen.
      - Eine Therapie für letztere soll geeignet sein, sie zu resozialisieren (sie wieder in die Gesellschaft einzugliedern).
   c) Ein Eingriff soll möglichst gering ausfallen.
      Beispiele:
      - Die öffentliche Hand darf zur Errichtung eines Bauwerks nicht mehr Land enteignen, als sie effektiv dazu benötigt.
      - AIDS-Tests dürfen nicht an beliebigen (nicht risikobehafteten) Menschen vorgenommen werden.

4. Die Einschränkungen müssen im öffentlichen Interesse liegen.
   Dabei gibt es zwei Arten von Schranken:
   a) Das allgemeine Interesse
      - Es umfasst eine Reihe von sogenannten Polizeigütern (z.B. Ordnung, Sicherheit, Gesundheit, Sitte, öffentliche Ruhe usw.).
      - Es enthält aber auch soziale, kulturelle, geschichtliche, ökologische und wissenschaftliche Werte.
   b) Die Interessen meiner Rechtspartner
      - Mein Recht muss dem Recht der andern gegenübergestellt werden, und man muss im Konfliktfall eine Rechtsgüterabwägung vornehmen.

Die Einschränkungen sind nicht auf die Gesamtheit der Grundrechte in gleichem Masse anwendbar, sondern sind im Wesentlichen zunächst auf die Individualrechte (Recht auf Ehe und Familie, Glaubens- und Gewissensfreiheit, Meinungs- und Informationsfreiheit, Medienfreiheit, Versammlungsfreiheit, Vereinigungsfreiheit usw.) zugeschnitten.

Ausnahmen

- Nicht um Einschränkungen, sondern um erlaubte oder unerlaubte Kriterien der Unterscheidung handelt es sich bei der «Rechtsgleichheit».
- Auch beim Schutz des «guten Glaubens» (von Treu und Glauben) geht es nicht um Schranken, sondern darum, dass bestimmte Voraussetzungen erfüllt sein müssen, unter denen der gute Glaube zu schützen ist.
- Selbstverständlich kann man das «Willkürverbot» nicht beschränken, ebenso wenig wie den Anspruch auf einen «unabhängigen und unparteiischen Richter» oder den «Anspruch auf Grundschulunterricht».
- Wieder anders ist die Situation für diejenigen Grundrechte, die auf eine positive Leistung des Staats gründen, z.B. für das Grundrecht auf «Hilfe in Notlagen». Der Staat stellt keine Schranken auf, sondern nennt die Voraussetzungen, unter denen dieses Recht beansprucht werden kann.

Die Grundrechte im Einzelnen

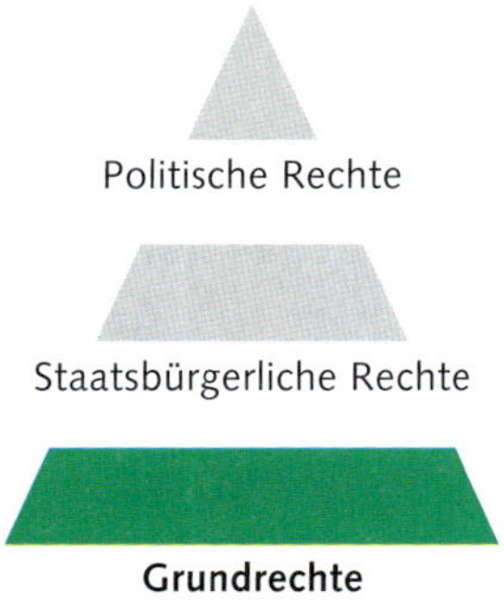

BV 7: Menschenwürde

Dieser Artikel garantiert den Respekt und den Schutz der Menschenwürde und soll jeden Menschen vor unmenschlicher oder erniedrigender Behandlung schützen. Der Schutz der Menschenwürde ist Kern- und Anknüpfungspunkt für andere Grundrechte. Daher wird die Menschenwürde bei den Grundrechten als Erstes genannt.

Ausdruck der Menschenwürde sind z.B.:
- Gerichte müssen ihre Urteile begründen.
- Bei der Ausübung der politischen Rechte haben alle Stimmen das gleiche Gewicht.
- Jedermann hat Anspruch auf ein schickliches Begräbnis.
- Ein Gefängnisreglement muss gewissen Mindestanforderungen genügen. So muss Gefangenen ein Spaziergang gewährt werden, Besuche müssen erlaubt sein, Gefangene müssen die Möglichkeit haben, Briefverkehr zu haben usw.
- Betroffenen muss das rechtliche Gehör gewährt werden, bevor über den Eingriff in die Rechte eines Menschen entschieden wird.

Guantanamo

Einschränkungen
- Man darf die Menschenwürde höchstens zur Durchsetzung des Rechts und nie mehr als unbedingt nötig einschränken.
- Eine zentrale Bedeutung hat der Schutz der Menschenwürde insbesondere bei Haft, Verhör, Auslieferung und Ausschaffung, in der Medizin, in Umweltfragen und in der Ausländerpolitik.
- Nur bei Erdbestattung bestimmt die Einwohnergemeinde den Begräbnisplatz, bei Urnenbestattung besteht freie Wahl.

BV 8: Rechtsgleichheit

Dieser Artikel besagt:
- dass alle Personen (ausländische und schweizerische) vor dem Gesetz gleich sind,
- dass Mann und Frau gleichberechtigt sind.

Keine Person darf aufgrund ihrer Herkunft, ihrer Rasse, ihres Geschlechts, ihres Alters, ihrer Sprache, ihrer sozialen Stellung, ihrer Lebensform, ihrer religiösen, weltanschaulichen oder politischen Überzeugung oder wegen einer körperlichen, geistigen oder psychischen Behinderung diskriminiert werden.

Erlaubte und unerlaubte Kriterien

Es geht vornehmlich um ein allgemeines Gleichbehandlungsgebot, und zwar gleiche Behandlung unter gleichen Voraussetzungen. Man kann nur «Gleiches» mit «Gleichem» vergleichen. «Ungleiches» muss «ungleich» behandelt werden.
BV 8 vermag nicht zu verhindern, dass die Kantone im Rahmen ihrer Selbständigkeit ungleiche Regelungen treffen. *Beispiele:* Steuern, Bemessung von Stipendien. Ausländerinnen und Ausländer haben auf Bundesebene keine politischen und nur eingeschränkt staatsbürgerliche Rechte.

BV 9: Schutz vor Willkür und Wahrung von Treu und Glauben

Das Willkürverbot sichert dem Einzelnen im Umgang mit den Behörden ein Mindestmass an Gerechtigkeit.
Das Willkürverbot richtet sich an die Parlamente und die Regierungen, aber auch an die Gerichte.

Die Wahrung von Treu und Glauben erlaubt es dem Einzelnen, dass er von den Behörden verlangen darf, dass diese das berechtigterweise in sie gesetzte Vertrauen nicht missbrauchen. Der Schutz von Treu und Glauben gilt für das gesamte Handeln staatlicher Institutionen.

BV 10: Recht auf Leben und auf persönliche Freiheit

- Das Recht auf Leben schützt vorab den Beginn des Lebens, auch wenn die Gesetzgebung und die Rechtsprechung die Frage, ab welchem Zeitpunkt die Schutzwirkung des Rechts beginnt, bis heute nicht allgemeingültig beantwortet haben.
- Bei der Frage, wann das Leben (und damit auch der verfassungsmässige Schutz) endet, stellt das Bundesgericht auf den Hirntod ab.
- Das Recht auf physische Integrität schützt jede Person gegen alle Angriffe auf den menschlichen Körper. Die Körperstrafe und die Todesstrafe in Kriegs- wie auch in Friedenszeiten sind ausnahmslos verboten. Die aktive Sterbehilfe ist in jedem Fall untersagt.
- Das Recht auf physische und psychische Freiheit hat besondere Bedeutung im Bereich der Inhaftierung und des Persönlichkeitsschutzes. Die persönliche Freiheit schliesst auch die Bewegungsfreiheit ein.
- Folter und grausame, unmenschliche oder erniedrigende Behandlungen stellen Eingriffe in die körperliche Integrität dar, die zum Kerngehalt der persönlichen Freiheit gehören.
- Es darf niemand aufgrund von Schulden inhaftiert werden.

Einschränkungen
- Rechtmässige Kriegshandlungen können zum Tod eines Menschen führen.
- Die Polizei kann, wenn es eine Gefahr abzuwenden gilt, im Extremfall den Tod eines Menschen rechtmässig in Kauf nehmen.
- Wer ohne Recht angegriffen oder unmittelbar mit einem Angriff bedroht wird, ist berechtigt, den Angriff abzuwehren (Notwehr, StGB 33).
- In der Schweiz niedergelassene Ausländerinnen und Ausländer sind in der Bewegungsfreiheit eingeschränkt. Sie können angehalten werden, die Schweiz zu verlassen. Andere Einschränkungen sind möglich, wenn die Rückführung nicht möglich ist (z.B. Internierung).

BV 11: Schutz der Kinder und Jugendlichen

Jugendliche, aber noch stärker Kinder, sind naturgemäss gefährdet und bedürfen des Schutzes. Gefährdungen können schlechte Einflüsse, Gewalt, Ausnützung usw. sein. BV 11 trägt diesem Umstand Rechnung und betont, dass man die Würde der jungen Menschen achten und schützen muss, damit sie sich gut entwickeln können.

Die Kinder und Jugendlichen haben sogar das Grundrecht, dass man ihre Entwicklung aktiv fördert. Daher besteht unter anderem auch der Anspruch auf Grundschulunterricht als Grundrecht (BV 19).

Problem: Wann ist die «Förderung» der Entwicklung genügend und wann so ungenügend, dass dies Sanktionen nach sich ziehen könnte?

Einschränkungen
- Kinder und Jugendliche können nur ihrem Alter gemäss und wenn sie urteilsfähig sind, selbständig Rechte ausüben.
- Kinder und Jugendliche haben nicht nur das Recht, sondern auch die Pflicht, den Grundschulunterricht zu besuchen.

BV 12: Recht auf Hilfe in Notlage

Diese Bestimmung garantiert jeder Person, die in Not ist, eine minimale soziale Unterstützung. Diese Unterstützung ist sowohl
- materieller Natur (Mittel, die für ein menschenwürdiges Dasein unerlässlich sind, wie Nahrung, Kleidung, Obdach) als auch
- persönlicher Natur (Hilfe und Betreuung).

Voraussetzungen
- Die hilfsbedürftige Person ist nicht mehr in der Lage, für sich selber zu sorgen.
- Das verfassungsmässige Recht auf Hilfe in Notlage gewährleistet nur, was für ein menschenwürdiges Dasein unabdingbar ist und vor einer unwürdigen Bettelexistenz zu bewahren vermag.

Man kann aus diesem Recht kein Minimaleinkommen ableiten, das nicht besteuert werden dürfte.

BV 13: Schutz der Privatsphäre

Privatleben bedeutet:

- den Anspruch jeder Person, vom Staat nicht an der freien Gestaltung ihres Lebens und ihres Verkehrs mit anderen Personen gehindert zu werden sowie
- die Respektierung eines persönlichen Geheimbereichs.

Das Privatleben ist nicht nur innerhalb privater oder geschlossener Räume geschützt, sondern auch im Freien oder in öffentlichen Räumen.

Die Achtung der Wohnung, des Brief-, des Post- und des Fernmeldegeheimnisses sowie des Datenschutzes werden ausdrücklich in der Verfassung erwähnt.

Staatliche Institutionen dürfen Personendaten nur bearbeiten, wenn dies notwendig ist, wenn die Bearbeitung zweckgebunden erfolgt und verhältnismässig ist. Der Schutz vor Missbrauch wird durch Einsichts- und Berichtigungsrechte der betroffenen Person sichergestellt.

Einschränkung

Richterliche Behörden dürfen aber etwa zur Aufdeckung von Straftaten anordnen, dass zum Beispiel der Briefverkehr oder Telefongespräche von Tatverdächtigen überwacht oder Wohnungen von der Polizei aufgebrochen werden.

BV 14: Recht auf Ehe und Familie

Jedermann darf heiraten und eine Familie gründen.
Das Recht auf Familiengründung schliesst das Recht ein, Kinder zu haben und zu erziehen, sowie das Recht, Kinder zu adoptieren.

Einschränkungen

- Heiratsfähig wird man erst mit dem Erreichen der Volljährigkeit, also mit dem vollendeten 18. Altersjahr, sofern man urteilsfähig ist.
- Als Ehehindernisse nennt ZGB 95 und 96: Verwandtschaft, Stiefkindverhältnis und eine bereits bestehende Ehe einer heiratswilligen Person.
- Wer jemanden mit Gewalt oder Drohung nötigt, eine Ehe einzugehen, muss mit einer Freiheitsstrafe von bis zu 5 Jahren rechnen. Zudem sind unter Zwang geschlossene Ehen ungültig.

BV 15: Glaubens- und Gewissensfreiheit

Jede Person hat das Recht,

- ihre eigene religiöse Überzeugung zu haben und sie kundzutun;
- sich zu einem bestimmten Glauben zu bekennen;
- religiöse Gemeinschaften zu bilden;
- persönliche oder gemeinschaftliche Kultushandlungen vorzunehmen.
- Persönliche Kultushandlungen sind das Gebet, die Beichte, die Meditation, das Fasten usw.
- Zu gemeinschaftlichen Kultushandlungen gehören u.a. der Gottesdienst, die Predigt, rituelle Tänze, Prozessionen, das Geläute der Kirchenglocken.

Einschränkungen

- Die Glaubens- und Gewissensfreiheit darf nicht als Vorwand dienen, die Steuerpflicht nicht zu erfüllen.
- Niemand kann gezwungen werden, eine religiöse Handlung vorzunehmen, einer Religionsgemeinschaft beizutreten oder dem Religionsunterricht zu folgen. Daraus folgt, dass der obligatorische Religionsunterricht an Schulen verboten ist.
- Erst mit 16 Jahren kann man die Religionszugehörigkeit selber bestimmen.

BV 16: Meinungs- und Informationsfreiheit

- Die Meinungs- und Informationsfreiheit steht allen Personen zu: natürlichen und juristischen, ausländischen und schweizerischen, minderjährigen und volljährigen usw.
- Der Schutzbereich umfasst die Gesamtheit der «Produkte» oder Mitteilungen menschlichen Denkens, seien es Gefühle, Überlegungen, Meinungen, Beobachtungen von Tatsachen, Informationen oder kommerzielle Werbung.
- Geschützt sind alle Mittel, die sich zur Kommunikation eignen: das Wort, die Schrift, die künstlerische Form, Kassetten, Filme, Transparente, Lautsprecher, Ansteckknöpfe, Fahnen, sowie Radio und Fernsehen.
- Die Informationsfreiheit umfasst das Recht, sich frei aus allgemein zugänglichen Quellen zu informieren und Informationen zu verbreiten. Sie umfasst nicht nur die Verbreitung, sondern auch das Recht, Mitteilungen zu empfangen.

Einschränkungen

- Für Nichtniedergelassene gibt es in Bezug auf politische Reden Beschränkungen der Meinungsäusserungsfreiheit.
- Die Grenzen zeigen sich vor allem im Persönlichkeitsschutz. Es wird bestraft, wer gegen folgende Artikel im Strafgesetzbuch verstösst:

Beschimpfung (StGB 177)
Ehrverletzung und üble Nachrede (StGB 173) (Üble Nachrede: Man schädigt jemandem den Ruf bewusst und ohne zwingende Veranlassung durch «wahre» negative Äusserungen, insbesondere hinsichtlich des Privat- und Familienlebens.)
Verleumdung (StGB 174) (Man schädigt jemandem den Ruf bewusst und wider besseres Wissen eventuell sogar planmässig durch «unwahre» negative Äusserungen, insbesondere zur Ehrenhaftigkeit.)
Rassendiskriminierung (StGB 261bis) (Man darf u.a. nicht öffentlich gegen eine Person oder eine Gruppe von Personen wegen ihrer Rasse, Ethnie oder Religion zu Hass oder Diskriminierung aufrufen.)

Personen aber, die in irgendeiner Weise im öffentlichen Leben stehen, geniessen einen geringeren Persönlichkeitsschutz (Cabaret, Zeitschriften usw.).

Weitere Einschränkungen sind:

- Veröffentlichung militärischer Geheimnisse
- Treue- und Schweigepflicht der Beamtinnen und Beamten, der Arbeitnehmerinnen und Arbeitnehmer, der Ärztinnen und Ärzte usw.
- Bank-, Post- und Fernmeldegeheimnis
- Notstandsrecht: Im Interesse der Staatssicherheit und der Neutralität kann der Bundesrat in Krisen- und Kriegszeiten die Pressezensur verhängen.

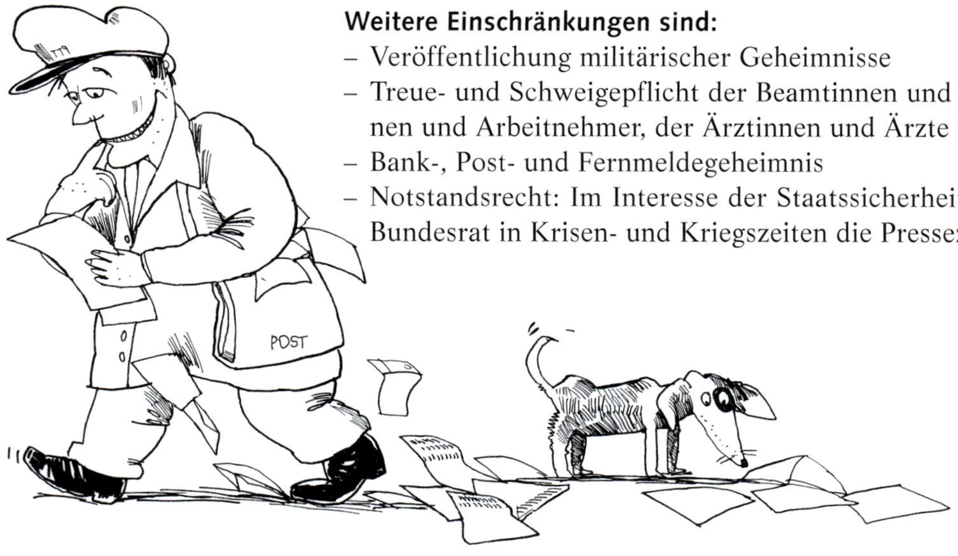

BV 17: Medienfreiheit

- Die Medienfreiheit umfasst die Pressefreiheit, die Radio- und Fernsehfreiheit und andere Formen der öffentlichen und fernmeldetechnischen Verbreitung von Darbietungen und Informationen (z.B. das Internet) sowie das Redaktionsgeheimnis.
- Das Verbot der Zensur gilt für alle Kommunikationsformen der Meinungsäusserung.
- Die Garantie des Redaktionsgeheimnisses erlaubt es, die journalistischen Quellen zu schützen. Die Justizorgane dürfen keinen Zugriff auf die internen Bereiche der Medien und ihrer Redaktionen haben. Dieser Grundsatz verlangt, dass Redaktorinnen und Redaktoren sowie Journalistinnen und Journalisten ein Zeugnisverweigerungsrecht eingeräumt wird. Ohne diesen Schutz könnten die Informantinnen und Informanten davon abgehalten werden, den Medien zu helfen, sodass diese über geringere Möglichkeiten verfügen würden, genaue und zuverlässige Informationen zu liefern.

Einschränkungen
Die Schranken der Medienfreiheit finden sich beim Schutz der Privatsphäre (BV 13). Der Schutz des Privat- und Familienlebens, der Wohnung, des Briefes, des Post- und des Fernmeldeverkehrs, aber auch der Schutz von Daten müssen beachtet werden.

BV 18: Sprachenfreiheit

Die Sprachenfreiheit garantiert den Gebrauch der Muttersprache. Darunter fallen sowohl die gesprochene als auch die geschriebene Sprache und die Dialekte. Ferner schliesst der Begriff nicht nur die erste während der Kindheit erlernte Sprache ein, sondern jede weitere Sprache, die jemand beherrscht.

Einschränkungen
- Im Umgang mit den Bundesbehörden gelten Deutsch, Französisch, Italienisch und im Kanton Graubünden Rätoromanisch als Amtssprachen.
- Für ein bestimmtes Gebiet kann eine Amtssprache festgelegt werden.

BV 19: Anspruch auf Grundschulunterricht

Jeder Mensch hat das Anrecht, dass er den Grundschulunterricht besuchen kann. Nur so ist es dem Menschen möglich, sich die notwendige Bildung anzueignen, um sich im Leben zurechtzufinden.
Aus dem Besuch des Grundschulunterrichts dürfen keine Kosten erwachsen.

Einschränkung
Gleichzeitig nennt BV 62 die Pflicht, dass der Grundschulunterricht besucht werden muss (siehe S. 138).

BV 20: Wissenschaftsfreiheit

- Die Freiheit der wissenschaftlichen Lehre gibt dem Lehrkörper an den öffentlichen Hochschulen grosse Handlungsfreiheit in Bezug auf die Unterrichtsmethoden und die Stoffauswahl.
- Forschungsfreiheit schützt die intellektuelle und methodische Unabhängigkeit der Forschenden vor staatlichen Eingriffen.

Einschränkungen
- Die Freiheit der wissenschaftlichen Lehre ist insbesondere eingeschränkt durch Lehrpläne, Prüfungsreglemente, die verfügbare Infrastruktur, die Aufnahmekapazitäten der Hochschule und das Pflichtenheft der Lehrperson.
- Die Forschungsfreiheit kann zudem eingeschränkt werden durch das Strafrecht (z.B. lebensgefährliche Versuche an geistig Behinderten) und wenn sie im Konflikt steht mit anderen Grundrechten wie der Menschenwürde (z.B. Klonen von Menschen), der persönlichen Freiheit (z.B. unnötige medizinische Eingriffe) oder dem Persönlichkeitsschutz (z.B. Weitergabe medizinischer Daten).

BV 21: Kunstfreiheit

Die Kunstfreiheit schützt einerseits das Schaffen von Kunst und anderseits die Präsentation von Kunst sowie das Kunstwerk. Sie schützt nicht nur die Kunstschaffenden, sondern auch diejenigen, die Kunst vermitteln, also Galeriebesitzer, Künstleragenten, Buchverleger oder Kinobesitzer.

Die Kunstfreiheit hat vor allem Schutzfunktion gegenüber staatlichen Eingriffen in den Bereich des Kunstschaffens.

Einschränkungen
- Die Kunstfreiheit gibt keinen individuellen Anspruch auf staatliche Leistungen (nur Duldungsanspruch), sondern ist eine Garantie gegen Zensur.
- Die Kunst darf die Menschenwürde nicht verletzen (z.B. keine rassistischen oder verrohenden Darstellungen). In diesen Fällen ist die Filmzensur gestattet.

BV 22: Versammlungsfreiheit

(verfolgt einen beschränkten Zweck und ist häufig ohne Rechtsform)

- Unter einer Versammlung wird jedes Zusammenkommen mehrerer Menschen während einer bestimmten Zeit und mit dem Zweck, ein gemeinsames Ziel zu verfolgen, verstanden (z.B. für eine Sache demonstrieren).
- Die Versammlungsfreiheit ist die Voraussetzung zur Ausübung der politischen Rechte (siehe auch BV 34). Sie ermöglicht den Meinungsaustausch und die Willensbildung.
- Jede Person hat das Recht,
    - eine Versammlung einzuberufen und diese nach eigenem Gutdünken zu gestalten,
    - sich mit anderen zu versammeln, um ein gemeinsames Ziel zu verfolgen oder zu erreichen, Meinungen auszutauschen und diese der Öffentlichkeit kundzutun.
- Die Versammlungsfreiheit schützt nicht nur politische, sondern auch freundschaftliche, wissenschaftliche, künstlerische, sportliche oder unterhaltende Zusammenkünfte.
- Auch Demonstrationen werden vom Schutzbereich der Meinungs- und Informationsfreiheit sowie der Versammlungsfreiheit erfasst.

Landsgemeinde Glarus

Einschränkungen
- Die Versammlungsfreiheit kann nur für friedliche Versammlungen und Demonstrationen angerufen werden.
- Versammlungen auf öffentlichem Grund können für bewilligungspflichtig erklärt werden (damit z.B. verschiedene Versammlungen einander nicht stören).

BV 23: Vereinigungsfreiheit

(ehemals Vereinsfreiheit; verfolgt eine längerfristige Zielsetzung und die Aktivitäten sind vielfältig)

- Die Vereinigungsfreiheit umfasst das Recht,
  - Vereine zu bilden oder sie aufzulösen,
  - Vereinen beizutreten, anzugehören und sich an den Vereinsaktivitäten zu beteiligen.
- Anderseits schliesst sie auch das Recht ein, einem Verein nicht beitreten zu müssen oder ihn verlassen zu können.
- Der Geltungsbereich beschränkt sich auf natürliche Personen, gilt aber auch für Ausländerinnen und Ausländer.

Einschränkungen
- StGB 275ter verbietet die Gründung oder die Zugehörigkeit zu einer rechtswidrigen Vereinigung.
- Die Vereinigungsfreiheit kann nicht für den Schutz krimineller Taten beansprucht werden.

BV 26: Eigentumsgarantie

- Das Privateigentum ist geschützt.
- Die Eigentumsgarantie schützt unter anderen auch den Besitz an einer Sache sowie die Rechte des geistigen Eigentums.

Einschränkung
Der Staat kann, sofern ein überwiegendes öffentliches Interesse besteht, Enteignungen vornehmen, muss aber eine Entschädigung oder gleichwertigen Ersatz leisten. Beispiele: Enteignungen beim Bau der Nationalstrassen und bei der Realisierung der Bahn 2000.

BV 27: Wirtschaftsfreiheit

(ehemals Handels- und Gewerbefreiheit)

- Unter die Wirtschaftsfreiheit fällt:
  - die freie Wahl des Berufes,
  - die freie Wahl des Arbeitsplatzes sowie
  - die freie Ausübung des Berufes.
- Im Kern garantiert die Wirtschaftsfreiheit
  - die Handels- und Gewerbefreiheit,
  - die Freiheit der privatwirtschaftlichen Erwerbstätigkeit (die unternehmerische Freiheit) sowie
  - die Vertragsfreiheit.
- Darüber hinaus spricht sich die BV für eine grundsätzlich staatsfreie Wirtschaftsordnung aus, die auf dem Gedanken der Privatautonomie beruht und sich an marktwirtschaftlichen Prinzipien orientiert:
  - für ein System des freien Wettbewerbs,
  - für die Wettbewerbsneutralität staatlichen Handelns (z.B. darf der Staat Grossaufträge nicht systematisch der gleichen Firma erteilen.),
  - für den Grundsatz der Einheit des schweizerischen Wirtschaftsraumes (z.B. Verbot der Binnenzölle).

Dem Staat ist es untersagt, Massnahmen zu treffen, die den freien Wettbewerb behindern, um gewisse Gewerbezweige zu sichern oder zu begünstigen bzw. um das Wirtschaftsleben nach einem festen Plan zu lenken.

Einschränkungen

- Als Einschränkungen gelten alle Massnahmen, die getroffen werden:
  - zum Schutz des Lebens und der Gesundheit,
  - zum Schutz sogenannter Polizeigüter (besonders öffentliche Sittlichkeit, Treu und Glauben im Geschäftsverkehr),
  - zur Raumplanung, zur Energiepolitik und zur Umweltpolitik,
  - zur Verhinderung des unlauteren Wettbewerbs.
- Erst wenn Ausländerinnen und Ausländer die Niederlassungsbewilligung erhalten haben, steht ihnen die Wirtschaftsfreiheit ebenfalls zu.
- Weitere Einschränkungen der Wirtschaftsfreiheit sind:

Monopole	Alleinrechte des Bundes (z.B. Zoll, Münzen und Banknoten)
Regale	Alleinrechte der Kantone (z.B. Jagd und Fischerei)
Konzessionen	Genehmigungen durch den Bund (z.B. Radio und Fernsehen, Bahnen)
Patente	Ermächtigungen, verliehen durch die Kantone (an Lehrerinnen und Lehrer, Ärztinnen und Ärzte usw.

BV 28: Koalitionsfreiheit

- Die Koalitionsfreiheit garantiert den Arbeitnehmerinnen und Arbeitnehmern sowie den Arbeitgeberinnen und Arbeitgebern das Recht, sich zusammenzuschliessen, Vereinigungen zu bilden (Gewerkschaften, Arbeitgeberverbände usw.) und ihre Aktivitäten frei auszuüben, um ihre Interessen zu schützen und ihre Arbeitsbedingungen zu wahren.
- Jedem Individuum ist es gestattet, einer solchen Vereinigung beizutreten, ihr fernzubleiben oder aus ihr auszutreten (vergleiche auch BV 23: Vereinigungsfreiheit).
- Die Koalitionsfreiheit lässt auch arbeitsrechtliche Kampfmassnahmen zu, nämlich den Streik der Arbeitnehmerinnen und Arbeitnehmer sowie die Aussperrung der Arbeitnehmerschaft durch die Arbeitgeberinnen und Arbeitgeber.
  Diese kollektiven Kampfmassnahmen sind nur als allerletztes Mittel zulässig, d.h. vorgängig müssen die Konfliktparteien eine Lösung auf dem Weg der Verhandlung oder Vermittlung suchen.

Einschränkungen

- Obwohl nach Absatz 3 «Streik und Aussperrung zulässig» sind und im Kapitel der Grundrechte erscheinen, garantieren sie kein einklagbares Recht.
- Ein Streik ist nur unter 4 Bedingungen zulässig:
  - Der Streik muss von einer Arbeitnehmerorganisation (z.B. dem Schweizerischen Gewerkschaftsbund, SGB) getragen sein. «Wilde» Streiks geniessen keinen Rechtsschutz.
  - Der Streik muss sich auf das Arbeitsverhältnis beziehen. Somit ist ein «politischer» Streik, womit Druck auf die Behörden und nicht auf die Arbeitgeberschaft ausgeübt wird, nicht zulässig.
  - Der Streik darf eine Pflicht zur Wahrung des Arbeitsfriedens nicht verletzen. Das heisst, wenn es sich um Gegenstände handelt, die im Gesamtarbeitsvertrag (GAV) geregelt sind, muss auf jede Kampfmassnahme verzichtet werden.
  - Der Streik muss verhältnismässig sein. Während der ersten 45 Tage eines Einigungs- oder Schiedsverfahrens ist jede Kampfmassnahme zum Schutz des sozialen Friedens verboten.
- Das Recht auf Aussperrung ist grundsätzlich nur als Reaktion auf einen schon laufenden Streik zulässig.
- Der Gesetzgeber kann bestimmten Kategorien von Personen (z.B. den Beamtinnen und Beamten) den Streik verbieten, um den öffentlichen Dienst in einem gewissen Mindestmass sicherzustellen. Gemäss Bundesgericht darf ein Streik wichtige Bereiche des öffentlichen Dienstes nicht lahmlegen (z.B. die Aufrechterhaltung der öffentlichen Ordnung, Vermögensschutz, Feuerbekämpfung oder die Pflege von Kranken in Spitälern).

BV 29: Allgemeine Verfahrensgarantien

Artikel 29 gewährt allgemeine Verfahrensrechte, die in Gerichts- und Verwaltungsverfahren zur Anwendung kommen.

Rechtsweggarantie
Die Bürgerinnen und Bürger haben das Recht, in praktisch allen Rechtsstreitigkeiten an ein unabhängiges Gericht zu gelangen.

- Verboten sind:
    - die Rechtsverweigerung
      (Die zuständige Gerichts- oder Verwaltungsbehörde bleibt gänzlich untätig.)
    - die Rechtsverzögerung
      (Entscheide werden z.B. nicht innert angemessener Frist getroffen.)
    - der überspitzte Formalismus
      (Der rechtsuchenden Person wird durch übertriebene formelle Anforderungen der Rechtsweg erschwert oder versperrt.)
- Jedermann hat Anspruch auf rechtliches Gehör (Recht auf vorgängige Orientierung, auf Akteneinsicht sowie auf Anhörung, Prüfung und Begründung des Entscheids).
- Jedermann hat Anspruch auf unentgeltliche Rechtspflege (oder auf den unentgeltlichen Beistand eines Dolmetschers).
- Eine beschuldigte Person kann sich jederzeit verteidigen lassen. In besonderen Fällen ist eine Verteidigung sogar obligatorisch, z.B. ab 10 Tagen ununterbrochener Untersuchungshaft oder wenn eine Freiheitsstrafe von mehr als einem Jahr droht. In diesen Fällen sorgt der Staat dafür, dass die beschuldigte Person rechtzeitig eine Verteidigung erhält. Dies selbst dann, wenn die beschuldigte Person darauf verzichtet und sich selber verteidigen will.

Einschränkungen
- Anspruch auf unentgeltliche Rechtspflege haben nur bedürftige Personen.
- Deren Verfahren darf nicht zum Vornherein aussichtslos sein.
- Ein Verfahren muss geradezu nötig sein, damit der Rechtsanspruch durchgesetzt werden kann.

BV 30: Gerichtliche Verfahren

- Die Rechtsfindung beim Gerichtsverfahren soll durch Gerichte erfolgen, welche gemäss Gesetz dafür zuständig sind.
- Dabei soll garantiert sein, dass die Richterinnen und Richter unabhängig und unparteiisch sind.
- Gerichte, die nur für einen bestimmten Fall zusammengestellt werden und im Gesetz nicht vorgesehen sind, nennt man Ausnahmegerichte. Sie sind verboten.
- Bestimmt das Gesetz im Zivilfall keinen anderen Gerichtsstand, so gilt der Wohnsitz der beklagten Person als Gerichtsstand.
- Grundsätzlich sind Gerichtsverhandlung und Urteilsverkündung öffentlich.

Einschränkungen
- Die Beratung zur Urteilsfindung durch das Gericht ist nicht öffentlich.
- Zum Schutz privater Interessen (Beispiel: Opfer einer Vergewaltigung) oder zum Schutz öffentlicher Interessen (Beispiel: Verrat militärischer oder wirtschaftlicher Geheimnisse) kann die Gerichtsverhandlung und die Urteilsverkündung geheim erfolgen.
- Vertragsparteien vereinbaren in ihrem Vertrag einen anderen Gerichtsstand (Gerichtsort) als der vom Gesetz vorgesehene.

BV 31: Freiheitsentzug (siehe auch S. 88 ff.)

In diesem Artikel geht es letztlich um die Konkretisierung
- des Anspruchs auf rechtliches Gehör (siehe BV 7 Menschenwürde) sowie
- des Grundrechts der persönlichen Freiheit (BV 10).

Voraussetzungen

- Ein Freiheitsentzug ist nur in den vom Gesetz vorgesehenen Fällen zulässig. Die Polizei kann eine Person vorläufig festnehmen, wenn diese bei der Begehung eines Verbrechens oder Vergehens auf frischer Tat ertappt wird oder wenn die Person zur Verhaftung ausgeschrieben ist.
- Kann polizeiliche Hilfe nicht rechtzeitig herbeigerufen werden, dürfen Private eine Person vorläufig festnehmen, wenn sie diese auf frischer Tat ertappen oder die Öffentlichkeit zur Mithilfe bei deren Fahndung aufgefordert worden ist. In diesem Fall muss die festgenommene Person so rasch als möglich der Polizei übergeben werden.
- Die Polizei muss eine festgenommene Person nach spätestens 24 Stunden entlassen oder sie der Staatsanwaltschaft zuführen. Diese kann innert 48 Stunden seit der Festnahme beim Zwangsmassnahmengericht die Anordnung der Untersuchungshaft beantragen.
- Das Zwangsmassnahmengericht wird die Untersuchungshaft anordnen, wenn
  - Fluchtgefahr,
  - Verdunkelungsgefahr oder
  - Wiederholungsgefahr besteht.
- Die beschuldigte Person kann bei der Staatsanwaltschaft jederzeit ein Haftentlassungsgesuch stellen. Lehnt die Staatsanwaltschaft das Gesuch ab, entscheidet das Zwangsmassnahmengericht über das Gesuch.
- Wurde die Haftdauer durch das Zwangsmassnahmengericht nicht beschränkt, muss die Staatsanwaltschaft vor Ablauf von drei Monaten Haft ein Haftverlängerungsgesuch stellen. Die Verlängerung der Untersuchungshaft wird durch das Zwangsmassnahmengericht jeweils für längstens 3 Monate (in Ausnahmefällen 6 Monate) bewilligt.
- Die Untersuchungshaft endet mit der Entlassung der beschuldigten Person während der Untersuchung, mit dem Eingang der Anklage beim erstinstanzlichen Gericht oder dem vorzeitigen Antritt einer freiheitsentziehenden Sanktion.

BV 32: Strafverfahren (siehe auch S. 86)

- **Grundsatz der Unschuldsvermutung**
  Bis zum Nachweis ihrer Schuld gilt die beschuldigte Person als unschuldig.
- **Beweislast**
  Es ist Sache der Strafverfolgungsbehörde, die Schuld nachzuweisen (Die Beweislast liegt bei der Staatsanwaltschaft).
- **In dubio pro reo**
  Hat eine Richterin oder ein Richter «nicht zu unterdrückende Zweifel an der Täterschaft der beschuldigten Person» (z.B. Lücke in der Indizienkette), muss die beschuldigte Person freigesprochen werden.
- **Anspruch auf faires Verfahren**
  Es ist verboten:
  - Äusserungen zu machen, die auf eine Vorverurteilung der beschuldigten Person hinauslaufen
  - Äusserungen zu machen, die Zweifel an der Unschuld einer freigesprochenen Person aufkommen lassen.
- **Recht auf Verteidigung**
  Der beschuldigten Person muss ausreichend Zeit und Gelegenheit zur Vorbereitung der Verteidigung eingeräumt werden. Sie hat zudem das Recht, sich selbst zu verteidigen, einen Wahlverteidiger zu bestellen oder gegebenenfalls einen amtlichen Verteidiger zu erhalten. An die Belastungszeugen darf sie Fragen stellen oder Fragen stellen lassen. Sofern notwendig ist der beschuldigten Person unentgeltlich ein Dolmetscher zur Verfügung zu stellen.
- **Recht auf einen Instanzenweg**
  Jede strafrechtlich verurteilte Person hat das Recht, das Urteil durch eine höhere Instanz überprüfen zu lassen.

Einschränkung
Urteile, welche erstinstanzlich vom Bundesgericht gefällt wurden (z.B. Magistratendelikte), können an kein höheres Gericht weitergezogen werden.

BV 33: Petitionsrecht

Jedermann hat das Recht, jederzeit den kommunalen, kantonalen oder eidgenössischen Behörden Bittschriften, Gesuche, Vorschläge, Kritiken oder Beschwerden einzureichen, ohne deswegen Unannehmlichkeiten oder rechtliche Nachteile irgendwelcher Art (etwa die Verschärfung der Haftbedingungen eines inhaftierten Petitionärs) befürchten zu müssen.

Einschränkung
Grundsätzlich wäre die Behörde nur verpflichtet, von der Petition Kenntnis zu nehmen und sie entgegenzunehmen. Die Praxis der Behörden geht in der Regel aber über die Verpflichtung der blossen Kenntnisnahme hinaus.
So sehen die politischen Behörden des Bundes vor, dass an die Bundesversammlung, den Bundesrat oder die Bundesverwaltung gerichtete Petitionen zu beantworten sind.

Im Kanton Zürich z.B. sind die Behörden verpflichtet, Petitionen zu prüfen und innert 6 Monaten dazu Stellung zu nehmen.

Die Sozialziele (BV 41)

Sozialziele: *Durch die Nennung dieser Ziele will der Staat seine soziale Verantwortung gegenüber dem Individuum betonen.*
Die Ziele sind aber für den Staat rein unverbindliche Absichtserklärungen, den Benachteiligten in diesem Staat zu helfen bzw. Benachteiligungen gar nicht erst entstehen zu lassen.

Staatsziele

Staatliche Ziele zeichnen sich durch drei Besonderheiten aus:
- Ein Staatsziel schafft keine neuen Bundeskompetenzen.
- Ein Staatsziel verschafft dem Einzelnen keine einklagbaren verfassungsmässigen Ansprüche.
- Ein Staatsziel bildet keine Grundlage für Abweichungen vom Grundsatz der Wirtschaftsfreiheit.

Sozialer Bundesstaat

- In BV 41 bekennt sich die Schweiz zum sozialen Bundesstaat. Es soll damit die wichtige soziale Dimension unseres Gemeinwesens hervorgehoben werden.
- BV 41 setzt dem Bund und den Kantonen die Verwirklichung bestimmter sozialpolitischer Anliegen zum Ziel, ohne sich allerdings konkret zur Frage zu äussern, welcher Weg dazu eingeschlagen werden soll oder welche Mittel einzusetzen sind. Es bleibt der Gesetzgebung überlassen, die in der aktuellen Situation richtig scheinenden sozial- oder finanzpolitischen Prioritäten zu setzen.
- Bund und Kantone übernehmen sozialpolitische Verantwortung, nicht aber eine eigentliche Erfolgsgarantie.
- Es werden 7 grundlegende Bereiche heutiger Sozialpolitik aufgeführt: soziale Sicherheit, Gesundheit, Familie, Arbeit, Wohnung, Bildung, Kinder und Jugendliche.

BV 41^{3+4} relativiert, was in BV 41^{1+2} aufgeführt worden ist. Der Staat kann nur zahlen, soweit er über die notwendigen finanziellen Mittel verfügt.

Zudem können keine unmittelbaren Ansprüche auf staatliche Leistungen erhoben werden.

Daher kann man sagen, dass die Sozialziele gut gemeinte Wünsche darstellen, da sie keine durchsetzbaren Rechte einräumen, sondern eben bloss Ziele sind.

Pflichten

Pflicht: *In der Verfassung verankerte Einschränkung der persönlichen Freiheit.*

Damit wir Menschen miteinander zusammenleben können, braucht es Regeln. Die Bundesverfassung hält einerseits fest, welche Freiheiten und Rechte die Menschen in diesem Staat für sich in Anspruch nehmen können. Wer Rechte hat, muss anderseits aber auch bereit sein, ein gewisses Mass an Pflichten zu übernehmen.
Wir haben in der Schweiz wesentlich mehr Freiheiten und Rechte als Pflichten.

Grundsatz: Kein Recht dispensiert von der Erfüllung der Pflichten.

BV 59: Militärdienst oder ziviler Ersatzdienst

- Schweizer Männer sind verpflichtet, Militärdienst oder einen zivilen Ersatzdienst zu leisten, der anderthalbmal so lange dauert wie der Militärdienst.
- Nicht geleisteter Militärdienst oder nicht geleisteter ziviler Ersatzdienst löst die Pflicht zur Zahlung von Militärpflichtersatz aus.

BV 61: Dienst im Zivilschutz

- Wer aus gesundheitlichen oder anderen Gründen keinen Militärdienst absolvieren kann, ist verpflichtet, Dienst im Zivilschutz zu leisten.
- Frauen können freiwillig Militärdienst oder Dienst im Zivilschutz leisten.
- Wer Militärdienst, zivilen Ersatzdienst oder im Zivilschutz Dienst leistet, hat Anspruch auf Erwerbsausfallsentschädigung (EO).

BV 62: Grundschulpflicht

- Mit dem Grundschulobligatorium wird sichergestellt, dass jedes Kind in den Genuss einer Grundschulbildung kommt.
- Die Schulen fallen grundsätzlich in die alleinige Kompetenz der Kantone (kantonale Schulhoheit).
- Der Grundschulunterricht muss unter staatlicher Leitung und Aufsicht stehen.
- An öffentlichen Schulen ist der Schulbesuch für alle Einwohnerinnen und Einwohner unentgeltlich, unabhängig von der Staatszugehörigkeit.
- Der Schuljahresbeginn für die obligatorische Schulpflicht ist verbindlich auf den Herbst festgelegt.

BV 128: Steuerpflicht

Dem Recht des Staates, Steuern zu erheben, entspricht automatisch die Pflicht seiner Bürger, Steuern zu bezahlen. Jedermann, der ein Einkommen erzielt oder Vermögen hat, soll die Lasten der Öffentlichkeit tragen helfen.

NICE TO KNOW

«Unechte» Pflichten

Amtspflicht:
Gewisse Kantonsverfassungen bestimmen, dass eine vom Volk in ein öffentliches Amt gewählte Person verpflichtet ist, mindestens eine Amtsperiode zu absolvieren.

Gehorsamspflicht:
Jedermann hat die Pflicht, Gesetze und Vorschriften einzuhalten, und soll alles unterlassen, was der Öffentlichkeit schaden könnte.

Treuepflicht:
Jedermann hat in der Ausübung seiner Rechte und in der Erfüllung seiner Pflichten nach Treu und Glauben (nach bestem Wissen und Gewissen, ehrlich) zu handeln.

5. Sicherheitspolitik der Schweiz

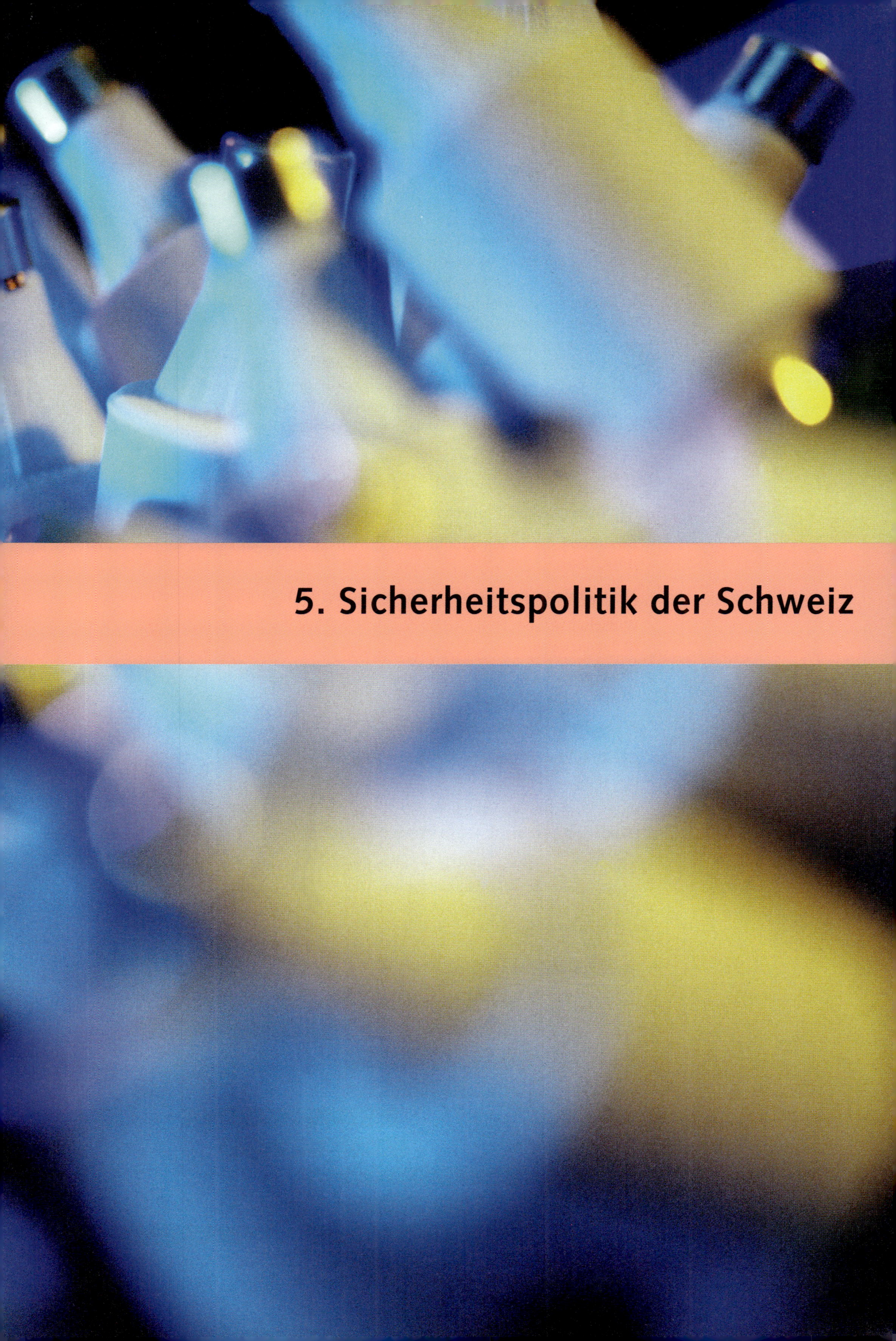

Ausgangslage

Bedeutung der Schweiz

Es gibt weltweit 194 von der UNO anerkannte Staaten. Die Schweiz ist international gesehen flächenmässig ein Kleinstaat (Rang 132). Die Bevölkerungszahl bewegt sich mit Rang 94 im Mittelfeld.
Dennoch ist die Bedeutung der Schweiz weit grösser, als ihr Territorium und ihre Bevölkerungszahl vermuten lassen. Stand 2014: Die Schweiz

- liegt beim Bruttoinlandprodukt pro Kopf der Bevölkerung an 4. Stelle (beim BIP in absoluten Zahlen ist es der 20. Rang).
- verfügt über einen der wichtigsten Finanzplätze der Welt.
- befindet sich bei der Wettbewerbsfähigkeit hinter den USA an 2. Stelle.
- belegt Rang 14 bei den Direktinvestitionen, die ein Staat im Ausland tätigt.
- bewegt sich sowohl bei den Importen wie den Exporten auf Rang 23.

Innere Gefahrenquellen

- **Naturkatastrophen:** Erdbeben, Überschwemmungen, Lawinen, Trockenheit, Hitze
- **Zerstörung der Lebensgrundlagen:** Ozonloch, Treibhauseffekt, Luftverschmutzung, Lärm
- **Zivilisatorische Katastrophen:** Chemieunfälle, KKW-Störfälle, Talsperrenbrüche
- **Wirtschaftskrisen:** Hohe Arbeitslosigkeit, Verlust der Konkurrenzfähigkeit, Krise im Finanzwesen
- **Versorgungskrise:** Verknappung der Energie, Unterversorgung mit Nahrungsmitteln, Verknappung kritischer Rohstoffe
- **Krisen im politischen und sozialen System:** Überalterung
- **Gefährdung der inneren Sicherheit:** Extremismus, Sabotage, Terrorismus, Erpressung, organisiertes Verbrechen, Spionage

Bedrohungen und Gefahren von aussen

Die Schweiz sieht sich (wie auch die anderen Staaten der Erde) einer Vielzahl von Bedrohungen und Gefahren gegenüber. Diese sind nicht alle gleich gefährlich und nicht alle gleich wahrscheinlich. Sie verlangen daher auch unterschiedliche Reaktionszeiten und einen unterschiedlichen Mittelaufwand.

Sicherheit durch Kooperation (Überblick)

Ziele

- Die Schweiz will über ihre eigenen Angelegenheiten, im Innern wie nach aussen, frei entscheiden.
- Die Schweiz will ihre Bevölkerung und deren Lebensgrundlagen vor existenziellen Gefahren bewahren und schützen.
- Die Schweiz will zur Stabilität und zum Frieden jenseits ihrer Grenzen und zum Aufbau einer internationalen Wertegemeinschaft beitragen.

Strategie

Die Strategie der Sicherheit durch Kooperation bezieht sich auf zwei Ebenen:
- auf die Kooperation zwischen den sicherheitspolitischen Instrumenten der Schweiz, vor allem für Einsätze im Inland,
- auf die sicherheitspolitische Kooperation der Schweiz mit dem Ausland.

Aufgaben

Aus den Zielen und aus der Strategie ergeben sich drei Aufgaben:

Friedensförderung und Krisenbewältigung
Die Schweiz zieht einen unmittelbaren Nutzen aus einem stabilen Umfeld. Sie hat deshalb grosses Interesse, zur Friedensförderung und zur Krisenbewältigung beizutragen. Kriterien für das Engagement der Schweiz sind die Landesinteressen und die demokratische und humanitäre Ausrichtung solcher Aktionen.

Prävention und Bewältigung existenzieller Gefahren
Die Vorbeugung und Bewältigung existenzieller Gefahren umfasst namentlich: Hilfeleistungen im In- und im Ausland bei natur- oder zivilisationsbedingten Katastrophen, Schutz von Personen und wichtigen Objekten (z.B. Energieanlagen, Kommunikationseinrichtungen) und die Bekämpfung von organisierter Kriminalität und von Terrorismus.

Verteidigung
Die Schweiz muss ihre Bevölkerung, ihr Territorium und ihren Luftraum bei Androhung und Anwendung von Gewalt jederzeit verteidigen können.

Instrumente

Für die Bewältigung der sicherheitspolitischen Aufgaben stehen der Schweiz folgende Instrumente zur Verfügung:
1. Aussenpolitik
2. Armee
3. Bevölkerungsschutz
4. Wirtschaftspolitik
5. Wirtschaftliche Landesversorgung
6. Staatsschutz und Polizei
7. Information und Kommunikation

(Quelle: Sicherheit durch Kooperation. Eine Informationsbroschüre zum sicherheitspolitischen Bericht 2000 des Bundesrates an die Bundesversammlung.)

Neutralität

Neutralität: *Ein Staat verhält sich neutral, wenn er in einem Krieg zwischen Staaten nicht Partei ergreift. Die Neutralität der Schweiz ist selbst gewählt, dauernd und bewaffnet.*

Die Elemente der Neutralität

Das Neutralitätsrecht +

Das Neutralitätsrecht setzt dem Engagement der Neutralen den rechtlichen Rahmen. Verpflichtend sind die Haager Abkommen von 1907.
Als wichtigste Pflicht schreibt das Abkommen die Nichtteilnahme an Kriegen zwischen anderen Staaten vor.

Die internationale Lage +

Die internationale Lage bestimmt den Handlungsspielraum der Neutralitätspolitik wesentlich mit. Die Neutralität muss lagegerecht gelebt werden. Nur so wird sie verstanden und respektiert.

Tradition und Geschichte =

Tradition und Geschichte sind prägende Elemente für die Politik. Die Neutralität wurde im Verlauf der Geschichte für die Schweizer Behörden zu einer aussenpolitischen Maxime. Diese wurde flexibel angepasst und den Interessen des Landes entsprechend angewandt. Aus traditioneller Sicht diente die Neutralität der Schweiz stets auch dazu, den inneren Zusammenhalt des Landes zu sichern.

Die Neutralitätspolitik

Das Neutralitätsrecht, Erwägungen zur internationalen Lage sowie geschichtliche und traditionelle Überlegungen werden in Entscheide umgesetzt. Die Entscheide prägen die Neutralitätspolitik. Sie ist also das Resultat oder die Konsequenz einer eingehenden Lagebeurteilung.

Neutralitätsrechtliche Bestimmungen

Neutralitätsrechtlich nicht zulässige Handlungen:

- Der Neutrale darf nicht an einem bewaffneten Konflikt zwischen Staaten teilnehmen, wenn er nicht selber militärisch angegriffen wird.
- Der Neutrale darf keine Kriegspartei militärisch unterstützen.
- In Friedenszeiten darf der Neutrale keine Truppenstützpunkte auf seinem Territorium zulassen und keine Beistandsverpflichtung für den Kriegsfall eingehen, z.B. durch den Beitritt zur NATO.

Neutralitätsrechtlich zulässig sind:

- Teilnahme an friedensunterstützenden Massnahmen und Gewährung von Transitrechten für friedensunterstützende Einsätze, die unter einem Mandat des UNO-Sicherheitsrates oder der OSZE oder mit Zustimmung der Konfliktparteien erfolgen.
- Mitgliedschaft in der UNO, in der OSZE, im Europarat, in der EU (Kapitel 7)
- Teilnahme an der «Partnerschaft für den Frieden» (siehe S. 194)
- Zusammenarbeit mit anderen Staaten in der militärischen Ausbildung, in der Rüstungsbeschaffung und in der Friedensunterstützung

→ www.verlag-fuchs.ch/staat

Die Neutralitätspolitik der Schweiz

Flexible Neutralitätspolitik

Wie die Schweiz ihre Neutralität im Einzelfall handhabt, ist eine politische Frage und wird im konkreten Fall vom Bundesrat entschieden.
Die schweizerische Neutralitätspolitik unterlag im Verlaufe der Geschichte denn auch grossen Schwankungen.

1919
Bewaffnete Eskorten der Schweizer Armee beschützen Warentransporte durch Osteuropa.

1920
Die Schweiz tritt dem Völkerbund bei und beteiligt sich an Wirtschaftssanktionen.

1928
Die erfolglosen Völkerbundssanktionen gegen Italien veranlassen die Schweiz, wieder auf die umfassende Neutralität zurückzukommen.

1939
Zu Beginn des 2. Weltkrieges bekräftigt der Bundesrat die Neutralität und mobilisiert zur Behauptung der Unabhängigkeit die Armee.

1953
Ab 1953 entsendet die Schweiz Beobachter an die Waffenstillstandslinie in Korea.

1990
Die Schweiz beteiligt sich an Wirtschaftssanktionen gegen den Irak. Damit rückt die Schweiz von der umfassenden Neutralität wieder ab.

1995
Die Schweiz gewährt während des Krieges in Bosnien-Herzegowina der internationalen UNO-Friedenstruppe IFOR/SFOR den Transit von Material und Militärpersonen und entsendet Friedenstruppen nach Bosnien (Gelbmützen).

1999
Beim Krieg um den Kosovo erteilt der Bundesrat der NATO keine Bewilligung für Überflüge von Kampfformationen, da kein UNO-Mandat vorliegt. Die Schweiz leistet vor Ort humanitäre Hilfe. Die Armee beteiligt sich daran mit Lufttransporten.

2003
Beim Krieg gegen den Irak, der ohne UNO-Mandat erfolgt, werden Überflüge für militärische Zwecke nicht bewilligt, wohl aber für humanitäre Zwecke und medizinische Evakuationen. Exporte von Rüstungsmaterial an die Krieg führenden Staaten werden nur so weit bewilligt, als sie nicht einen Beitrag zum laufenden Krieg leisten.

(Quelle: Sicherheit durch Kooperation. Eine Informationsbroschüre zum sicherheitspolitischen Bericht 2000 des Bundesrates an die Bundesversammlung)

Neutralität beibehalten oder aufgeben?

Die Schweiz hat ihre Neutralität selbst gewählt und kann daher aus eigenem Entschluss wieder auf sie verzichten. Da die Neutralität dazu dient, die äussere Sicherheit der Schweiz zu gewährleisten, darf der Entscheid über die Beibehaltung oder die Abschaffung der Neutralität keine Glaubensfrage sein. Man muss sich die Frage stellen: Welche Mittel können uns die äussere Sicherheit am besten gewähren?

NICE TO KNOW

Neutrale und bündnisfreie Staaten in Europa

Schweiz
Neutral seit 1516 bzw. völkerrechtlich anerkannt seit 1815. Grund: Aussenpolitisches Instrument für Kleinstaat; Zusammenhalt des Landes

Irland
Neutral seit 1938. Grund: Distanz zum Nachbarland Grossbritannien

Schweden
Im Jahre 2000 hat Schweden die Neutralität aus der Verfassung gestrichen. Militärisch bleibt das Land aber bündnisfrei.

Österreich
Seit 1955 neutral. 2001 wurde die Neutralität in Bündnisfreiheit umdefiniert.

Finnland
Im Jahre 2001 hat sich Finnland «allianzfrei» erklärt.

Das Internationale Komitee vom Roten Kreuz

Internationales Komitee vom Roten Kreuz (IKRK)

Eine vom Schweizer Henry Dunant 1863 gegründete international tätige humanitäre Organisation zur Linderung von Not in Kriegs- und Friedenszeiten.
Der Sitz ist in Genf.

Abkommen von Genf
Grundlage für die Arbeit des IKRK bilden die vier Genfer Konventionen von 1949 und die Zusatzprotokolle von 1977 und 2005. Diese Abkommen enthalten Bestimmungen über den Schutz und die Hilfe für Opfer von Kriegen und Konflikten. Fast alle Staaten der Welt haben die Abkommen unterschrieben und sich damit verpflichtet, sie zu respektieren.

Aufgaben des IKRK
- Schutz von verwundeten oder kranken Soldaten
- Schutz von Kriegsgefangenen
- Schutz der gesamten Zivilbevölkerung in bewaffneten Konflikten

Mittel zur Durchsetzung dieser Aufgaben
- Kriegs- oder andere Gefangene in Spitälern und Gefängnissen besuchen
- An Ort und Stelle medizinische Hilfe und Nahrungsmittelhilfe anbieten
- Hilfsgüter bereitstellen und weiterleiten
- den «zentralen Suchdienst» im Auftrag von Angehörigen von Gefangenen und Vermissten organisieren
- Den Gedanken des humanitären Völkerrechts verbreiten

Das Schweizerische Rote Kreuz (SRK)

Das Schweizerische Rote Kreuz (SRK) ist eine von 186 nationalen Rotkreuzgesellschaften, die heute vom IKRK anerkannt werden. Im Gegensatz zum IKRK ist das SRK vor allem in der Schweiz aktiv, unter anderem im Gesundheitswesen und in der Flüchtlingshilfe. Im Ausland, heute im Speziellen in Osteuropa und in der Dritten Welt, leistet es Entwicklungshilfe.

- Nur wer im Besitze des Schweizer Bürgerrechts ist, kann ins Komitee des IKRK gewählt werden. Die Delegierten des IKRK können auch aus anderen Nationen als der Schweiz stammen.
- Mit der Schweiz und mit vielen weiteren Staaten hat das IKRK ein sogenanntes Sitzabkommen geschlossen. Dort geniesst das IKRK den Status einer internationalen Organisation. Das bedeutet, dass dem IKRK Unabhängigkeit, Unverletzlichkeit seiner Räume und Archive sowie Immunität vor der jeweiligen Gerichtsbarkeit garantiert sind.

In Ländern, mit denen das IKRK kein derartiges Abkommen hat, muss mit den jeweiligen Regierungen über alle Einzelfragen verhandelt werden. Dazu gehören nebst den Belangen, die direkt mit der Hilfsaktion zu tun haben, auch Visumsfragen, Zollbestimmungen, Steuerfragen und dergleichen.

Das Rote Kreuz
Das Zeichen des Roten Kreuzes, die Farbumkehrung der Schweizer Nationalflagge, ist ein international anerkanntes Symbol. Was mit dem Rotkreuzemblem versehen ist, hat Anspruch auf Schutz. Geschützt werden so:
- Sanitätseinrichtungen und -personal der Streitkräfte
- im Kriegsfall auch Spitäler, Flugzeuge, Lastwagen, Ambulanzen usw.

Das rote Kreuz ist kein christliches Symbol, sondern eine Ehrerbietung an die Schweiz, wo der Rotkreuzgedanke seinen Ursprung hat.

Der Rote Halbmond
Der rote Halbmond entspricht dem roten Kreuz und ist in den Genfer Abkommen von 1949 ausdrücklich erwähnt.
Er wird in islamischen Staaten anstelle des roten Kreuzes verwendet.

Der Iran verwendete bis 1980 einen roten Löwen mit einer roten Sonne. Trotz des Wechsels zum Roten Halbmond behält sich der Iran ausdrücklich das Recht vor, auch weiterhin das frühere Schutzzeichen verwenden zu dürfen.

Der Rote Kristall
In einem Zusatzprotokoll wurde im Jahre 2005 in Genf festgelegt, dass der «Rote Kristall» gleichberechtigt neben den beiden Schutzemblemen «Rotes Kreuz» und «Roter Halbmond» stehen soll.

Der «Rote Kristall» soll jenen Vertragsparteien zur Verfügung stehen (z.B. den Israeli), die keines der bestehenden Schutzzeichen verwenden möchten, weil diese aus ihrer Sicht religiöse Verbindungen aufweisen.

Botschaft – Konsulat

Botschaft

Offizielle Vertretung eines Landes in einem anderen Staat. Botschafterinnen und Botschafter können ihre Aufgaben erst ausüben, nachdem sie das Beglaubigungsschreiben (für die Schweiz vom Bundesrat unterzeichnet) dem entsprechenden Staatsoberhaupt überreicht haben (= Akkreditierung). Eine Botschafterin oder ein Botschafter kann die Schweiz in mehreren Staaten vertreten.

Die Schweiz verfügt über 103 Botschaften und unterhält mit 195 Ländern (darin eingeschlossen sind EU und PLO, mit Vertretung in Bern) diplomatische und mit 1 Land (Salomon-Inseln) nur konsularische Beziehungen. Zudem führt sie ihre Beziehungen zu internationalen Organisationen (wie Europarat, EU, UNO usw.) über 9 Missionen, die von einer Botschafterin oder einem Botschafter geleitet werden (Stand: 1.1.2015).

Aufgaben

- Die aussenpolitischen Ziele des Bundesrates aufgrund der Weisungen der zuständigen Bundesstellen verfolgen
- Bei den zuständigen Bundesstellen über die politischen, wirtschaftlichen und kulturellen Entwicklungen im Gastland Bericht erstatten
- Den Schutz der schweizerischen Interessen im Gastland wahrnehmen
- Informationen über die Schweiz weitergeben sowie den Kontakt und die Beziehungen zum Gastland pflegen
- Die kulturelle Präsenz der Schweiz im Gastland fördern

Privilegien und Immunität

Der Gaststaat muss die Arbeit der Botschaftsangehörigen erleichtern. Botschaft und Botschaftsangehörige geniessen einen besonderen Rechtsstatus, der im Wiener Übereinkommen über die diplomatischen Beziehungen verankert ist. (Erleichterungen beim Grenzübertritt, Steuerbefreiung, Schutz vor Eingriffen des Zolls, der Polizei und der Justiz des Gaststaates. Die Räumlichkeiten der Botschaft, die Residenz der Botschafterin

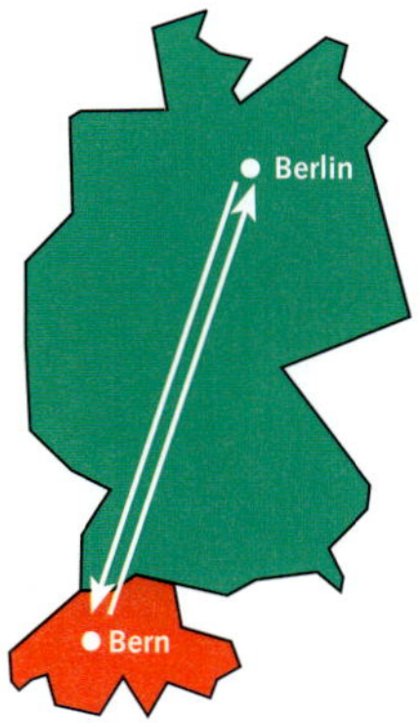

je 1 Botschafter als Vertreter der Regierung

oder des Botschafters sowie sämtliche Angehörige der Botschaft werden unter den Schutz des Gastlandes gestellt, welches die nötigen Sicherheitsmassnahmen zu treffen hat.)
Ein Staat kann einzelne Botschaftsangehörige zur «Persona non grata» (zur unerwünschten Person) erklären. Diese müssen dann das Gastland innerhalb weniger Tage verlassen, behalten aber bis zur Abreise den geschützten Status.

Konsulat
(oft Generalkonsulat)

Bindeglied zwischen schweizerischen Behörden sowie Schweizerinnen und Schweizern im Ausland. Offizielle Vertretung der Schweiz in einem (geografisch begrenzten) Konsularkreis. Eine Konsularabteilung kann in eine Botschaft integriert werden.

Die Schweiz verfügt über 29 Generalkonsulate und 1 Konsulat mit Schweizer Berufspersonal sowie über 197 Honorarvertretungen mit beschränkten Amtsbefugnissen (Stand: 1.1.2015).

Aufgaben

- Schweizer Personen, die sich im Ausland niederlassen, müssen sich auf einer Schweizer Vertretung anund beim Abzug abmelden.
- Zivilstandsamtliche Aufgaben (z.B. Geburt, Heirat) erledigen sowie Pässe ausstellen und verlängern
- Für Wehrpflichtige das militärische Kontrollwesen führen
- Im Notfall den Beistand der Schweizer Behörden vermitteln (Das gilt auch für Schweizer Personen, die auf der Durchreise im Gastland in Not geraten, z.B. Beistand bei Inhaftierungen und Unglücksfällen, Heimschaffungen.)
- In der praktischen Exportförderung wichtige Aufgaben erfüllen

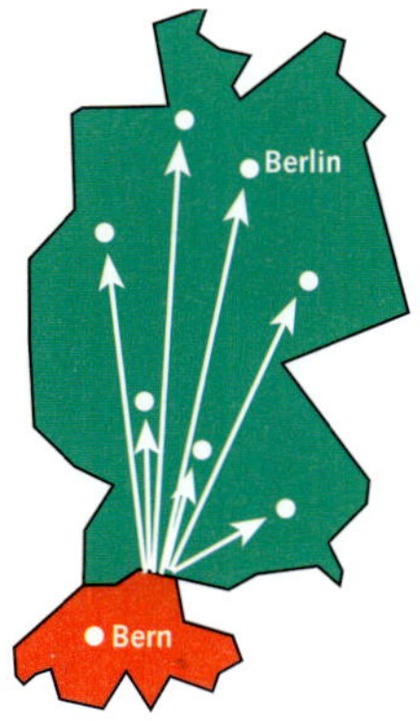

Schweizer Generalkonsulate in Deutschland

Die Armee XXI

Schweizer Armee: *Bewaffnete Streitkräfte der Schweiz zur Wahrung des Friedens in Unabhängikeit.*

Grundsätzliches

- BV 59[1] sagt: «Jeder Schweizer ist verpflichtet, Militärdienst zu leisten. Das Gesetz sieht einen zivilen Ersatzdienst vor.» Das heisst: Die Schweizer Männer müssen Militärdienst oder dann einen zivilen Ersatzdienst leisten (siehe «Ziviler Ersatzdienst», S. 148).
- Die Armee darf nur dem Volk als Ganzem dienen und nicht gewissen Interessengruppen.
- In Friedenszeiten ist der Chef der Armee gegenüber der politischen Führung verantwortlich für die Armee. Im Kriegsfall wählt die Vereinigte Bundesversammlung einen General als Oberbefehlshaber der Armee.
- Die Schweiz unterhält eine Milizarmee (BV 58). Diese beruht auf der allgemeinen Wehrpflicht. Die Milizarmee ist daher ein Volksheer mit einer kurzen Grundausbildung und Wiederholungskursen.

Aufträge der Armee

Die Armee hat 3 Aufträge zu erfüllen:

Raumsicherung und Verteidigung
Ziel: Das Land und seine Bewohner müssen gegen militärische Bedrohungen geschützt, und ein militärischer Angriff soll abgewehrt werden.

Unterstützung der zivilen Behörden
Ziel: Die Armee unterstützt bei Notlagen die zivilen Behörden auf Ersuchen hin, wenn deren Mittel für die Bewältigung eines Ereignisses oder einer Aufgabe nicht mehr ausreichen (Prinzip der Subsidiarität).

Friedensförderung im internationalen Rahmen
Ziel: Im internationalen Rahmen soll die friedliche Beilegung von Konflikten gefördert werden. Zudem sollen die Auswirkungen von Konflikten auf die Schweiz so gering wie möglich gehalten werden (z.B. grosse Flüchtlingsströme).

Der Armeebestand

Armee XXI
220 000 Armeeangehörige

Der Bestand der aktiven Armee beträgt 120 000 Armeeangehörige. Dazu kommen ein Jahrgang von rund 20 000 Rekruten (davon maximal 15% Durchdiener) und eine Reserve von 80 000 Armeeangehörigen. Der Gesamtbestand der Armee XXI beträgt somit 220 000 Personen. (Gegenüber der Armee 95 bedeutet dies eine Reduktion um rund 40%.)

2011: Das Parlament hat beschlossen, dass in Zukunft die aktive Armee 100 000 Personen umfassen soll. Es hat zudem das Militärbudget von CHF 4,1 auf CHF 5 Milliarden erhöht um, neue Kampfflugzeuge beschaffen zu können.

Die Rekrutierung

Mit 16 Jahren wird der Stellungspflichtige schriftlich über die Rekrutierung vororientiert. Im Alter von 18 Jahren wird er vom Wohnortkanton zum obligatorischen Orientierungstag aufgeboten, damit er über die Armee, den Zivilschutz und den Ersatzdienst informiert werden kann. Die Teilnahme ist für die stellungspflichtigen Männer obligatorisch und für die Frauen freiwillig.

Die Rekrutierung der 19-Jährigen dauert bis zu 3 Tage und wird in eigens dafür eingerichteten Zentren durchgeführt:
- Lausanne, für die französischsprachigen Stellungspflichtigen
- Monte Ceneri (TI), für die italienischsprachigen Stellungspflichtigen
- Sumiswald (BE), Windisch (AG), Rüti (ZH), Mels (SG) und Nottwil (LU), für die deutschsprachigen Stellungspflichtigen.

Die Abklärung der Eignung des Stellungspflichtigen wird mithilfe von medizinischen und psychologischen Abklärungen und durch die Überprüfung der körperlichen Leistungsfähigkeit vorgenommen.

Gemeinsame Rekrutierung von Armee und Zivilschutz

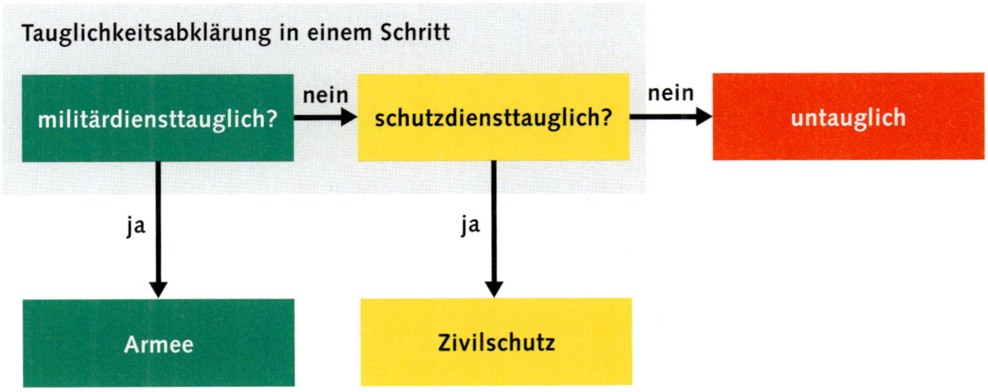

Bei der Rekrutierung hat die Armee Vorrang. Für den Zivilschutzdienst (siehe S. 149 f.) werden pro Jahr rund 6000 Schutzdienstpflichtige rekrutiert. Das Leisten eines zivilen Ersatzdienstes ist ein Ausnahmefall (siehe S. 148).

Die Rekrutenschule (RS)

- Die RS kann frühestens nach dem vollendeten 18. Altersjahr absolviert werden.
- Jährlich beginnen bei den meisten Truppengattungen gestaffelt 3 Rekrutenschulen: in den Kalenderwochen 12 (im März), 28 (im Juli) und 45 (im November).
- Die Rekrutenschule dauert je nach Truppengattung 18 oder 21 Wochen. Die RS kann, sofern es die dienstlichen Möglichkeiten zulassen, in zwei Teilen absolviert werden.
- Wer 18 Wochen RS absolviert hat, leistet im Einjahresrhythmus 7 Wiederholungskurse (WKs) zu je 19 Tagen. Bei 21 Wochen RS sind es noch 6 WKs. Anschliessend erfolgt für 4 Jahre die Einteilung in die Reserve. Insgesamt ergibt sich somit eine Ausbildungsdienstpflicht von rund 260 Tagen.
- Unteroffiziere und Soldaten werden in der Regel am Ende des 30. Altersjahrs aus der Militärdienstpflicht entlassen. Wird die RS später angetreten oder werden WKs verschoben, kann sich die Militärdienstpflicht bis ins 34. Altersjahr verlängern.

Frauen können freiwillig Militärdienst leisten.

Der zivile Ersatzdienst (BV 59)

Der zivile Ersatzdienst (kurz Ersatzdienst genannt) darf nicht mit dem Zivilschutz (siehe S. 149 f.) verwechselt werden.

- Der Ersatzdienst steht militärdienstpflichtigen Männern (und Frauen) offen.
- Dieser Ersatzdienst ist keine Alternative zum Militärdienst. Es besteht daher keine freie Wahl zwischen den beiden.
- In einem schriftlich begründeten Gesuch muss man ausführlich darlegen, dass man einen Militärdienst mit seinem Gewissen nicht vereinbaren kann und man aber gewillt ist, Ersatzdienst zu leisten, der anderthalb mal so lange dauert wie der Militärdienst (Tatbeweis). Eine Gewissensprüfung erfolgt nicht mehr.
- Der Ersatzdienst dauert anderthalbmal so lange wie der Militärdienst, in der Regel 390 Tage. Vom Grundsatz «Der Militärdienst und der Ersatzdienst sind gleichwertig» leitet sich die Forderung nach einer längeren zivilen Dienstdauer ab. Im Ersatzdienst gelten nämlich zivile Arbeits- und Ruhezeiten, und zahlreiche Unannehmlichkeiten des Militärdienstes fallen weg. Zudem soll der Gesuchsteller durch die Bereitschaft für eine längere Dienstpflicht die Ernsthaftigkeit seines Gewissenskonfliktes unterstreichen.
- Der Ersatzdienst dient zivilen Zwecken und umfasst Arbeiten im öffentlichen Interesse. Er kann in mehreren Teileinsätzen oder an einem Stück geleistet werden. Einsatzbereiche sind: das Gesundheits- und das Sozialwesen, der Umwelt- und Naturschutz, das Forstwesen, die Landwirtschaft, die Kulturgütererhaltung, die Katastrophenhilfe und die Entwicklungszusammenarbeit. Auslandseinsätze sind möglich, stellen aber erhöhte Anforderungen an die Vorbildung der Ersatzdienstpflichtigen.
- Absolventen des Ersatzdienstes sollen grundsätzlich den Wehrdienstpflichtigen gleichgestellt werden. Altersgrenzen, Tauglichkeitskriterien und Befreiungs- oder Ausschlussgründe entsprechen jenen im Militärgesetz.
- Ersatzdienstpflichtige haben Anspruch auf die Leistungen der Militärversicherung und der Erwerbsersatzordnung (EO).
- Wer den Ersatzdienst verweigert, muss mit einer Freiheitsstrafe bis zu 18 Monaten oder einer Geldstrafe rechnen.
- Der Ersatzdienst untersteht dem Eidgenössischen Departement für Wirtschaft, Bildung und Forschung (WBF) und dort dem Generalsekretariat.

NICE TO KNOW

«Obligatorisches»

Während der gesamten Militärdienstpflicht gilt nach wie vor die obligatorische Schiesspflicht. Das «Obligatorische» findet nach abgeschlossener Rekrutenschule wie bisher jährlich statt und wird weiterhin vom Schweizer Schiesssportverband durchgeführt.

Militärpflichtersatz

Wer keinen Militärdienst leistet, muss Militärpflichtersatz zahlen, und zwar 3% des steuerpflichtigen Einkommens. Die Ersatzpflicht dauert bis zum 30. Altersjahr.

→ www.verlag-fuchs.ch/staat

Der Bevölkerungsschutz

Bevölkerungsschutz: *Der Auftrag dieses zivilen Verbundsystems ist der Schutz der Bevölkerung und auch ihrer Lebensgrundlagen bei Katastrophen und in Notlagen, in zweiter Linie im Fall eines bewaffneten Konflikts. Der Bevölkerungsschutz stellt Führung, Schutz, Rettung und Hilfe zur Bewältigung solcher Ereignisse sicher. Er trägt dazu bei, Schäden zu begrenzen und zu bewältigen.*

Die Ausrichtung des Bevölkerungsschutzes

Eine Gefährdung der Schweiz durch einen bewaffneten Konflikt in Europa besteht zurzeit nicht. Die Vorwarnzeit ist auf mehrere Jahre gestiegen. Die Bewältigung von Katastrophen und Notlagen stellt aus heutiger Sicht die grösste Herausforderung für den Bevölkerungsschutz dar. Katastrophen und Notlagen können aufgrund der zunehmenden Vernetzung der modernen Gesellschaft und der hohen Wertdichte zu grösseren Schäden führen als früher.

Zuständigkeiten

Kantone

Für den Bevölkerungsschutz sind im Prinzip die Kantone zuständig. Ihnen obliegen insbesondere Massnahmen zur Bewältigung von Katastrophen und Notlagen.

Kantone und Gemeinden

Auf den Stufen Kanton und Region bzw. Gemeinde stellen zivile Führungsorgane die Koordination der Vorbereitungen und der Einsätze sicher.

Der Bund

Der Bund regelt grundsätzliche Aspekte und sorgt für die Koordination. Er trifft insbesondere Anordnungen für den Fall von erhöhter Radioaktivität, Notfällen bei Stauanlagen, Epidemien und Tierseuchen sowie für den Fall eines bewaffneten Konflikts.

Das Bundesamt für Bevölkerungsschutz (BABS)

Im Bundesamt für Bevölkerungsschutz als Teil des VBS sind folgende Bereiche zusammengefasst:
- Konzeption und Koordination,
- Labor Spiez,
- Nationale Alarmzentrale,
- Ausbildung,
- Schutzinfrastruktur und
- Support (interne Dienstleistungen)

Wichtiges zum Zivilschutz

- Die Schutzdienstpflicht im Zivilschutz dauert vom 20. bis zum 40. Altersjahr. Schweizerinnen sowie Ausländerinnen und Ausländer können die Schutzdienstpflicht freiwillig übernehmen.
- Die Rekrutierung (Dauer: 2 bis 3 Tage) von Armee- und Zivilschutzangehörigen erfolgt gemeinsam.
- Die Grundausbildung erfolgt während 2 bis 3 Wochen. Danach werden Wiederholungskurse von 2 Tagen bis höchstens 1 Woche pro Jahr durchgeführt.
- Der Personalbedarf im Zivilschutz beläuft sich auf rund 120 000 Personen.
- Wer die Militärdienstpflicht erfüllt oder mindestens 50 Tage Militärdienst geleistet hat, ist von der Zivilschutzpflicht entbunden.

Weitere Instrumente der Sicherheitspolitik

Die Wirtschaftspolitik

Wirtschaftspolitik: *Sie stärkt die internationale Wettbewerbsfähigkeit der schweizerischen Volkswirtschaft und trägt dadurch wesentlich zum Wohlstand und zur politischen Stabilität des Landes bei.*

Die grösste Bedeutung hat die Aussenwirtschaftspolitik: Sie setzt sich für einen offenen, ungehinderten Zugang zu den internationalen Absatz- und Beschaffungsmärkten ein und schafft damit die äusseren Voraussetzungen für ein gesamtwirtschaftliches Wachstum und erhöht die Versorgungssicherheit in der Schweiz.

Die wirtschaftliche Landesversorgung

Wirtschaftliche Landesversorgung: *Sie stellt die Versorgung des Landes mit lebenswichtigen Gütern und Dienstleistungen sicher, wenn die Wirtschaft aufgrund äusserer Umstände dazu nicht mehr in der Lage ist.*

Wichtige vorsorgliche Massnahmen sind: die Vorratshaltung durch Pflichtlager; die Produktionslenkung durch Umstellung von Produktionen; die Verbrauchslenkung durch Kontingentierung (Bestimmung einer Höchstmenge, die verbraucht werden kann) und durch Rationierung (Festlegen bestimmter Mengen zum Verbrauch).

Der Staatsschutz und die Polizei

Staatsschutz und Polizei: *Sie gewähren die innere Sicherheit und sind auch Bestandteile der Schweizer Sicherheitspolitik, da sie der Bekämpfung von Gewalt dienen, die erhebliche Teile von Land und Bevölkerung beeinträchtigt.*

Der Staatsschutz bekämpft Terrorismus, Extremismus, Spionage, organisierte Kriminalität, während die Polizei die Kriminalität bekämpft und für Ruhe und Ordnung sorgt.

Da die Gefahren und Risiken der Staatssicherheit grenzüberschreitend sind, können Terrorismus, organisierte Kriminalität und Gewalt häufig nur noch in internationaler Zusammenarbeit erfolgreich bekämpft werden. Die EU hat mit den zwei Abkommen von Schengen und Dublin (Kontrolle an den EU-Aussengrenzen und ein einheitliches Asylverfahren, siehe S. 180) diese Zusammenarbeit geregelt. Die Schweiz ist diesen beiden Abkommen beigetreten.

Information und Kommunikation

Information und Kommunikation: *Sie sichert eine wahrheitsgetreue, rasche und verständliche Information der Öffentlichkeit in allen Lagen und leistet damit einen wichtigen Beitrag zur vorbeugenden Friedensförderung.*

Die Informationsstellen des Staates haben die Aufgabe, die Informationsbedürfnisse der Bevölkerung zu befriedigen, die sicherheitspolitischen Entscheidungen und Massnahmen der Bevölkerung im Inland und im Ausland deutlich zu machen und falsche Informationen durch sachlich richtige Informationen zu korrigieren.

6. Regierungsformen

Der Staat

Staat: *Ein Volk schliesst sich innerhalb eines bestimmten Gebietes (Land, Territorium) zusammen, stellt Regeln für das Zusammenleben auf (Gesetzgebung), vollstreckt diese (Ausführung) und ahndet Zuwiderhandlungen (Rechtsprechung). Wichtig dabei ist der Wille zur Einheit, Unabhängigkeit und Freiheit.*

Die Elemente eines Staates

Für einen Staat braucht es drei Elemente:

Staatsvolk, Staatgebiet und Staatsgewalt.

Die Staatsgewalt ist das entscheidendste der drei Elemente. Hier wird bestimmt, ob ein Volk Rechte hat, sich frei fühlen kann oder ob es unterdrückt wird.

- Die Weltgemeinschaft zählt 194 von der UNO anerkannte Staaten.
- Dem «Staat Palästina» fehlt z.B. ein von der Weltgemeinschaft anerkanntes Staatsgebiet. Daher gilt er völkerrechtlich nicht als ein Staat.
- Der Kosovo verfügt zwar über alle drei Elemente. Er wird aber von etlichen Staaten der Weltgemeinschaft noch nicht anerkannt, da der Kosovo sich einseitig von Serbien losgelöst, was Serbien bis heute nicht akzeptiert hat.

Souveränität

Souveränität: *Verfügungsgewalt eines Staates über sein Hoheitsgebiet, Rechtsgleichheit mit anderen Staaten und Unabhängigkeit von anderen Staaten.*

Aussenpolitisch: Der Staat bleibt in seinen Entscheidungen frei und unabhängig. Er kann mit anderen Staaten verhandeln, Verträge abschliessen und diese auch wieder kündigen und über Krieg und Frieden selbständig entscheiden.

Innenpolitisch: Die Souveränität ist die höchste Staatsgewalt für einen bestimmten Bereich. In einer Demokratie hat das Volk die höchste Staatsgewalt inne. Daher spricht man oftmals auch vom «Souverän» und meint damit das Volk, das letztlich die Entscheidungen trifft.

Die Regierungsformen von Staaten

Je nach Inhaber der Souveränität unterscheidet man hauptsächlich zwischen zwei Regierungsformen:
- Demokratie (Souveränität liegt beim Volk)
- Nichtdemokratie (Souveränität liegt nicht beim Volk)

Nichtdemokratien teilen sich auf in
- *Diktaturen:* Die Souveränität liegt entweder bei einer Einzelperson, einer kleinen Gruppe von Personen, beim Militär, einer einzelnen Partei oder einer Gruppe von religiösen Führern.
- *Absolute Monarchie:* Die Souveränität liegt bei einem einzigen Monarchen, was praktisch einer Diktatur gleichkommt (zur konstitutionellen und zur parlamentarischen Monarchie siehe S. 158).

NICE TO KNOW

Republik

Mit dem Begriff Republik bezeichnet man heute all jene Staaten, die kein monarchistisches Staatsoberhaupt haben. Republiken können Demokratien und Nichtdemokratien sein. So trugen z.B. bis ins Jahr 1991 beide deutschen Staaten den Begriff «Republik» in ihrem Namen:
- *Bundesrepublik Deutschland (Demokratie)*
- *Deutsche Demokratische Republik (kommunistische Diktatur).*

Die Demokratie

Demokratie: *Volksherrschaft. Das Volk ist oberster Entscheidungsträger im Staat.*

Merkmale der Demokratie:

- Die Macht im Staat geht von der Gesamtheit der Staatsbürgerinnen und Staatsbürger aus (Wahlen, Abstimmungen). Die Staatsgewalt ist aufgeteilt in Parlament, Regierung und Gerichte.
- Es gilt das Prinzip der Rechtsstaatlichkeit. Dieses umfasst unter anderen:
  - die Garantie der Grundrechte (siehe S. 122 ff.)
  - eine unabhängige Rechtsprechung (siehe S. 134)
  - die Rechtsweggarantie (siehe S. 134 ff.)
- Alle Bürger haben vor dem Gesetz die gleichen Freiheiten, Rechte und Pflichten.
- Die Freiheiten und Rechte sind vielfältig und durch die Rechtsordnung garantiert.
- Eine Vielzahl von Parteien politisieren demokratisch.

Formen der Demokratie

Die direkte (reine) Demokratie

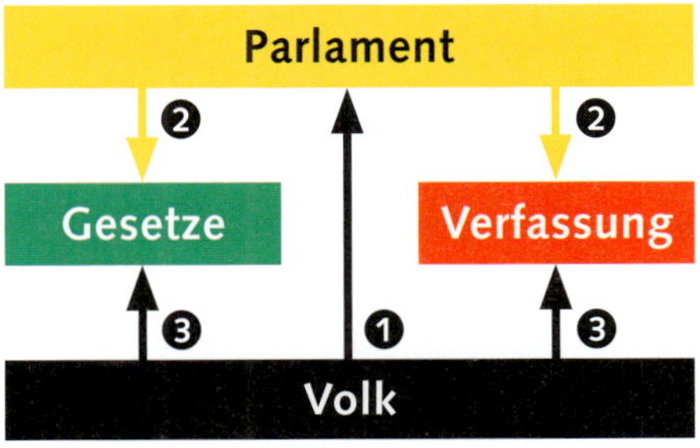

1 Das Volk wählt seine Abgeordneten ins Parlament.
2 Das Parlament arbeitet Gesetze und Verfassungsänderungen aus.
3 Das Volk beschliesst über Gesetze und Verfassungsänderungen endgültig.

Beispiele:
In dieser reinen Form existiert die direkte Demokratie nirgends. Ihr am nächsten kommen die zwei Landsgemeindekantone Appenzell Innerrhoden und Glarus.

Die indirekte (repräsentative) Demokratie

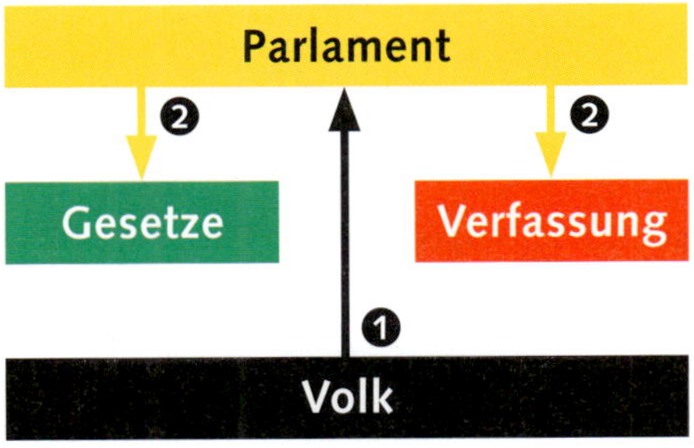

1 Das Volk wählt seine Abgeordneten ins Parlament.
2 Das Parlament arbeitet Gesetze und Verfassungsänderungen aus und beschliesst darüber endgültig. Das Volk hat dazu nichts mehr zu sagen.

Beispiele:
Deutschland, Niederlande, Portugal, Frankreich, Italien

Die halbdirekte Demokratie

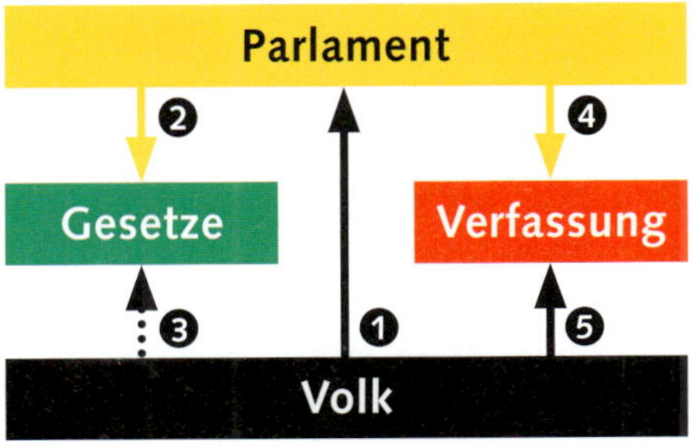

1 Das Volk wählt seine Abgeordneten ins Parlament.
2 Das Parlament arbeitet Gesetze aus und beschliesst darüber.
3 Innerhalb von 100 Tagen kann das Volk das fakultative Gesetzesreferendum ergreifen (mind. 50 000 Unterschriften). Kommt es zustande, entscheidet das Volk endgültig (siehe S. 108).
4 Das Parlament kann von sich aus eine Verfassungsänderung beschliessen. Volk und Stände entscheiden darüber endgültig (obligatorisches Verfassungsreferendum, siehe S. 109).
5 Aus dem Volk kann eine formulierte Initiative (mind. 100 000 Unterschriften in 18 Monaten) eingereicht werden. Volk und Stände entscheiden darüber endgültig (siehe S. 110).

Beispiel:
Schweizerische Eidgenossenschaft

→ CiviCampus

→ www.verlag-fuchs.ch/staat

Die Konkordanzdemokratie

Konkordanzdemokratie: *Alle massgeblichen Parteien sind in der Regierung vertreten, was hohe politische Stabilität bringt.*

Die in der Regierung vertretenen politischen Kräfte müssen in diesem System eine grosse Kompromissbereitschaft zeigen.
Eine Regierungschefin oder ein Regierungschef fehlt in diesem System (siehe «Kollegialbehörde», S. 72). Die Opposition wird eigentlich durch das Volk wahrgenommen, indem es mit dem Referendum korrigierend eingreifen kann. Daher spricht man auch von einer «Referendumsdemokratie».

Die Schweizer Konkordanzdemokratie

Sowohl auf Bundesebene, wo die Regierung vom Parlament gewählt wird, als auch in den Kantonen und in den Gemeinden, in denen das Volk die Regierung wählt, setzt sich diese in der Regel aus Mitgliedern verschiedener Parteien zusammen.

Lösungen als Kompromisse

Die Problemlösung erfolgt in einem eher langwierigen Prozess des Dialogs, des Verhandelns und des Taktierens. Es werden laufend Kompromisse geschlossen. Abstimmungsreife Beschlüsse sollen so möglichst vom Volk akzeptiert werden.
Zeitweise stellt sich eine Regierungspartei gegen die Regierung, was zu Differenzen unter den Regierungsparteien führt.
In der Schweiz kann die Regierung weder durch das Parlament noch durch das Volk gestürzt werden, auch wenn das Parlament an einer Session oder das Volk an der Urne gegen eine Regierungsvorlage gestimmt hat.

Verschiedene Konkordanz-Verständnisse

Die zweite Hälfte des 20 Jahrhunderts war geprägt von einer grossen Stabilität der parteipolitischen Zusammensetzung des schweizerischen Parlaments. Die Zusammensetzung des Bundesrats nach der Zauberformel (siehe S. 66) wurde grundsätzlich kaum in Frage gestellt. Mit dem Aufkommen der Grünen Partei der Schweiz (GPS) und besonders seit dem rasanten Aufstieg der SVP ab Ende der 90er-Jahre gibt es heftige Auseinandersetzungen um die parteipolitische Zusammensetzung des Bundesrats. Dabei prallen drei Grundpositionen aufeinander:

arithmetische Konkordanz

Die Befürworter der arithmetischen Konkordanz fordern (je nach Partei):
a) eine Verteilung der Sitze im Bundesrat nach dem Prinzip der Zauberformel: Die drei wählerstärksten Parteien im Nationalrat erhalten je 2 Sitze, die viertgrösste Partei hat Anrecht auf einen Sitz.
b) eine Vertretung der Sitze im Bundesrat gemäss der Zauberformel. Dabei würden aber nicht nur die Wähleranteile und die Sitze im Nationalrat berücksichtigt, sondern auch die Anzahl Sitze im Ständerat würden zur Berechnung miteinbezogen.

inhaltliche Konkordanz

Eine andere Position nehmen die Vertreter der inhaltlichen Konkordanz ein: Nach ihrer Meinung sollten zwar alle starken Kräfte im Bundesrat Einsitz nehmen. Bedingung für eine Vertretung ist aber auch eine minimale inhaltliche Übereinstimmung in den wichtigen politischen Fragen.

Verteilung nach politischen Blöcken

Für die dritte Position ist die Verteilung nach politischen Blöcken entscheidend: Im Bundesrat sollten die Blöcke Rechts, Mitte und Links entsprechend ihrer Stärke vertreten sein. Im jetzigen Nationalrat ergibt das rechnerisch für den Block Rechts (SVP/FDP) 3 Sitze, für die Mitte (CVP, BDP, glp) 2 Sitze und für den Block Links (SP/GPS) 2 Sitze. Der Bundesrat setzt sich seit 2009 nach diesem Konkordanz-Verständnis zusammen, allerding hat die FDP 2 Sitze, während die deutlich stärkere SVP nur 1 Sitz hat.

Die Konkurrenzdemokratie

Konkurrenzdemokratie: *Das Parlament ist aufgeteilt in Regierungspartei (oder auch Regierungsparteien) und Opposition.*

In der Konkurrenzdemokratie wird die Regierung entsprechend dem Resultat der Parlamentswahlen gebildet.

Regierungsbildung

Es gibt grundsätzlich zwei Möglichkeiten der Regierungsbildung:

- Erreicht eine Partei die absolute Mehrheit im Parlament, so stellt sie allein die Regierung. Alle anderen Parteien bilden die Opposition.
- Hat keine Partei die absolute Mehrheit im Parlament, so müssen Koalitionen gebildet werden: Zwei oder mehr Parteien, die zusammen die Parlamentsmehrheit erreichen, einigen sich auf ein Regierungsprogramm und auf die Zusammensetzung der Regierung. Die anderen nicht regierenden Parteien bilden die Opposition.

Der vom Parlament gewählten Regierung steht ein Regierungschef vor. Er leitet das Kabinett, das sich aus den Ministern zusammensetzt.

Regierung und Opposition

In diesem System arbeiten die Parlamentarier der Regierungsparteien und die Regierung Hand in Hand: Die Regierung bringt die Gesetzesvorschläge, Gesetzesänderungen usw. vor das Parlament, und normalerweise gehen diese dort glatt durch, denn die Zustimmung der Parlamentarier der Regierungsparteien wurde schon vorher in den Fraktionssitzungen ausgehandelt.

Die Opposition kritisiert die Regierung und deren Arbeit und versucht, diese mittels Misstrauensantrag zu stürzen, um selber die Regierungsverantwortung übernehmen zu können. Damit dies gelingt, müssen auch Parlamentarier aus dem Regierungslager mit der Opposition gegen die Regierung stimmen, weil sie mit der Regierungspolitik nicht mehr einverstanden sind.

Findet ein Misstrauensantrag eine Mehrheit im Parlament, werden entweder Neuwahlen ausgeschrieben oder die Opposition übernimmt die Regierungsgeschäfte und die Regierungsparteien müssen sich in die Rolle der Opposition schicken.

Repräsentative (indirekte) Demokratie

Typisch für dieses System ist, dass das Volk nur alle paar Jahre seine Parteienvertreter ins Parlament wählen und so letztlich die Regierung bestimmen kann. Danach muss es die Geschicke des Landes den Politikern überlassen. Problemlösungen sind in diesem System daher schneller möglich.

Beispiel

Konkurrenzdemokratien finden wir vor allem in der indirekten (repräsentativen) Demokratie. In Deutschland regieren seit Herbst 2013 die CDU/CSU mit der SPD während die Grünen und «Die Linke» Oppositionspolitik betreiben.

→ CiviCampus
→ www.verlag-fuchs.ch/staat

Zwei demokratische Regierungssysteme

Je nach Stellung des Parlaments unterscheidet man zwischen parlamentarischer Demokratie und präsidialer Demokratie.

Parlamentarische Demokratie

Parlamentarische Demokratie: *Das Parlament wählt die Regierung und es kann diese jederzeit abwählen.*

Die parlamentarische Demokratie ist praktisch identisch mit der Konkurrenzdemokratie (siehe S. 155).

Regierung mit Parlamentsmehrheit

Hauptmerkmal dieses Systems ist also die Bindung der Regierung an das Parlament: Die Parlamentsmehrheit stellt die Regierung. Solche Mehrheiten können aus einer Partei oder aus mehreren Parteien (Koalition) bestehen.
Parlament und Regierung stehen in einem gegenseitigen Abhängigkeitsverhältnis, da beide ihre Machtstellung bewahren wollen. Darum kann auch nicht von einer strengen Gewaltenteilung zwischen Parlament und Regierung gesprochen werden, denn die regierungsbildenden Fraktionen und die Regierung koordinieren ihr Vorgehen sehr stark. Die Kontrollfunktion über die Regierung nimmt die Opposition (nicht regierende Parlamentsminderheit) wahr.

Misstrauensabstimmung

Die Parlamentarier der Opposition können mit einer Misstrauensabstimmung die Regierung zu stürzen versuchen. Erreicht die Regierung dabei nicht die Mehrheit der Stimmen, so erhält die Opposition die Chance zur Regierungsbildung.
Hat eine Regierung nur eine knappe Mehrheit im Parlament hinter sich, ist die Fraktionsdisziplin sehr wichtig, d.h. die Parlamentarier der Regierungsparteien sollten strikte die Parteilinie einhalten.

Die meisten Demokratien haben das parlamentarische System, so z.B. Deutschland (siehe S. 34), Grossbritannien, Italien (siehe S. 35).

Präsidiale Demokratie

Präsidiale Demokratie: *Parlament und Regierung (Präsident) werden unabhängig voneinander vom Volk gewählt.*

Unabhängige Gewalten

In diesem System sind beide Gewalten (Regierung und Parlament) unabhängig, da keine Gewalt die andere wählt oder entlässt. Es kommt darum vor, dass die Regierung und die Parlamentsmehrheit unterschiedlichen Parteien angehören.

Eigenständige Rollen

Da das Parlament den Präsidenten nicht abwählen kann, spielt er eine viel eigenständigere Rolle als die Regierungschefs in der parlamentarischen Demokratie. Er ist auch nicht so stark auf die Unterstützung der eigenen Partei angewiesen. Manchmal gelingt es ihm sogar, für sein Vorhaben eine Mehrheit über die Parteigrenzen hinweg zu gewinnen.
Auch das Parlament ist in diesem System sehr eigenständig: Es kann eigene Gesetze auch gegen den Willen des Präsidenten verabschieden und es kann Vorlagen des Präsidenten ablehnen.
Die Fraktionsdisziplin im Parlament ist hier viel weniger wichtig. Oft fühlen sich die Parlamentarier gegenüber ihren Wählern stärker verpflichtet als gegenüber der eigenen Partei. Dennoch ist es für den Präsidenten mühsam zu regieren, wenn er nicht auf eine Mehrheit im Parlament zählen kann.
Die USA bilden eine klassische präsidiale Demokratie (siehe S. 34).

Die Schweiz ihrerseits stellt eine Mischung zwischen beiden Systemen dar. Zudem spielen die Elemente der direkten Demokratie eine wichtige Rolle.

Die Diktatur

Diktatur: *Gewaltherrschaft. Die Macht im Staat wird von einer Einzelperson («Präsident», «Führer», «General» usw.) oder einer kleinen Gruppe von Personen ausgeübt.*

Merkmale der Diktatur:
- Ein Mitbestimmungsrecht des Volkes im politischen Entscheidungsprozess fehlt.
- Es besteht keine Gewaltenteilung in Parlament, Regierung und Gerichten.
- Gesetze werden missachtet, und die Grundrechte sind weitgehend eingeschränkt, vor allem die Meinungsäusserungs- und die Versammlungsfreiheit.
- Das Volk wird mit verschiedenen Mitteln unterdrückt. Diese können sein: Pressezensur, Bespitzelung, Verhaftung und Verschwindenlassen politischer Gegner, Folterung, allgegenwärtige Armee oder Geheimpolizei, von der Führung organisierte Demonstrationen, Personenkult usw.
- Scheinwahlen gaukeln nach aussen «Demokratie» vor.
- Die Massenmedien sind in der Hand der Führung und betreiben Propaganda zu deren Gunsten.

Formen der Diktatur

Die Militärdiktatur

Die alleinige Macht liegt bei einem militärischen Führer, oder sie wird von einem Offizierskorps ausgeübt.
Beispiele: Chile (1973–1990), Bangladesch (1982–1991), Haiti (1991–1994), Burma (Myanmar, 1962–2011), Pakistan (1999–2008), Nordsudan (seit 1989), Ägypten (seit 2013), Thailand (seit 2014)

Die Parteidiktatur

Im Staat ist nur eine einzige Partei zugelassen. Die Exponenten dieser Partei sind gleichzeitig Träger der Macht.
Beispiele: Sowjetunion (bis 24. August 1991), China, Kuba, Nordkorea

Die Theokratie

Auch eine religiöse Gruppe kann die Funktion der Partei übernehmen. In dieser Ausprägung der Diktatur sind es religiöse Führerinnen und Führer, welche die Macht ausüben.
Beispiel: Iran mit islamischer Verfassung seit 1980

NICE TO KNOW

Das politische System Irans

Iran ist seit der Islamischen Revolution von 1979 nur zum Teil «demokratisch» organisiert. Das Volk wählt zwar das Parlament und den Staatspräsidenten (Regierungschef), der seinerseits die Minister berufen darf.

Der Revolutionsführer
Die eigentliche Macht liegt aber in den Händen des religiösen Führers (gleichzeitig Revolutionsführer und Staatsoberhaupt), seit 1989 Ajatollah Ali Chamenei. Die Verfassung des Irans von 1979 stellt ihn über das Parlament, die Regierung und die Gerichte.
Der Revolutionsführer wird von einem Expertenrat aus 86 Geistlichen auf Lebenszeit bestimmt. Dieses Gremium wird alle 8 Jahre vom Volk gewählt.

Die Rolle des Wächterrates
Die Macht in Iran verteilt sich auf ein komplexes System von ernannten Geistlichen und gewählten Politikern. Der Wächterrat ist dabei eines der einflussreichsten Gremien. Die Gruppe aus 12 Experten für islamisches Recht kontrolliert die Zulassung von Kandidaten für Wahlen und bestätigt auch deren Ergebnis. Zudem dient der Wächterrat als eine Art Verfassungsgericht und kann vom Parlament beschlossene Gesetze zurückweisen. Die Mitglieder des Wächterrates werden vom geistlichen Staatsoberhaupt (Revolutionsführer) und vom Parlament ernannt.

Die Monarchie

Monarchie: *Grundsätzlich Alleinherrschaft einer Person (Monarchin oder Monarch), welche die Geschicke des Staates lenkt. Die Monarchin oder der Monarch kommt auf den Thron entweder durch Erbrecht innerhalb eines bestimmten Geschlechts (Erbmonarchie) oder durch Wahl innerhalb eines bestimmten Kreises von Personen (Wahlmonarchie). Diese Herrschaft wird durch ein von Gott verliehenes Recht legitimiert («Gottesgnadentum») und meistens auf Lebzeiten ausgeübt.*

Man unterscheidet 3 Formen von Monarchien:

Die absolute Monarchie

Ein Monarch herrscht uneingeschränkt, d.h. absolut. Er ist einerseits Staatsoberhaupt, anderseits liegt auch die gesamte Staatsgewalt in seiner Hand. In sämtlichen Bereichen ist er oberster Entscheidungsträger. Ihm steht das Recht zu, die Ämter zu kontrollieren, und er kann seinen Willen auf allen Gebieten unumschränkt durchsetzen.

Beispiele:
- Königreich Saudi-Arabien
- Emirat Katar
- Sultanate Brunei und Oman
- Wahlmonarchie Vatikanstadt

Die konstitutionelle Monarchie

Die Herrschaftsgewalt des Monarchen ist durch die Staatsverfassung beschränkt. Es erfolgt eine Teilung der Gewalten zwischen dem Monarchen einerseits und der Regierung und dem Parlament anderseits. Diese Verfassung ist entweder vom Monarchen allein erlassen oder zwischen dem Parlament und dem Monarchen vereinbart worden.

Beispiele:
- Königreiche Bahrain (ab 2002), Jordanien und Marokko (mit sehr starker Stellung des Königs), Tonga (Königreich mit parlamentarischen Ansätzen) und Bhutan
- Fürstentümer Liechtenstein und Monaco
- Grossherzogtum Luxemburg

Die parlamentarische Monarchie

Die Monarchin oder der Monarch hat als Staatsoberhaupt nur noch repräsentative Funktionen. Träger der Staatsgewalt ist das vom Volk gewählte Parlament, welches auch die Regierung bestimmt. An der Monarchie wird festgehalten aus der Überzeugung, dass die Krone über den Auseinandersetzungen der Parteien steht und damit eine integrative Funktion ausüben kann. Anderseits will man auch Traditionen beibehalten.

Beispiele:
- Königreiche Belgien, Dänemark, Grossbritannien, Niederlande, Norwegen, Schweden, Spanien und Thailand
- Kaiserreich Japan

7. Europäische Sicherheitsarchitektur

Überblick

Europäische Organisationen

Der Europarat

(Umfasst 47 europäische Staaten)

Der Europarat gilt als «Hüter der politischen Kultur Europas». Sein Verdienst ist vor allem die Aushandlung und Kontrolle völkerrechtlicher Normen. Seine Schwäche liegt darin, dass er politische Probleme nicht zu lösen vermag.

Die Schweiz ist Mitglied des Europarats.

Die Europäische Union (EU)

(Umfasst 28 europäische Staaten)

Die EU erhebt den Anspruch, mit der geplanten Aussen- und Sicherheitspolitik (Maastrichter Vertrag) Mittelpunkt und Motor der europäischen Struktur von morgen zu sein.

Indem die EU-Staaten in der OSZE gemeinsam vorgehen, setzen sie einen bedeutenden politischen Schwerpunkt in dieser Organisation.

Europäisch-nordamerikanische Organisationen

Die Organisation für Sicherheit und Zusammenarbeit in Europa (OSZE)

(Umfasst alle Staaten Europas, die Türkei sowie Kanada und die USA, insgesamt 57 Staaten. Die OSZE ist die umfassendste Institution der europäischen Sicherheitsarchitektur.)

Dieser Organisation geht es um das frühzeitige Erkennen und Abwenden von Konflikten und um das Aufbauen von vertrauensbildenden Massnahmen. Das Erzwingen eines Kampfabbruchs mit Waffengewalt ist im Rahmen dieser Organisation nicht vorgesehen.

Die Schweiz ist Mitglied der OSZE.

Der Nordatlantikpakt (NATO)

(Umfasst die USA, Kanada, 25 europäische Staaten sowie die Türkei. Insgesamt sind es 28 Staaten.)

Dieses militärische Bündnis versteht sich als Garant für Freiheit und Demokratie.

Weltorganisation

Die Vereinten Nationen (UNO)

(Umfasst 193 von 194 Staaten der ganzen Welt)

Die UNO ist «zuständig» für die weltweite Wahrung des Friedens. Die UNO ist heute eher bereit, auch mit militärischen Mitteln den Frieden in der Welt wiederherzustellen. Dazu bedient sie sich der NATO.

Mit Frankreich und Grossbritannien gehören zwei europäische Staaten zu den fünf ständigen Mitgliedern des Sicherheitsrates.

Die Schweiz ist Mitglied der UNO.

NICE TO KNOW

GUS

Die «Gemeinschaft Unabhängiger Staaten» (GUS) wurde 1991 aus den neu gebildeten souveränen Staaten der ehemaligen Sowjetunion gegründet und umfasst 9 Staaten (Januar 2015): Armenien, Aserbaidschan, Kasachstan, Kirgistan, Moldawien, Russland, Tadschikistan, Usbekistan und Weissrussland. Das Ziel ist, in wirtschaftlichen und sicherheitspolitischen Fragen zusammenzuarbeiten. Ende 1994 haben die GUS-Staaten beschlossen, sich eine ähnliche Struktur wie die EU geben zu wollen. Doch bis heute ist diese Organisation bedeutungslos geblieben.

Der Europarat

Europarat: *1949 gegründete zwischenstaatliche Organisation (Staatenbund) von inzwischen 47 europäischen Staaten mit Sitz in Strassburg. (Stand: 1.1.2015)*

Mitglieder

Jeder europäische Staat kann Mitglied im Europarat werden, vorausgesetzt, er wird demokratisch regiert, akzeptiert das Prinzip der Rechtsstaatlichkeit und garantiert seinen Bürgerinnen und Bürgern die Wahrung der Menschenrechte und der Grundfreiheiten.

Mitglieder des Europarats sind:
1 Albanien, **2** Andorra,
3 Belgien, **4** Bulgarien,
5 Dänemark, **6** Deutschland,
7 Estland, **8** Finnland,
9 Frankreich, **10** Griechenland,
11 Grossbritannien
12 Irland, **13** Island, **14** Italien,
15 Lettland, **16** Liechtenstein,
17 Litauen, **18** Luxemburg,
19 Malta, **20** Mazedonien,
21 Moldawien, **22** Niederlande,
23 Norwegen, **24** Österreich,
25 Polen, **26** Portugal,
27 Rumänien, **28** Russland,
29 San Marino, **30** Schweden,
31 Schweiz, **32** Slowakei,
33 Slowenien, **34** Spanien,
35 Tschechische Republik,
36 Türkei, **37** Ukraine,
38 Ungarn, **39** Zypern,
40 Kroatien, **41** Georgien,
42 Armenien,
43 Aserbaidschan,
44 Bosnien-Herzegowina,
45 Serbien,
46 Fürstentum Monaco,
47 Montenegro

Beitrittskandidat:
48 Weissrussland

Neuer Staat:
49 Kosovo

● Strassburg,
Sitz des Europarates

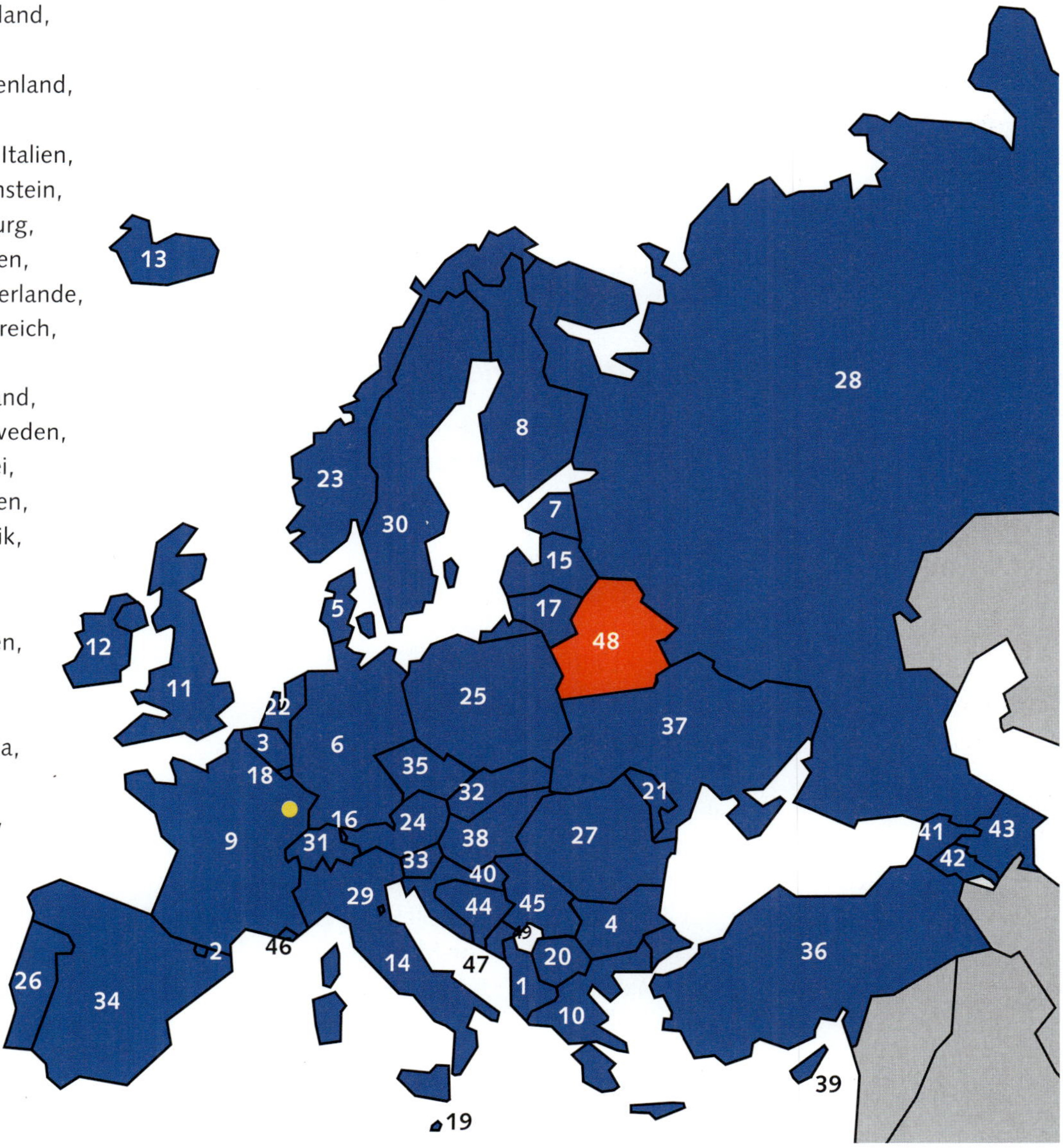

→
www.verlag-fuchs.ch/staat

Ziele

- Achtung der Menschenrechte
- Wahrung der Grundfreiheiten des Einzelnen
- Bessere Lebensbedingungen in den Mitgliedsländern
- Stärkung der demokratischen Institutionen
- Kulturelle Zusammenarbeit
- Suche nach Lösungen für die aktuellen gesellschaftlichen Probleme Europas (Rassismus, Intoleranz, Umweltverschmutzung, Klonen von Menschen, Aids, Drogen, organisiertes Verbrechen usw.)

Mittel

Der Europarat erarbeitet Empfehlungen und Konventionen. (Konventionen sind internationale Übereinkommen, Abmachungen.)
In gut 200 Konventionen hat sich der Europarat zu folgenden Themen geäussert:

- Ausbau der Menschenrechte
- Medien, u. a. Radio, Fernsehen, Film
- Gesundheitswesen
- Soziale Fragen
- Umweltschutz, namentlich Naturschutz und Umweltschutz
- Kultur und Bildung
- Demokratie auf lokaler und regionaler Ebene
- Juristische Zusammenarbeit, u. a. Rechtshilfe, Geldwäscherei, Terrorismus, Menschenhandel

Die bedeutendste und gewichtigste Konvention ist jene über die Menschenrechte.

Die Europäische Menschenrechtskonvention (EMRK)

In ihr sind die Grund- und Freiheitsrechte völkerrechtlich garantiert. Sie umfasst die wichtigsten unveräusserlichen individuellen Rechte und Freiheiten wie:

- Recht auf Freiheit und körperliche Unversehrtheit
- Recht auf Leben
- Recht auf freie Meinungsäusserung
- Recht auf freie Wahlen
- Recht auf angemessenes rechtliches Gehör
- Das Recht, sich friedlich zu versammeln usw.

Verboten sind:
Folter, Sklaverei, Zwangsarbeit, Ausweisung oder Abschiebung eigener Staatsangehöriger usw.
Die Ratifizierung der Menschenrechtskonvention ist zu einer politischen Voraussetzung für die Aufnahme in den Europarat geworden.
Bei Verletzung der Menschenrechte in einem Mitgliedsstaat kann beim Europäischen Gerichtshof für Menschenrechte, dies nach Ausschöpfung der innerstaatlichen Rechtsmittel, Beschwerde geführt werden.

Die Sozialcharta

Die Sozialcharta garantiert auf der Grundlage der Gleichberechtigung folgende Sozialrechte:

- Recht auf sichere und gesunde Arbeitsbedingungen
- Recht auf Fürsorge
- Recht auf Berufsausbildung
- Recht auf Arbeit
- Recht der Kinder, Jugendlichen und Arbeitnehmerinnen auf Schutz
- Recht auf soziale Sicherheit usw.

Institutionen

Ministerkomitee

(Entscheidungsorgan)

- 47 Minister und Ministerinnen (Jedes Land schickt seinen Aussenminister oder seine Aussenministerin.)
- 1 Treffen pro Jahr
- Befindet über die Empfehlungen der Parlamentarischen Versammlung. Richtet selbst Empfehlungen an die Mitgliedsländer, welche aber für diese nicht rechtsverbindlich sind.
- Konventionen werden zwar vom Ministerkomitee verabschiedet, gelten aber in den Mitgliedsländern erst, wenn sie von den nationalen Parlamenten ratifiziert worden sind.

Parlamentarische Versammlung

(Wahl- und Beratungsorgan)

- 318 Mitglieder und 318 Stellvertreterinnen und Stellvertreter (Die eidg. Räte delegieren 6 eidg. Abgeordnete als Mitglieder und weitere 6 als Stellvertreter).
- 4 Sitzungen pro Jahr von ungefähr je einer Woche Dauer
- Gibt Empfehlungen und Stellungnahmen zuhanden des Ministerkomitees ab, kann aber keine Gesetze erlassen.
- Wählt die Richterinnen und Richter für den Europäischen Gerichtshof für Menschenrechte.
- Wählt den Generalsekretär oder die Generalsekretärin.
- Wählt den Kommissar oder die Kommissarin für Menschenrechte.

Kongress der Gemeinden und Regionen Europas

(Beratungsorgan)

- Der Kongress ist die Stimme der Regionen und Gemeinden im Europarat.
- Gemeinde-, Kantons- bzw. Landtagspolitiker finden hier ein Diskussionsforum, in dem sie ihre Erfahrungen austauschen können.
- Berät Ministerkomitee des Europarates in allen Fragen der Gemeinde- und Regionalpolitik.
- Fördert die Schaffung bzw. Entfaltung effizienter kommunaler und regionaler Regierungsstrukturen in allen Europaratsstaaten.
- Besteht aus zwei Kammern, der Kammer der Gemeinden und der Kammer der Regionen. Die Zwei-Kammer-Versammlung setzt sich aus 318 Mitgliedern und ebenso vielen Stellvertretern zusammen.
- Sie alle sind gewählte Vertreter aus der einen oder anderen der rund 200 000 kommunalen oder regionalen Gebietskörperschaften der Staaten, die dem Europarat angehören. (Die Schweiz ist mit 6 Vertretern und 6 Stellvertretern im Kongress vertreten.)
- Der Kongress wählt abwechselnd aus einer der beiden Kammern seinen Präsidenten für die Dauer von zwei ordentlichen Sitzungen.
- Der Kongress tritt einmal jährlich in Strassburg zusammen.

Europäischer Gerichtshof für Menschenrechte in Strassburg

(Rechtsprechendes Organ)

- Er hat ebenso viele Mitglieder wie es Vertragsparteien der Europäischen Menschenrechtskonvention gibt, also 1 Richter pro Land.
- Er tagt ständig.
- Beurteilt Verstösse gegen die Europäische Menschenrechtskonvention. (Dieser Gerichtshof hat für die Rechtsprechung wie für die Gesetzgebung in den Mitgliedsländern grosse Bedeutung erlangt.)
- Richterinnen und Richter vertreten nicht den Staat, der sie vorgeschlagen hat, und sind in der Ausübung ihres Amtes nicht an Weisungen gebunden.

Ein einziger Gerichtshof für Menschenrechte

Der Europäische Gerichtshof für Menschenrechte ist Einzelpersonen direkt zugänglich. Seine Rechtsprechung und Urteile sind für alle Vertragsparteien bindend und für die betroffenen Staaten endgültig.
Fälle, die offensichtlich unbegründet sind, werden frühzeitig durch einstimmige Entscheidung des Gerichtshofes ausgesondert (3er-Besetzung).
Bei den meisten Fällen tritt der Gerichtshof in einer Kammer zusammen (7 Richter). Wenn die Beschwerden für zulässig erklärt werden, bemüht sich die Kammer, eine gütliche Einigung herbeizuführen. Falls dies unmöglich ist, gibt die Kammer ihr Urteil ab.
Das Ministerkomitee kontrolliert, ob die gerichtlichen Entscheidungen auch wirklich ausgeführt werden.
Ist ein Staat unterlegen, muss er den Beschwerdeführer entschädigen und ist verpflichtet, künftig ähnliche Verletzungen zu vermeiden.

Die Schweiz und der Europarat

Die Schweiz trat 1963 dem Europarat als Vollmitglied bei. Sie unterhält in Strassburg eine ständige Vertretung, die unter der Leitung eines Botschafters oder einer Botschafterin steht.

Seit ihrem Beitritt hat sich die Schweiz sehr aktiv an den Arbeiten des Europarats beteiligt. Sie hat aber gut die Hälfte der über 200 Konventionen ratifiziert.

Nicht zuletzt auf schweizerische Initiative hin soll der Europarat zu einem der Pfeiler der gesamteuropäischen politischen Struktur werden.

Europaparlament in Strassburg

NICE TO KNOW

Europafahne

Sie wurde 1955 geschaffen. Die Anordnung der 12 Sterne symbolisiert die Einheit der Völker Europas; die Zahl der Sterne ist unveränderlich; die Zwölf ist das Symbol der Vollkommenheit.

Europahymne

Das Ministerkomitee hat 1972 beschlossen, das Vorspiel zur «Ode an die Freude» aus dem 4. Satz der 9. Symphonie von Ludwig van Beethoven zur Europahymne zu erklären. Die musikalische Bearbeitung übernahm Herbert von Karajan.

Europatag

1964 erklärte das Ministerkomitee den 5. Mai, Gründungstag des Europarats, zum Europatag. Durch ihn soll die Idee der europäischen Einigung bei den Bürgerinnen und Bürgern gestärkt werden.

Die Europäische Union (EU)

Europäische Union: *1957 gegründete internationale Organisation von inzwischen 28 europäischen Staaten mit rund 510 Millionen Menschen (Stand: 1.1.2015). Der Hauptsitz ist Brüssel. Teilweise tagt das Parlament auch in Strassburg. Das Hauptziel der EU ist, den Frieden in Europa zu sichern.*

EU-28 Mitgliedsländer

Seit 1957 6 Kernländer:
- **1** Belgien mit ● Brüssel
- **2** Frankreich mit ● Strassburg
- **3** Italien
- **4** Luxemburg
- **5** Niederlande
- **6** Bundesrepublik Deutschland

Seit 1973:
- **7** Dänemark
- **8** Irland
- **9** Grossbritannien (inkl. Nordirland)

Seit 1981:
- **10** Griechenland

Seit 1986:
- **11** Spanien
- **12** Portugal

Seit 1995:
- **13** Finnland
- **14** Österreich
- **15** Schweden

Seit 2004:
- **16** Estland
- **17** Lettland
- **18** Litauen
- **19** Malta
- **20** Polen
- **21** Slowakei
- **22** Ungarn
- **23** Tschechische Republik
- **24** Zypern
- **25** Slowenien

Seit 2007:
- **26** Bulgarien
- **27** Rumänien

Seit 2013:
- **28** Kroatien

Beitrittskandidaten
(Mit laufenden Beitrittsverhandlungen)
- **29** Türkei
- **30** Montenegro
- **31** Serbien

Beitrittskandidaten
(Noch ohne laufende Beitrittsverhandlungen)
- **32** Mazedonien
- **33** Albanien

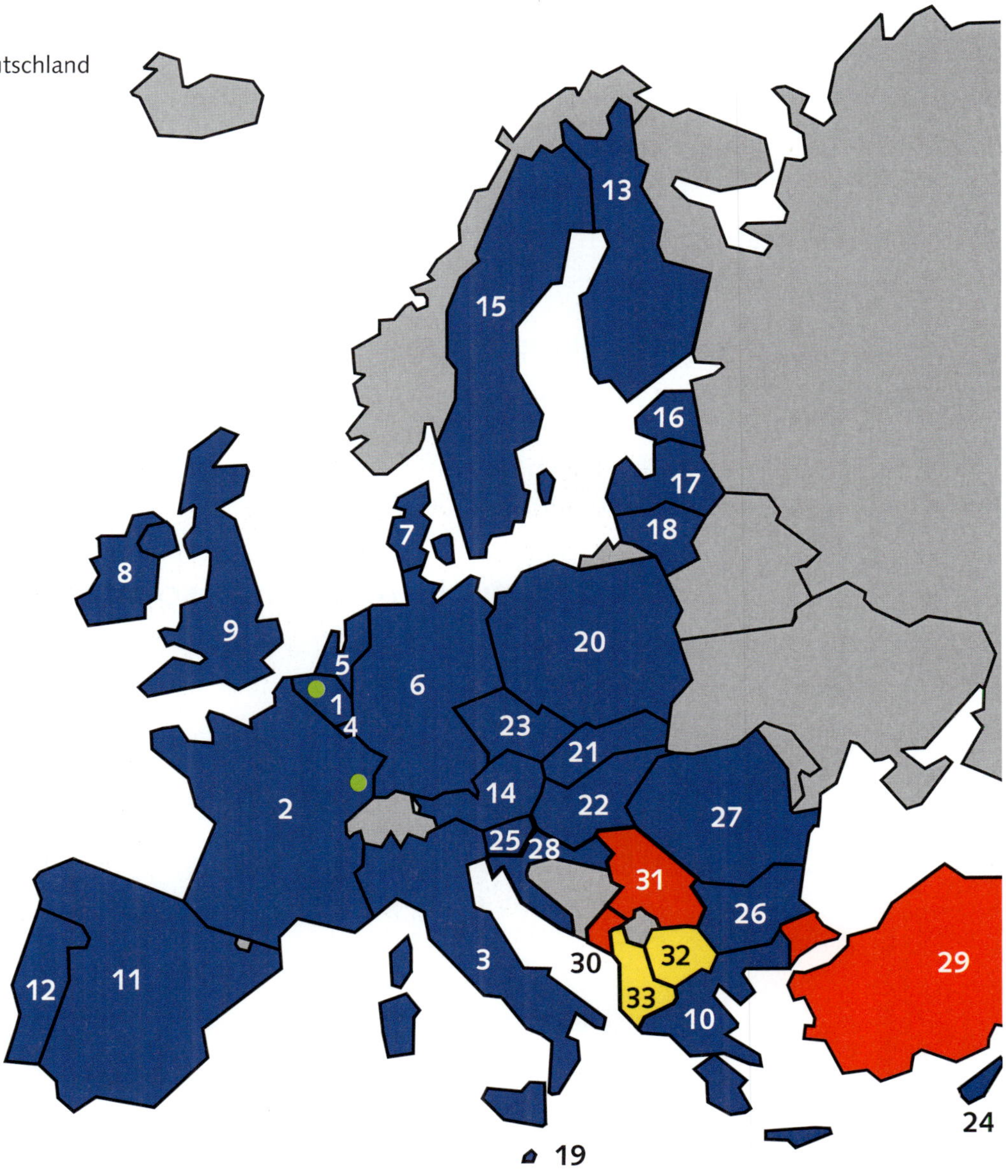

Die Schweiz hat zwar 1992 ein Beitrittsgesuch eingereicht. Dieses wurde aber nach dem Nein zum Europäischen Wirtschaftsraum im selben Jahr suspendiert. Daher ist die Schweiz aus Sicht der EU ein gewöhnlicher Drittstaat.

Im Februar 2014 hat die Regierung von Island beschlossen, die EU-Beitrittskandidatur zurückzuziehen.

→ www.verlag-fuchs.ch/staat

Die EU und ihre Geschichte

Hauptziel der EU

Hauptziel der EU: *Die Sicherung des Friedens in Europa in Freiheit zu verwirklichen. Dieses Ziel soll zuerst über den Weg der wirtschaftlichen Zusammenarbeit (bis hin zur wirtschaftlichen Vereinigung = Wirtschaftsunion) erreicht werden. In einem weiteren Schritt will man den politischen Zusammenschluss anstreben (politische Union)*

Die EU entsteht aus drei europäischen Gemeinschaften. Die sogenannten 6 Kernländer (Frankreich, die Bundesrepublik Deutschland, Italien, Belgien, Luxemburg und die Niederlande schaffen:
- Die Europäische Gemeinschaft für Kohle und Stahl (EGKS)
- Die Europäische Wirtschaftsgemeinschaft (EWG)
- Die Europäische Atomgemeinschaft (Euratom)

Die Europäische Gemeinschaft für Kohle und Stahl (EGKS)

1951 wird in Paris die europäische Gemeinschaft für Kohle und Stahl (EGKS/ Montanunion) gegründet.
Ziel: gemeinsamer Markt für Kohle, Stahl und Eisenerz
(Übergeordnetes Ziel: Verhinderung eines weiteren Krieges, da Kohle, Stahl und Eisenerz zur Waffenproduktion wesentlich sind.)

Die Europäische Wirtschaftsgemeinschaft (EWG)

1957 gründen die 6 Kernländer in Rom die Europäische Wirtschaftsgemeinschaft (EWG).
Ziel: gemeinsamer Agrar- und Industriemarkt
(Übergeordnetes Ziel: Verschmelzung der Volkswirtschaften)

Die Europäische Atomgemeinschaft (Euratom)

1957 wird ebenfalls in Rom die Europäische Atomgemeinschaft (Euratom) ins Leben gerufen.
Ziel: Förderung der friedlichen Nutzung der Kernenergie und der Kernforschung

Die Europäische Gemeinschaft (EG)

1967 fusionieren die 3 Gemeinschaften.
Die drei Gemeinschaften bestehen fort, werden aber meist nur noch EG (Europäische Gemeinschaft) genannt.

Vertrag von Maastricht

1993 entsteht mit dem Inkrafttreten des Vertrages von Maastricht die Europäische Union (EU) bestehend aus den drei Pfeilern:
1. EG (vorher EWG), EGKS, Euratom
2. Gemeinsame Aussen- und Sicherheitspolitik (GASP) und
3. Justiz und Inneres

Der Europäische Binnenmarkt wird vollendet. (Binnenmarkt: Handel mit Waren und Dienstleistungen, der sich innerhalb der EU abwickelt). Die EU lässt innerhalb ihrer Organisation die staatlichen Grenzen in vier Bereichen fallen: Freier Verkehr für Waren, Dienstleistungen, Personen, Kapital.

Der Vertrag von Nizza

2000: Mit der Regierungskonferenz von Nizza beschliesst die EU erste institutionelle Veränderungen, um die Erweiterung im Jahre 2004 verkraften zu können. Neu geregelt wird die Stimmenverteilung und -gewichtung im Rat der Europäischen Union (Ministerrat), die Anzahl Sitze pro Mitgliedsstaat in der Europäischen Kommission sowie die Ausweitung des qualifizierten Mehrs auf weitere Sachbereiche.

Einführung des Euro

2002: In den zwölf EU-Staaten (Belgien, Deutschland, Finnland, Frankreich, Italien, Griechenland, Irland, Luxemburg, den Niederlanden, Österreich, Portugal und Spanien) wird der Euro als Einheitswährung eingeführt.
2005: Slowenien führt als 13. EU-Land den Euro ein.
2008: Zypern und Malta stossen als 14. und 15. EU-Staat zur Europäischen Währungsunion.
2009: Die Slowakei wird das 16. Euro-Land.
2011: Estland führt als 17. EU-Staat den Euro ein.

Erweiterung der EU auf 28 Staaten

2004: Zehn neue Mitglieder werden in die EU aufgenommen: Polen, Tschechien, Ungarn, Slowakei, Litauen, Lettland, Slowenien, Estland, Zypern und Malta.
2007: Rumänien und Bulgarien werden 26. und 27. Mitglied der EU.
2013: Kroatien wird 28. Mitglied der EU.

Gescheiterter EU-Verfassungsvertrag

2004: Am 29.10.2004 unterzeichnen die Staats- und Regierungschefs der EU einen Verfassungsvertrag, der den EU- und den EG-Vertrag ersetzen sollen. Der Verfassungsvertrag bestimmt u.a. die Verlängerung der EU-Präsidentschaft auf 2,5 Jahre, einen eigenen EU-Aussenminister sowie die Verkleinerung der EU-Kommission.
2005: In Frankreich und in den Niederlanden wird der Verfassungsvertrag in Volksabstimmungen abgelehnt. Damit ist er gescheitert.

Der Vertrag von Lissabon

2007: Der Vertrag von Lissabon wird von allen Mitgliedsstaaten unterzeichnet. Inhaltlich übernimmt der Vertrag die wichtigen Elemente des EU-Vertrages von **2004:** Der EU- und der EG-Vertrag werden allerdings nur verändert und nicht ersetzt. Die EU erhält eine eigene Rechtspersönlichkeit und kann somit Verträge mit anderen Staaten abschliessen. Die 3-Säulen-Struktur wird abgeschafft: Die drei Pfeiler (Europäische Gemeinschaft, Gemeinsame Aussen- und Sicherheitspolitik, Polizeiliche und justizielle Zusammenarbeit) werden vereinigt.
2009: Am 1. Dezember 2009 tritt der Vertrag von Lissabon in Kraft.

Die Staatsschulden-Krise im Euroraum

2011: Im Oktober 2009 beginnt die Euro-Krise. Die Verschuldung von Staaten im Euroraum hat drastische Formen angenommen. Griechenland, aber auch Irland, Portugal, Spanien und Italien drohen zahlungsunfähig zu werden. Dies bedroht die Euro-Währungsunion. Darum wird die Krise auch als Euro-Krise bezeichnet.
2012: Es wird ein dauernder, 700 Mio. schwerer Euro-Rettungsschirm eingerichtet, um in finanzielle Schwierigkeiten geratene Euro-Staaten in Zukunft zu retten.

Überblick

Das Mehrebenensystem der EU

Die EU ist ein System, das hauptsächlich zwei Ebenen umfasst, die teilweise ineinandergreifen:

1. die supranationale (überstaatliche) Ebene mit den EU-Institutionen,
2. die Ebene der einzelnen EU-Mitgliedsländer, auf der nicht nur die Regierungen eine wichtige Rolle spielen, sondern u. a. die Parlamente, die Verbände und die Parteien sowie die Regionen und die Gemeinden.

Institutionen der Europäischen Union

Lenkung

Europäischer Rat
- 28 Staats- und Regierungschefs der EU-Länder
- Ratspräsident
- Kommissionspräsident

Entscheidungen

Rat der Europäischen Union
- 28 Minister (je einer pro EU-Land)
- unterschiedliche Zusammensetzung, je nach Politikbereich

Europäische Kommission
- 28 Mitglieder (je eines pro EU-Land)

Europäisches Parlament
- 751 Mitglieder
- Volkswahl

Gericht

Europäischer Gerichtshof
- 28 Richter (je einer pro EU-Land)
- grosse Kammer mit 13 Richtern
- Gericht erster Instanz
- 8 Generalanwälte

Beratung

Europäischer Wirtschafts- und Sozialausschuss
- 353 Mitglieder aus allen EU-Ländern
- Arbeitgeber und Arbeitnehmervertreter
- andere Wirtschafts- und Sozialvertreter

Ausschuss der Regionen
- 353 Mitglieder aus allen EU-Ländern
- Vertreter aus den Regionen und Gemeinden

Kontrolle

Europäischer Rechnungshof
28 Mitglieder (je eines pro EU-Land)

Jedes EU-Land delegiert oder wählt seine Vertreter in die verschiedenen Institutionen der EU.

Die Vertreter in den Ausschuss der Regionen werden von den Regionen und den Gemeinden bestimmt.

Die 28 Länder der Europäischen Union

Land	A	B	C
Deutschland	81,67 Mio.	15,93 %	96 Sitze
Frankreich	66,05 Mio.	12,98 %	74
Grossbritannien	64,53 Mio.	12,61 %	73
Italien	60,89 Mio.	11,81 %	73
Spanien	46,51 Mio.	9,24 %	54
Polen	38,46 Mio.	7,62 %	51
Rumänien	19,96 Mio.	3,97 %	32
Niederlande	16,82 Mio.	3,32 %	26
Belgien	11,21 Mio.	2,21 %	21
Griechenland	11,03 Mio.	2,19 %	21
Tschechien	10,52 Mio.	2,08 %	21
Portugal	10,39 Mio.	2,07 %	21
Ungarn	9,88 Mio.	1,96 %	21
Schweden	9,7 Mio.	1,89 %	20
Österreich	8,45 Mio.	1,67 %	18
Bulgarien	7,21 Mio.	1,44 %	17
Dänemark	5,64 Mio.	1,11 %	13
Finnland	5,46 Mio.	1,07 %	13
Slowakei	5,42 Mio.	1,07 %	13
Irland	4,61 Mio.	0,91 %	11
Kroatien	4,25 Mio.	0,84 %	11
Litauen	2,94 Mio.	0,59 %	11
Slowenien	2,06 Mio.	0,41 %	8
Lettland	2,0 Mio.	0,4 %	8
Estland	1,31 Mio.	0,26 %	6
Zypern	0,86 Mio.	0,17 %	6
Luxemburg	0,56 Mio.	0,11 %	6
Malta	0,43 Mio.	0,08 %	6

A: Bevölkerung im Nov. 2014 (Total rund 510 Mio.) B: Bevölkerungsanteil (in Prozent) C: Sitze im Europäischen Parlament (Total 751)

EU/EUROSTAT, November 2014

Der Europäische Rat

Europäischer Rat: *Er ist die höchste Institution der EU. Er gibt der EU die für ihre Entwicklung erforderlichen Impulse und legt die allgemeinen politischen Zielvorstellungen für diese Entwicklung fest.*

Die grosse Bedeutung der Gemeinschaftsangelegenheiten im politischen Leben der Mitgliedsstaaten erfordert eine regelmässige Zusammenkunft der Staats- und Regierungschefs, um gemeinsam die für die Gemeinschaft wesentlichen Fragen zu erörtern. Der Europäische Rat tritt darum in der Regel viermal im Jahr zusammen.

Zusammensetzung

Der Europäische Rat setzt sich zusammen aus:

- **28 Staats- und Regierungschefs**
  Im Europäischen Rat sind die 28 Staats- und Regierungschefs der Mitgliedsländer vertreten. Sie treffen alle wichtigen politischen Entscheidungen und wählen einen ständigen Präsidenten. Die Entscheide werden grundsätzlich einstimmig getroffen, nur bei Personalentscheiden gilt das qualifizierte Mehr (siehe S. 171).

Donald Tusk (Polen)

- **Präsident des Europäischen Rates (Donald Tusk)**
  Seine Amtsdauer beträgt zweieinhalb Jahre. Er kann einmal für weitere zweieinhalb Jahre wiedergewählt werden.
  Der Präsident führt den Vorsitz im Europäischen Rat, bereitet die Sitzungen vor, gibt Impulse und gewährleistet eine kontinuierliche Abstimmung zwischen den Staats- und Regierungschefs. Gegen aussen soll er dem Hauptentscheidungsorgan der EU ein Gesicht geben. Der Präsident vertritt gegen aussen keine Position und darf an den Abstimmungen nicht teilnehmen.

- **Kommissionspräsident (Jean-Claude Juncker)**
  Als weiteres Mitglied gehört der Kommissionspräsident (siehe S. 173) dem Europäischen Rat an. Auch er ist nicht stimmberechtigt.

Photographic service of the Council of the EU © European Communities

Der Europäische Rat am 18. Dezember 2014: Treffen aller EU Staats- und Regierungschefs in Brüssel

Rat der Europäischen Union (inoffiziell: Ministerrat)

Rat der Europäischen Union: *Als Vertreter der Mitgliedsstaaten beschliesst er alle wesentlichen rechtlichen Erlasse (Verordnungen) und erlässt Richtlinien. Er verfügt über die Kompetenz, Recht zu setzen. (Diese Kompetenz teilt er mit dem Europäischen Parlament.)*
Der Rat der Europäischen Union besteht aus den 28 Ministern der EU-Länder.
Sitz: Brüssel (Ausnahme: Im April, Juni und Oktober Tagung in Luxemburg)

Zusammensetzung

Der Rat der Europäischen Union tritt je nach Politikbereich in unterschiedlicher Besetzung in Brüssel zusammen. Geht es zum Beispiel um Fragen der Umwelt, so bilden die Umweltminister aller 28 Mitgliedsstaaten den Umweltministerrat. Zudem ist jeweils das zuständige Kommissionsmitglied anwesend.

Der Rat der Europäischen Union berät in 9 Fachbereichen und fasst dazu Beschlüsse:
- Allgemeine Angelegenheiten und Aussenbeziehungen
- Wirtschaft und Finanzen
- Justiz und Inneres
- Beschäftigung, Sozialpolitik, Gesundheit und Verbraucherschutz
- Wettbewerbsfähigkeit (Binnenmarkt, Industrie und Forschung)
- Verkehr, Telekommunikation und Energie
- Landwirtschaft und Fischerei
- Umwelt
- Bildung, Jugend und Kultur

Alle im Rat der Europäischen Union vertretenen Minister sind befugt, für ihre Regierungen verbindlich zu handeln. Zudem sind die im Rat der Europäischen Union tagenden Minister ihren nationalen Parlamenten sowie ihren Bürgern gegenüber verantwortlich. Dies garantiert die demokratische Verankerung der Beschlüsse des Rats der Europäischen Union.

Aufgaben

Der Rat der Europäische Union hat sechs zentrale Aufgaben: Er
- verabschiedet europäische Rechtsvorschriften. In vielen Bereichen geschieht dies gemeinsam mit dem Europäischen Parlament.
- sorgt für die Koordination in der Wirtschaftspolitik der Mitgliedsstaaten.
- schliesst internationale Übereinkünfte ab zwischen der EU und einem oder mehreren Staaten oder internationalen Organisationen.
- genehmigt zusammen mit dem Europäischen Parlament den Haushaltsplan der EU.
- entwickelt die Gemeinsame Aussen- und Sicherheitspolitik (GASP) der EU aufgrund der vom Europäischen Rat festgelegten allgemeinen Leitlinien.
- koordiniert die Zusammenarbeit der nationalen Gerichte und Polizeikräfte in Strafsachen.

Vorsitz im Rat der Europäischen Union

Der Vorsitz im Rat der Europäischen Union wechselt alle 6 Monate. Dies bedeutet, dass alle EU-Staaten abwechselnd jeweils 6 Monate lang für die Tagesordnung des Rates verantwortlich sind. Das Land, das den Vorsitz hat, treibt gesetzgeberische und politische Entscheidungen voran und vermittelt Kompromisse unter den Mitgliedsstaaten. Im Rat für Auswärtige Angelegenheiten hat der Hohe Vertreter/die Hohe Vertreterin der Europäischen Union für Aussen- und Sicherheitspolitik den Vorsitz (was die Aufgaben anbelangt: siehe S. 179). Er/sie ist für 5 Jahre gewählt.

Regelungen bei Abstimmungen

1. Einstimmige Beschlüsse

In folgenden Bereichen braucht es die Zustimmung aller EU-Mitgliedsstaaten:
- Gemeinsame Aussen- und Sicherheitspolitik
- Bürgerrechte (Gewährung neuer Rechte für EU-Bürger)
- EU-Mitgliedschaft (Aufnahme neuer Mitgliedsländer)
- Harmonisierung nationaler Rechtsvorschriften über indirekte Besteuerung
- EU-Finanzen
- Einige Bestimmungen im Bereich Justiz und Inneres
- Vereinheitlichungen bei sozialer Sicherheit und Sozialschutz

2. Beschlüsse mit qualifiziertem Mehr

Rund 80 Prozent der Ministerratsbeschlüsse werden nach diesem Verfahren gefällt. Ein Erlass ist angenommen, wenn

a) 55% der Mitgliedsstaaten zustimmen (das sind momentan 16 von 28 Ländern) und

b) die Bevölkerung der zustimmenden Länder mindestens 65% der gesamten EU-Bevölkerung ausmacht (Bevölkerungsanteil der verschiedenen Mitgliedsländer siehe S. 168).

Diese Form der Beschlussfassung wird auch «doppeltes Mehr» genannt.

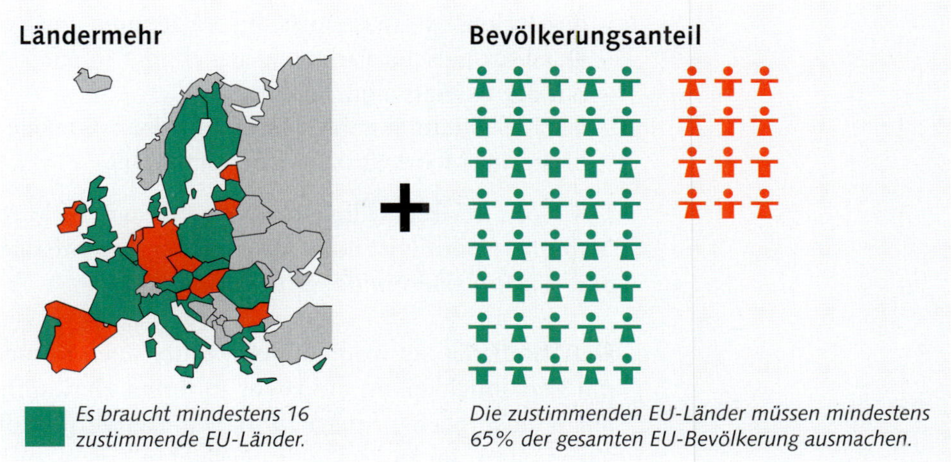

Sonderbestimmungen
- Stimmenthaltung gilt als Ablehnung.
- Zur Sperrminorität sind mindestens vier EU-Mitgliedsstaaten mit zusammen mehr als 35% der EU-Gesamtbevölkerung nötig. Wenn also beispielsweise bei einer Abstimmung alle Mitgliedsstaaten zustimmen ausser Deutschland, Frankreich und Grossbritannien (zusammen stellen diese 41,52% der EU-Bevölkerung), so wird die Vorlage trotz der nicht erreichten Bevölkerungsmehrheit von 65% angenommen.
- Fasst der Rat nicht auf Vorschlag der Kommission oder des Hohen Vertreters einen Beschluss, so müssen mindestens 72% der Mitgliedsstaaten (mindestens 21 Länder) zustimmen, und diese müssen mindestens 65% der EU-Bevölkerung ausmachen.
- Bis zum 31. März 2017 können Mitgliedsstaaten beantragen, dass bei Abstimmungen das bisherige Verfahren der qualifizierten Mehrheit angwendet wird.

3. Einfaches Mehr

Für Verfahrensfragen (Geschäftsordnung, Organisation des Generalsekretariats usw.) und für Aufträge an die Kommission (z.B. für Studien und Vorschläge) braucht es lediglich die Zustimmung von mindestens 15 Mitgliedsstaaten.

Die Europäische Kommission

Europäische Kommission: *Sie ist gleichermassen die Regierung der EU, welche die Beschlüsse des Rats der Europäischen Union und des Europäischen Parlaments umsetzt. Zudem bildet sie innerhalb der EU die Antriebskraft, indem sie Rechtsvorschriften, politische Massnahmen und Aktionsprogramme vorschlägt. Die Kommission besteht aus 28 Mitgliedern (je ein Mitglied pro EU-Land), wovon 1 Mitglied zum Kommissionspräsidenten/zur Kommissionspräsidentin gewählt wird.*
Sitz: Brüssel

Die Kommission ist von den nationalen Regierungen unabhängig. Sie vertritt und wahrt die Interessen der gesamten EU.

Zusammensetzung

Die Neubesetzung der Kommission erfolgt alle fünf Jahre, und zwar innerhalb von sechs Monaten nach der Wahl des Europäischen Parlaments. (Die Amtszeit der derzeitigen Kommission läuft bis zum 31. Oktober 2019.) Dabei wird folgendermassen vorgegangen:
- Das Europäische Parlament wählt den neuen Präsidenten der Kommission auf Vorschlag des Europäischen Rats.
- Die Zusammensetzung der Kommission wird im gegenseitigen Einvernehmen des designierten Kommissionspräsidenten und des Europäischen Rates bestimmt
- Das Europäische Parlament genehmigt in einer Abstimmung das Gesamtgremium der Kommission.
- Nach Zustimmung des Parlaments wird die neue Kommission vom Rat mit qualifizierter Mehrheit offiziell ernannt.

Der Hohe Vertreter/die Hohe Vertreterin der Europäischen Union für Aussen- und Sicherheitspolitik ist auch Mitglied der Kommission. Er/Sie ist ein Vizepräsident/eine Vizepräsidentin der Kommission.

Die Mitglieder der Kommission werden auch Kommissare genannt. Es handelt sich um Persönlichkeiten, die zuvor in ihrem Herkunftsland ein politisches Amt – oft auf Ministerebene – ausgeübt haben. Als Mitglieder der Kommission sind sie aber verpflichtet, im Interesse der gesamten Union zu handeln, und dürfen keine Anweisungen von nationalen Regierungen annehmen.

Rechenschaftspflicht

Die Kommission ist dem Parlament gegenüber politisch rechenschaftspflichtig. Es kann der Kommission als Ganzes das Misstrauen aussprechen und sie so zum Rücktritt zwingen. Der Präsident kann einzelne Kommissionsmitglieder entlassen.

Die Kommission nimmt an allen Tagungen des Parlaments teil, auf denen sie ihre Politik erläutern und begründen muss. Ausserdem antwortet sie regelmässig auf schriftliche und mündliche Anfragen von Mitgliedern des Parlaments.

Die laufende Arbeit der Kommission wird von ihren Mitarbeitern, Experten, Übersetzern, Dolmetschern und Sekretariatskräften geleistet. Es gibt ungefähr 25 000 EU-Beamte. Diese Zahl scheint hoch zu sein, sie ist aber niedriger als der Personalbestand der meisten mittelgrossen Städte in Europa.

Aufgaben

Die Europäische Kommission hat im Wesentlichen vier Aufgaben:
1. dem Parlament und dem Rat der Europäischen Union neue Rechtsvorschriften vorschlagen,
2. die EU-Politik umsetzen und den Haushalt verwalten,
3. gemeinsam mit dem Gerichtshof die Einhaltung des europäischen Rechts überwachen,
4. die Europäische Union auf internationaler Ebene vertreten, zum Beispiel durch Aushandeln von Übereinkommen zwischen der EU und anderen Ländern.

Organisation der Arbeit

Das Team der 28 Kommissare (auch «Kollegium» genannt) tritt einmal wöchentlich in Brüssel zusammen, in der Regel jeden Mittwoch. Jeder Tagesordnungspunkt wird vom Kommissionsmitglied, das für den betreffenden Politikbereich zuständig ist, erläutert. Danach fasst das Kollegium einen gemeinsamen Beschluss dazu.

Sitz des Rates der Europäischen Kommission

Die Kommission hat ihren Sitz in Brüssel (Belgien), verfügt aber auch über Büros in Luxemburg und hat Vertretungen in allen EU-Staaten und Delegationen in vielen Hauptstädten der Welt.

Kommissionspräsident

Jean-Claude Juncker (Luxemburg)

Der Kommissionspräsident spielt nicht nur bei der Wahl der Kommissare eine wichtige Rolle, er entscheidet auch darüber, für welche Politikbereiche die einzelnen Kommissare verantwortlich sind. Er kann diese Zuständigkeiten während seiner Amtszeit gegebenenfalls neu verteilen. Der Präsident hat in der Kommission eine Richtlinienkompetenz und kann selbständig einzelne Kommissare entlassen.
Konkret hat der Kommissionspräsident folgende Aufgaben:
- Er legt die Leitlinien fest, nach denen die Kommission ihre Aufgaben erfüllt.
- Er beschliesst über die interne Organisation der Kommission. Damit soll er die Effizienz und das Kollegialitätsprinzip der Kommission sicherstellen.
- Er nimmt an den Sitzungen des Europäischen Rates ohne Stimmbefugnis teil.

Begrenzung der Zahl der Kommissionsmitglieder

Eine Kommission mit zu vielen Mitgliedern kann nicht gut arbeiten. Da im Moment jeder EU-Mitgliedsstaat einen Kommissar stellt, ist die Zahl der Kommissionsmitglieder mit dem Beitritt Kroatiens zur Europäischen Union auf 28 gestiegen. Die Anzahl Kommissionsmitglieder wird auf $^{2}/_{3}$ der Anzahl Mitgliedsstaaten reduziert. Ein Rotationssystem wird sicherstellen, dass jeder EU-Mitgliedsstaat von Zeit zu Zeit Vertreter in der Kommission haben wird.
Im Jahr 2008 beschlossen die Staats- und Regierungschefs der EU-Länder jedoch, dass die Verkleinerung der Kommission vorläufig nicht realisiert werden soll.

Europäische Bürgerinitiative

Der Vertrag von Lissabon (am 1.12.2009 in Kraft getreten) sieht die Möglichkeit einer europaweiten Europäischen Bürgerinitiative vor. Mit ihr kann die Europäische Kommission aufgefordert werden, einen Gesetzesentwurf zu einem bestimmten Thema vorzulegen. Dazu braucht es ist eine Million Unterschriften aus mindestens sieben Mitgliedsstaaten. Eine Volksabstimmung ist jedoch nicht vorgesehen.

Das Europäische Parlament

Europäisches Parlament: *Es ist die demokratisch gewählte Vertretung und das politische Kontrollorgan der Menschen in der EU. Es ist darüber hinaus am Rechtsetzungsprozess beteiligt, aber nicht die gesetzgebende Institution wie die Parlamente in den einzelnen Staaten. Seine Amtsdauer: 5 Jahre. Sitz: Strassburg*

Das Parlament vertritt die Bürger der Europäischen Union.

Zusammensetzung

Für die Zusammensetzung gelten gemäss Vertrag von Lissabon folgende Prinzipien:
- Das Parlament zählt 751 Mitglieder.

Belgien	21	Griechenland	21	Luxemburg	6	Schweden	20
Bulgarien	17	Grossbritannien	73	Malta	6	Slowakei	13
Dänemark	13	Irland	11	Niederlande	26	Slowenien	8
Deutschland	96	Italien	73	Österreich	18	Spanien	54
Estland	6	Kroatien	11	Polen	51	Tschechien	21
Finnland	13	Lettland	8	Portugal	21	Ungarn	21
Frankreich	74	Litauen	11	Rumänien	32	Zypern	6

- Die Bürger werden im Parlament degressiv proportional vertreten.
- Pro Mitgliedsland gibt es mindestens 6, höchstens 96 Sitze.

Aufgaben des Parlaments

1. Gesetzgebung

- Eine EU-Norm (Gesetz) kommt nur zustande, wenn der Rat der Europäischen Union und das Europäische Parlament zustimmen. Können sich Rat und Parlament bei einem Rechtsetzungsvorschlag nicht einigen, wird ein Vermittlungsausschuss einberufen, der je zur Hälfte aus Vertretern des Rates und des Parlaments besteht. Hat der Ausschuss Einigung erzielt, wird der Text dem Parlament und dem Rat zur endgültigen Verabschiedung erneut vorgelegt.
- In einigen Bereichen (beispielsweise Landwirtschaft, Wirtschaftspolitik, Visa- und Einwanderungspolitik) hat der der Rat der Europäischen Union die alleinige Rechtsetzungsbefugnis. Er muss aber das Parlament anhören. Zudem ist die Zustimmung des Parlaments bei gewissen wichtigen Entscheidungen (z. B. Beitritt neuer Länder zur EU) erforderlich.
- Das Parlament setzt auch Impulse für neue Rechtsvorschriften. Es prüft das Arbeitsprogramm der Kommission und erklärt, welche neuen Rechtsvorschriften zweckmässig wären, und es kann von der Kommission Vorschläge verlangen.

2. Demokratische Kontrolle

- Das Parlament übt eine demokratische Kontrolle über die anderen europäischen Institutionen aus.
- Es bestimmt bei der Zusammensetzung der Kommission mit (siehe S. 172) und prüft deren Berichte periodisch. Die Parlamentsabgeordneten richten zudem regelmässig Anfragen an den Rat der Europäischen Union (siehe S. 170).

3. Haushaltsbehörde

- Der EU-Haushalt wird jährlich vom Parlament und vom Europäischen Rat gemeinsam verabschiedet.
- Der Ausschuss des Parlaments für Haushaltskontrolle (COCOBU) überwacht die Verwendung der Haushaltsmittel, und das Parlament stimmt jedes Jahr darüber ab, ob die Ausführung des Haushaltsplans im abgelaufenen Haushaltsjahr gebilligt werden soll.

Die Fraktionen im Europäischen Parlament (2014–2019)

Die Mitglieder des Europäischen Parlaments sind nicht in nationalen Blöcken, sondern in europaweiten politischen Fraktionen organisiert, zu denen alle wichtigen politischen Parteien aus den Mitgliedsstaaten der EU zusammengefasst werden.

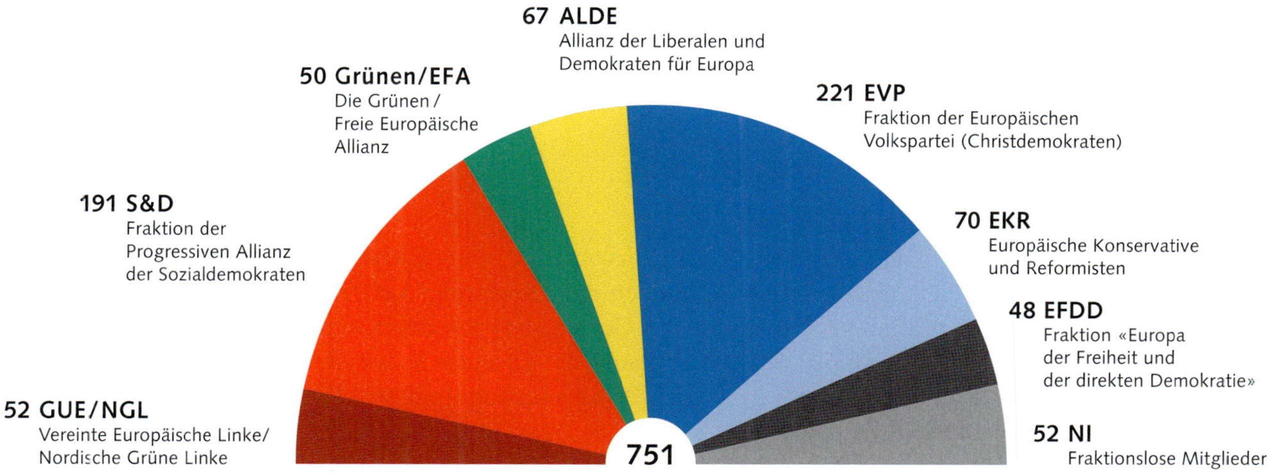

Die Fraktionen im Europäischen Parlament

Sitz des Europäischen Parlaments

Die Arbeitsorte des Europäischen Parlaments liegen in Frankreich, Belgien und Luxemburg.

Die monatlichen Sitzungen, zu denen alle Abgeordneten zusammenkommen, finden in Strassburg (Frankreich) statt, das somit Sitz des Parlaments ist.

Zusätzliche Sitzungen werden in Brüssel (Belgien) abgehalten, wo auch die meisten Fraktionen tagen.

Die Verwaltung (das Generalsekretariat) des Parlaments ist in Luxemburg und in Brüssel angesiedelt.

Europäisches Parlament, Sitz in Strassburg

Der Europäische Gerichtshof

Der Europäische Gerichtshof

Europäischer Gerichtshof: *Er ist der gemeinsame Gerichtshof der Europäischen Union (nicht zu verwechseln mit dem Europäischen Gerichtshof für Menschenrechte des Europarats). Er muss die einheitliche Anwendung, Auslegung und Fortbildung des Gemeinschaftsrechts gewährleisten.*
Der Europäische Gerichtshof umfasst 28 Richter (je ein Richter pro EU-Land).
Sitz: Luxemburg

Zusammensetzung

Grosse Kammer

Der Gerichtshof verfügt zwar über einen Richter je Mitgliedsstaat, sodass alle nationalen Rechtsordnungen der EU-Länder vertreten sind. Aber zur Wahrung der Effizienz behandelt der Gerichtshof Rechtssachen in einer Grossen Kammer, die mit nur 13 Richtern besetzt ist. Er muss somit nicht immer in der Vollbesetzung tagen, bei der alle Richter zusammenkommen.

Generalanwälte

Dem Gerichtshof stehen acht Generalanwälte zur Seite, deren Aufgabe es ist, in voller Unparteilichkeit öffentlich Anträge zu den Rechtssachen, mit denen der Gerichtshof befasst ist, zu stellen und zu begründen.

Gericht erster Instanz

Damit der Gerichtshof die Tausenden ihm vorgelegten Rechtssachen bewältigen kann und um den Rechtsschutz für die Bürger zu verbessern, wurde 1989 das Gericht erster Instanz geschaffen. Dieses Gericht, das dem Gerichtshof beigeordnet ist, ist für Entscheidungen in bestimmten Rechtsstreitigkeiten zuständig, insbesondere bei Klagen von Privatpersonen und bei Rechtssachen im Zusammenhang mit unfairem Wettbewerb zwischen Unternehmen.

Die Richter und Generalanwälte sind entweder ehemalige Mitglieder der obersten nationalen Gerichtshöfe oder hervorragend befähigte Juristen, die jede Gewähr für Unabhängigkeit bieten. Sie werden von den Regierungen der Mitgliedsstaaten in gegenseitigem Einvernehmen auf sechs Jahre ernannt, wonach eine Wiederernennung für zwei weitere Amtsperioden von je drei Jahren zulässig ist.
Der Gerichtshof und das Gericht erster Instanz wählen jeweils aus ihrer Mitte einen Präsidenten für die Dauer von drei Jahren.

Aufgaben

Die Aufgabe des Europäischen Gerichtshofes ist es, dafür zu sorgen, dass die Rechtsvorschriften der EU (das Gemeinschaftsrecht) in allen Mitgliedsstaaten einheitlich ausgelegt und angewandt werden. Mit anderen Worten: Er gewährleistet, dass diese Normen für alle den gleichen Inhalt haben. Der Gerichtshof ist befugt, in Rechtsstreitigkeiten zwischen Mitgliedsstaaten, Institutionen der EU, Unternehmen und Privatpersonen zu entscheiden.

Weitere Institutionen der EU

Der Europäische Rechnungshof

Europäischer Rechnungshof: *Er prüft die Recht- und Ordnungsmässigkeit aller Einnahmen und Ausgaben der Union und kontrolliert, ob der Haushalt der EU wirtschaftlich geführt wird. Er besteht aus 28 Mitgliedern (je ein Mitglied pro EU-Land). Sitz: Luxemburg*

Die Hauptaufgabe des Rechnungshofes besteht darin, die einwandfreie Ausführung des Haushaltsplans der EU zu kontrollieren und die Wirtschaftlichkeit der Haushaltsführung zu gewährleisten. Seine Arbeit trägt damit dazu bei, dass die Wirksamkeit und die Transparenz des Gemeinschaftssystems in finanziellen Belangen sichergestellt werden.
Zur Erfüllung seiner Aufgaben untersucht der Rechnungshof alle Bücher, die Einnahmen oder Ausgaben der EU verwalten. Bei Bedarf führt er Kontrollen vor Ort durch. Die Ergebnisse werden in Berichten festgehalten, um die Aufmerksamkeit der Europäischen Kommission und der Mitgliedsstaaten auf eventuelle Probleme zu lenken.
Der Rechnungshof nimmt auch Stellung, bevor finanzielle Regelungen der EU angenommen werden. Er kann auch jederzeit Bemerkungen zu besonderen Fragen vorlegen oder auf Ersuchen einer anderen Institution der EU Stellungnahmen abgeben.

Der Europäische Wirtschafts- und Sozialausschuss

Europäischer Wirtschafts- und Sozialausschuss: *Er ist eine beratende Institution, die Arbeitgeber, Gewerkschaften, Landwirte, Verbraucher und andere Interessengruppen vertritt. In politischen Gesprächen mit der EU-Kommission, dem Europäischen Rat und dem Europäischen Parlament legt er deren Standpunkt dar und vertritt ihre Interessen. Der Ausschuss hat 353 Mitglieder. Sitz: Brüssel*

Vor den Beschlüssen über die Wirtschafts- und Sozialpolitik muss die Stellungnahme des Europäischen Wirtschafts- und Sozialausschusses eingeholt werden.
Die Mitglieder des Ausschusses, die vorwiegend ihrer beruflichen Beschäftigung in ihren Heimatländern nachgehen, bilden drei Gruppen, welche die Arbeitgeber, die Arbeitnehmer und die verschiedenen anderen wirtschaftlichen und sozialen Interessen vertreten.
Der Europäische Wirtschafts- und Sozialausschuss hat eine Hauptaufgabe: Er berät den Rat der Europäischen Union, die Europäische Kommission und das Europäische Parlament entweder auf deren Ersuchen oder auf eigene Initiative.

Der Ausschuss der Regionen

Ausschuss der Regionen: *Er ist eine beratende Institution, die aus Vertretern der regionalen und kommunalen Gebietskörperschaften (z. B. Bundesländer, Gemeinden) Europas besteht. Er bietet Gewähr, dass regionale Identitäten und Eigenheiten in der EU-Politik respektiert werden. Der Ausschuss setzt sich aus 353 Mitgliedern zusammen. Sitz: Brüssel*

Der Ausschuss der Regionen muss in Bereichen, welche die kommunale und die regionale Verwaltung betreffen (z. B. Regionalpolitik, Umwelt, Bildung und Verkehr), angehört werden.
Die Aufgabe des Ausschusses der Regionen besteht darin, den Standpunkt der regionalen und kommunalen Gebietskörperschaften in die Rechtsvorschriften der EU einzubringen. Dies geschieht durch die Abgabe von Stellungnahmen zu Vorschlägen der Europäischen Kommission.

Die wichtigsten Politikbereiche der EU

Der Schutz der Grundrechte

Die schon an der Regierungskonferenz von Nizza (11.12.2000) feierlich erklärte Charta der Grundrechte der Europäischen Union wurde erst am 1. Dezember 2009 in Kraft gesetzt.

Die Charta umfasst neben der Einleitung in 7 Kapiteln 54 Artikel, dazu gehören:
- **Würde** (z.B. Würde des Menschen, Recht auf Leben, Verbot der Folter und unmenschlicher oder erniedrigender Strafe oder Behandlung)
- **Freiheiten** (z.B. Recht auf Freiheit und Sicherheit, Gedanken-, Gewissens- und Religionsfreiheit; Freiheit der Meinungsäusserung und Informationsfreiheit)
- **Gleichheit** (z.B. Nichtdiskriminierung, Vielfalt der Kulturen, Religionen und Sprachen; Gleichheit von Männern und Frauen, Rechte des Kindes)
- **Solidarität** (z.B. Recht auf Unterrichtung und Anhörung der Arbeitnehmerinnen und Arbeitnehmer im Unternehmen, Schutz bei ungerechtfertigter Entlassung)
- **Bürgerrechte** (z.B. aktives und passives Wahlrecht bei den Wahlen zum Europäischen Parlament, Petitionsrecht, Freizügigkeit und Aufenthaltsfreiheit)
- **Justizielle Rechte** (z.B. Recht auf ein unparteiisches Gericht, Unschuldsvermutung und Verteidigungsrechte)

Die in der Charta aufgeführten Rechte gelten für alle Personen. Neben den klassischen Rechten werden auch ganz neue aufgeführt, so z.B. das Recht auf Datenschutz. Und es werden auch andere Formen der Familiengründung als die Ehe anerkannt.

Die Wirtschafts- und Währungspolitik

Die Europäische Kommission hat zwei Instrumente zur Durchsetzung ihrer Wirtschafts- und Währungspolitik:
- Wenn die Wirtschaftspolitik eines Mitgliedsstaates den Grundzügen der EU widerspricht, kann sie eine Verwarnung aussprechen. Weiter kann der Rat der Europäischen Union auf Empfehlung der Europäischen Kommission entsprechende Empfehlungen an den betreffenden Staat richten.
- Dasselbe gilt im Falle eines übermässigen Defizits eines EU-Landes.
  In einem solchen Fall versucht es die Europäische Kommission mit einer gütlichen Regelung. Wenn diese nicht wirksam ist, leitet sie mittels Klage ein gerichtliches Verfahren ein.
  Nach Einreichung der Klage entscheidet der Europäische Gerichtshof durch Urteil, ob der Mitgliedsstaat gegen das EU-Recht verstossen hat. Bejaht der Gerichtshof diese Frage, hat der betreffende Mitgliedsstaat «die Massnahmen zu ergreifen, die sich aus dem Urteil des Gerichtshofs ergeben». Kommt ein Mitgliedsstaat dem Urteil des Gerichtshofs nicht nach, so verhängt der Europäische Gerichtshof auf Antrag der Kommission ein Zwangsgeld, das ihm im Einzelfall angemessen erscheint.
  Bis heute ist dieser Fall aber noch nicht eingetreten.

Die Finanzpolitik

Die EU operiert mit einem mehrjährigen Finanzrahmen, der für einen Zeitraum von mindestens fünf Jahren erstellt wird.
Bei der Bestimmung des Haushalts hat das Europäische Parlament ein wichtiges Mitentscheidungsrecht.

Gemeinsame Aussen- und Sicherheitspolitik (GASP)

Mit der Gemeinsamen Aussen- und Sicherheitspolitik will die EU den internationalen Frieden wahren helfen. Sie fördert die internationale Sicherheit und setzt sich für Demokratie, Prinzip der Rechtsstaatlichkeit und für die Achtung der Menschenrechte ein.
Es ist jedoch eindeutig vorgesehen, dass die Aussenpolitik der einzelnen EU-Staaten nicht in Frage gestellt wird.

Die Aufgaben werden auf zwei Räte aufgeteilt:

- **Rat für Allgemeine Angelegenheiten**
  Im Rat für Allgemeine Angelegenheiten treffen sich die Aussenminister der Mitgliedsstaaten halbjährlich unter wechselndem Vorsitz.
- **Der Aussenministerrat**
  Der Aussenministerrat tagt unter Leitung der Hohen Vertreterin/des Hohen Vertreters der EU für Aussen- und Sicherheitspolitik. In beiden Räten ist zur Beschlussfassung die Einstimmigkeit erforderlich.

Ziel der beiden Räte ist die schrittweise Festlegung einer gemeinsamen Verteidigungspolitik.

Federica Mogherini (Italien)

Die Hohe Vertreterin für die Gemeinsame Aussen- und Sicherheitspolitik

Ernannt wird die Hohe Vertreterin der EU für Aussen- und Sicherheitspolitik durch den Europäischen Rat unter Zustimmung des Kommissionspräsidenten.
Sie sitzt dem Aussenministerrat vor und ist gleichzeitig Aussenkommissarin und Vizepräsidentin der Europäischen Kommission. In dieser Doppelfunktion soll sie die europäische Aussenpolitik koordinieren, was angesichts der 28 Mitgliedsstaaten mit ihren z. T. sehr unterschiedlichen Interessen nicht einfach ist. Dazu kann sie auch selbständig die Initiative ergreifen und Vorschläge zur Aussenpolitik machen. Sie ist für fünf Jahre gewählt. Wiederwahlen sind möglich.

Die Gemeinsame Sicherheits- und Verteidigungspolitik

Die EU will selbständig und in Zusammenarbeit mit anderen ein militärisches Krisenmanagement betreiben. Dazu haben sich die Mitgliedsstaaten verpflichtet, Truppen bis zu 60 000 Soldaten innerhalb von 60 Tagen in ein Krisengebiet zu verlegen, damit eine entsprechende friedensunterstützende Mission während bis zu 12 Monaten durchgeführt werden kann.

Ein palästinensischer Junge und ein Israelischer Soldat vor der Mauer um die Westbank

Polizeiliche und justizielle Zusammenarbeit in Strafsachen

Die EU-Länder wollen in Strafsachen zusammenarbeiten. Der Grundgedanke ist die Schaffung eines «Raums der Freiheit, der Sicherheit und des Rechts».
Mit der europäischen Innen- und Justizpolitik sollen drei Räume für alle EU-Bürger geschaffen werden:

Ein Raum der Freiheit	Es geht um die Gewährleistung des freien Personenverkehrs auf der Grundlage von Schengen (siehe unten), aber auch um den Schutz der Grundrechte und um die Bekämpfung jeglicher Form von Diskriminierung.
Ein Raum der Sicherheit	Es geht um die Bekämpfung der Kriminalität, insbesondere des Terrorismus, des Menschenhandels, der Straftaten gegenüber Kindern, des illegalen Drogen- und Waffenhandels, der Korruption sowie des Betrugs.
Ein Raum des Rechts	Trotz der zwischen den einzelnen Mitgliedsstaaten bestehenden Unterschiede ist es das Ziel der Union, allen Bürgern gleichen Zugang zum Recht zu ermöglichen und die Zusammenarbeit der Justizbehörden zu gewährleisten.

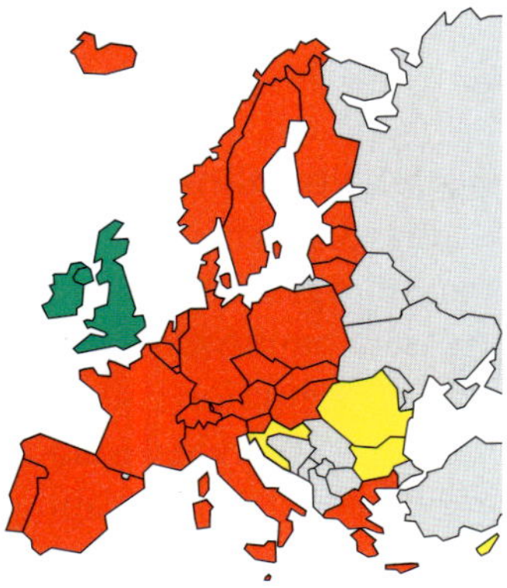

■ Uneingeschränkte Schengen-Teilnahme
■ Keine Teilnahme am Aussengrenzregime und an der Visapolitik (Grossbritannien und Irland)
■ Die EU-Mitgliedsstaaten Zypern, Bulgarien, Rumänien und Kroatien (effektive Schengen-Teilnahme noch ausstehend)

Stand 1.1.2015

Der Schengen-Raum

Mit der Schaffung des sogenannten «Schengen-Raums» wird der Reiseverkehr innerhalb dieses Raums erleichtert, ohne dass die Staaten Sicherheitseinbussen erleiden. Vor diesem Hintergrund wurden die Personenkontrollen an den Binnengrenzen zwischen den einzelnen EU-Staaten aufgehoben und eine gemeinsame Aussengrenze geschaffen. Im Gegenzug sollen wichtige flankierende Massnahmen zur Stärkung der inneren Sicherheit ergriffen werden:
- Abbau der Kontrollen an den gemeinsamen Binnengrenzen und deren Verlegung an die Aussengrenzen
- Festlegung der Bedingungen für das Überschreiten der Aussengrenzen
- Trennung von Reisenden aus dem Schengen-Raum und solchen, die aus Drittstaaten kommen, an den Aussengrenzen (Flughäfen, See- und Landesgrenzen)
- Angleichung der Einreise- und Visa-Bestimmungen für Kurzaufenthalte
- Koordinierung zwischen den Verwaltungen zur Überwachung der Grenzen (Angleichung der Ausbildung des Personals)
- grenzüberschreitendes Beschattungs- und Verfolgungsrecht
- grenzüberschreitende Polizei- und Justizzusammenarbeit

Die Schweiz ist dem Schengen-Raum Ende 2008 beigetreten.

Das Dubliner Abkommen

«Dublin» regelt, welches Land für die Überprüfung eines Asylgesuches zuständig ist. Die Schweiz hat sich diesem Abkommen angeschlossen und hat dadurch auch Zugriff auf die Datenbank von EURODAC, worin die Fingerabdrücke und Dossiers von Asylsuchenden gespeichert sind. Ein Asylverfahren muss somit in der Schweiz nicht mehr durchgeführt werden, wenn ein EU-Land das Gesuch bereits abschlägig behandelt hat.

NICE TO KNOW

Europol

Das Europäische Polizeiamt (Europol) ist eine Einrichtung, die von den Regierungen der EU-Mitgliedsstaaten geschaffen wurde. Europol soll bestimmte Formen der Schwerkriminalität bekämpfen, insbesondere:
- *Terrorismus*
- *illegalen Drogenhandel*
- *illegalen Handel mit radioaktiven und nuklearen Substanzen*
- *Schlepperkriminalität*
- *Menschenhandel (auch Kinderpornografie)*
- *Falschgeldkriminalität (einschliesslich der Zahlungskartenkriminalität)*
- *Geldwäsche*
- *kriminellen Organisationen*

Die Schweiz und die EU

Die bilateralen Abkommen zwischen der Schweiz und der EU

Bilaterales Abkommen: *Ein Vertrag zwischen zwei Vertragspartnern.*
Bilaterales Abkommen Schweiz-EU: *Abkommen, das zwischen der Schweiz auf der einen Seite und der EU auf der anderen abgeschlossen wurde. (Die EU-Länder treten als Einheit wie ein einziger Staat auf.)*

Mit der Ablehnung des EWR-Beitritts (1992) hat sich die Schweiz für den bilateralen Weg mit der EU entschieden. Bis heute sind rund 20 wichtige Abkommen und über 100 Sekundärabkommen abgeschlossen worden.

Bilaterale I
Sie umfassen 7 Bereiche und wurden vom Schweizer Stimmvolk im Jahre 2000 gutgeheissen: Forschung, freier Personenverkehr, Landverkehr, Landwirtschaft, Luftverkehr, öffentliches Beschaffungswesen, technische Handelshemmnisse.

Bilaterale II
Sie umfassen 9 Dossiers und wurden 2004 unterzeichnet:
Justiz, Polizei, Asyl und Migration («Schengen/Dublin»), Zinsbesteuerung, Betrugsbekämpfung, verarbeitete Landwirtschaftsprodukte, Umwelt, Statistik, Media, Ruhegehälter und Bildung/Berufsbildung/Jugend.

Rechtliche Auswirkungen eines allfälligen Beitritts

Referendum

a) Wenn die Gemeinschaft abschliessendes Recht setzt (Verordnungen), kann der schweizerische Gesetzgeber (Parlament) kein Recht mehr setzen; folglich kann auch kein Referendum ergriffen werden.
b) Das fakultative Gesetzesreferendum wird aber im Rahmen der EU jedes Mal dann anwendbar sein, wenn die Gemeinschaft Richtlinien erlässt; Richtlinien setzen einen (meist weiten) gesetzlichen Rahmen. Jeder Mitgliedsstaat setzt sein Recht innerhalb dieser Richtlinien selber.

Volksinitiative
Eidgenössische Volksinitiativen wären weiterhin möglich. Sollten sie aber dem EU-Recht widersprechen, müssten mit der EU Lösungen gesucht werden. Würde die Schweizer EU-Mitgliedschaft dadurch in Frage gestellt, könnte dies zum Austritt führen.

Bundeshoheit
In jenen Bereichen, in denen die Mitgliedsstaaten gemeinsam entscheiden müssen, geht EU-Recht nationalem Recht vor. Die Schweiz könnte ihre Argumente in Brüssel einbringen und mitentscheiden (geteilte Entscheidungskompetenz), wäre dann aber durch die Entscheidung mit der Gemeinschaft gebunden.

Kantonale Hoheit
Die Kantone wären ebenfalls von EU-Kompetenzen tangiert, allerdings in weniger grossem Ausmass. Insofern müssten auch sie Teile ihrer Gesetzgebung dem EU-Recht anpassen; das müssen sie aber auch im Rahmen allfälliger bilateraler Verträge zwischen der Schweiz und der EU, z. B. in den Bereichen der gegenseitigen Anerkennung von Diplomen oder im öffentlichen Beschaffungswesen.

Gerichtsbarkeit
Das Urteil des Europäischen Gerichtshofes hat in all jenen Bereichen, in denen die EU zuständig ist, Vorrang vor nationaler Rechtsprechung.

→ www.verlag-fuchs.ch/staat

Die UNO (Vereinte Nationen)

UNO: *1945 gegründeter Staatenbund mit Sitz in New York*
UNO = United Nations Organisation = Vereinte Nationen
UNO-Charta: *Urkunde, in welcher die Ziele der UNO formuliert sind.*
Der UNO gehören zurzeit 193 von 194 vollständig von der UNO anerkannten souveränen Staaten als Vollmitglieder an. Die UNO kann zwar nicht gesetzgeberisch wirken, hat aber aufgrund der Zwangsgewalt des Sicherheitsrates durchaus die Möglichkeit, Sanktionen zu ergreifen (selbst militärische).

Mitglieder

Mitglied der UNO kann jedes friedliebende Land werden, das die Verpflichtungen der UNO-Charta annimmt und auf Vorschlag des Weltsicherheitsrates von der Generalversammlung mit $^{2}/_{3}$-Mehrheit gewählt wird. Die Mitgliedschaft kann ausgesetzt oder annulliert werden, wenn ein Mitglied die Grundsätze der Charta nicht beachtet. Der Austritt steht jedem Mitglied frei.

2002 wurde die Schweiz das 190. Mitglied der UNO. Seither wurden mit der Demokratischen Republik Timor-Leste (2002), Montenegro (2006) und dem Südsudan (2011) drei weitere Staaten in die UNO aufgenommen.

Nichtmitglied der UNO ist nur noch der Heilige Stuhl (der Staat Vatikanstadt).

Taiwan wird von der UNO wie auch von vielen Staaten der Welt diplomatisch nicht anerkannt, da nur die Volksrepublik China als legitime und alleinige Vertreterin Chinas betrachtet wird.

Die UNO-Vollversammlung hat im Juli 1998 Palästina als nicht stimmberechtigtes Mitglied aufgenommen.
Im November 2012 wurde Palästina mit 138 von 193 Stimmen zum «Beobachterstaat» aufgewertet, was aber nur innerhalb der UNO gilt. Somit können die Palästinenser internationalen Verträgen beitreten und so z. B. auch den Internationalen Gerichtshof in Den Haag anrufen und dort Israel wegen dessen Siedlungspolitik einklagen.

UNO-Hauptsitz in New York

Ziele

Die UNO wurde zunächst gegründet, um künftige Generationen vor der Geissel des Krieges zu bewahren. Gemäss Artikel 1 der UNO-Charta geht es aber ganz allgemein darum,
- den Weltfrieden und die internationale Sicherheit zu wahren (Hauptziel),
- Menschenrechte, Gerechtigkeit und Freiheit zu wahren (Allgemeine Erklärung der Menschenrechte 1948),
- die internationale Zusammenarbeit zu fördern,
- internationale Probleme in wirtschaftlichen oder humanitären Bereichen zu lösen.

Mittel

- Die Generalversammlung kann an die Adresse der Mitgliedsstaaten oder zuhanden des Sicherheitsrates Empfehlungen abgeben, aber von keiner Regierung Massnahmen erzwingen.
- Der Sicherheitsrat kann
  - verbindliche Beschlüsse fassen (sogenannte Resolutionen),
  - Sanktionen (Zwangsmassnahmen) ergreifen, um den internationalen Frieden und die Sicherheit wiederherzustellen. Beispiele sind:
    - 1977: Waffenembargo gegen Südafrika wegen der Apartheidpolitik
    - 1990: Handelsembargo gegen den Irak. Grund: Einmarsch in Kuwait
    - 1994/95: Bombardierungen serbischer Stellungen in Bosnien durch NATO-Flugzeuge auf Bitten der UNO.
    - 2006/10: Immer schärfere Sanktionen gegen den Iran wegen dessen Atomprogramm.
    - 2011: Libyen Einrichtung einer Flugverbotszone und Massnahmen zum Schutz der Zivilbevölkerung (nur mit Luftangriffen).

Vorteile der UNO

- In dieser Organisation treffen sich führende Staatsleute, reden und verhandeln miteinander.
- Vor allem für Staaten in der Dritten Welt ist die UNO das wichtigste und oftmals einzige Forum, in dem sie sich Gehör verschaffen können.
- Der Wert der UNO ist schwer messbar, da nie mit Gewissheit festgestellt werden kann, was alles passiert wäre, hätte es die UNO nicht gegeben.

Nachteile der UNO

- Die UNO ist nicht besser als ihre Mitglieder; sind diese nicht handlungsfähig, so wird auch die UNO handlungsunfähig (z. B. beim Vetogebrauch eines ständigen Mitglieds des Sicherheitsrats).
- Beschlüsse können häufig nicht durchgesetzt werden.

NICE TO KNOW

Die Schweiz und die UNO

Die Schweiz erwies sich seit ihrem Beitritt im Herbst 2002 als besonders aktives Mitglied der Organisation. Ihr ist an einer konstruktiven Mitarbeit gelegen und sie ist bemüht, sachbezogene Vorschläge zu formulieren, welche die Suche nach Lösungen erleichtern. Schweizer Initiativen wurden beispielsweise in folgenden Bereichen eingebracht: Schaffung des Menschenrechtsrats (am 15.3.2006 von der Vollversammlung mit grosser Mehrheit eingesetzt) und Verbesserung der Arbeitsmethoden des Sicherheitsrats. Auch zur Reorganisation der UNO hat die Schweiz viel beachtete Ideen entwickelt. (siehe auch S. 184)

Institutionen der UNO

Überblick

Die folgende Grafik zeigt die Institutionen der UNO in ihrem Zusammenspiel.

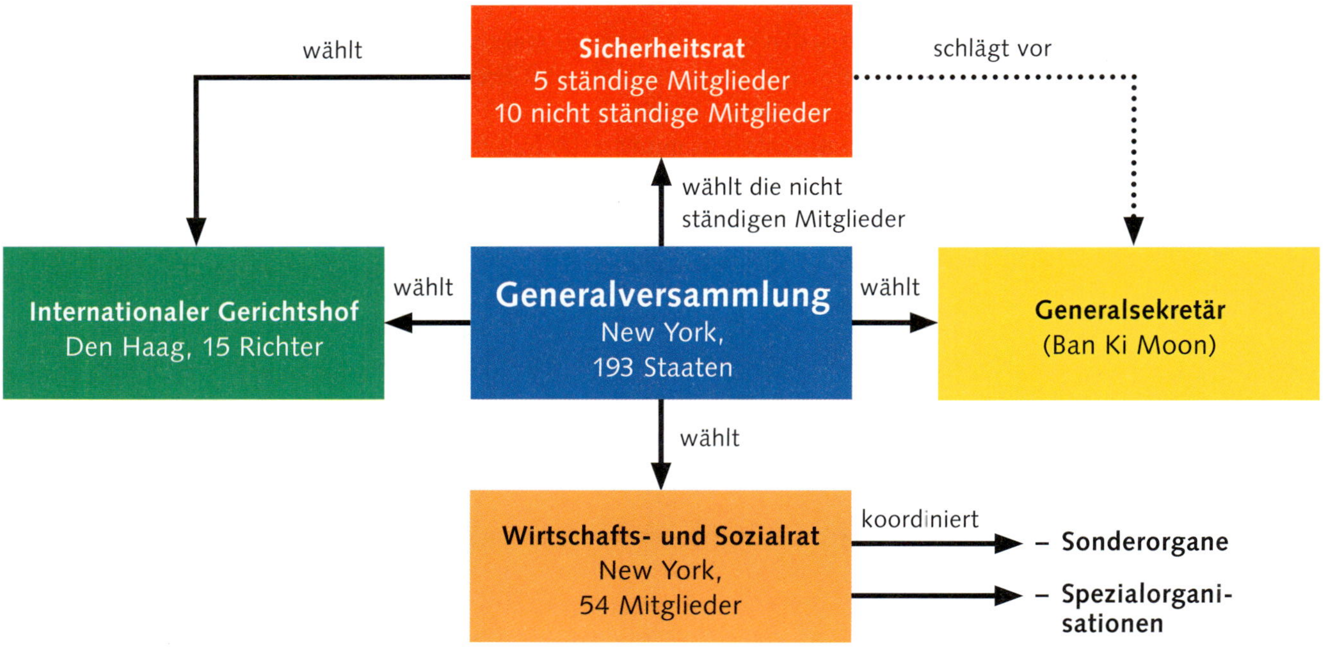

Die Generalversammlung

Sitz

Die UN-Generalversammlung tagt in New York. Sie beginnt jeweils im September und dauert ein Jahr.

Vom Herbst 2010 bis im Herbst 2011 präsidierte der ehemalige Bundesrat Joseph Deiss die UNO-Generalversammlung.

Mitglieder

Jedes Mitgliedsland hat in der Generalversammlung eine Stimme. An den Sitzungen dürfen pro Land maximal 5 Vertreter teilnehmen.

Aufgaben

- Sie erörtert alle Fragen bezüglich Weltfrieden und internationaler Sicherheit.
- Sie berät und beschliesst empfehlende Resolutionen. Die von der Generalversammlung beschlossenen Resolutionen sind jedoch völkerrechtlich nicht bindend. Kein Mitgliedsstaat kann damit zu etwas gezwungen werden. Die Empfehlungen haben aber dennoch ein nicht zu unterschätzendes Gewicht, weil sie die Meinung der Weltöffentlichkeit zum Ausdruck bringen.
- Die Generalversammlung prüft und beschliesst das Haushaltsbudget der UNO.
- Sie wählt den Generalsekretär und die 10 nicht ständigen Mitglieder des Sicherheitsrates.

Der Sicherheitsrat der UNO

Sitz
Der Sicherheitsrat tagt in New York.

Zusammensetzung
Der Sicherheitsrat setzt sich aus den 5 ständigen und 10 nicht ständigen Mitgliedern zusammen:

Sicherheitsrat der UNO	
5 ständige Mitglieder	**10 nicht ständige Mitglieder**
– USA – Russland – China – Grossbritannien – Frankreich	*1.1.2014 – 31.12.2015* – Chile – Jordanien – Litauen – Nigeria – Chad *1.1.2015 – 31.12.2016* – Angola – Malaysia – Neuseeland – Spanien – Venezuela

Die 10 nicht ständigen Mitglieder sind jeweils zwei Jahre im Sicherheitsrat. Jedes Jahr wählt die Generalversammlung fünf neue Mitglieder. Dabei sind die Regionen angemessen vertreten: drei Mitglieder aus Afrika, zwei aus Asien, zwei aus Lateinamerika, ein Mitglied aus Osteuropa und zwei Mitglieder aus Westeuropa und der übrigen westlichen Welt.

Aufgaben
- Der Sicherheitsrat beschliesst Massnahmen bei Gefährdung des Weltfriedens und der internationalen Sicherheit (zum Beispiel Handelsembargo bis hin zu militärischen Massnahmen).
- Er kann Friedenstruppen entsenden (wegen der blauen Helme auch «Blauhelme» genannt), um zum Abbau von Spannungen in einer Krisenregion beizutragen oder um die Trennung gegnerischer Streitkräfte zu garantieren.
- Er kann andere Organisationen / Staaten mit einem Mandat zur Entsendung von Friedenstruppen legitimieren.

In der UNO-Charta verpflichten sich alle Mitglieder der Vereinten Nationen, die Entscheidungen des Sicherheitsrates anzunehmen und zu befolgen.

Beschlüsse
Bei Verfahrensfragen braucht es die Zustimmung von mindestens 9 Mitgliedern.
Beschlüsse über alle anderen Fragen bedürfen der Zustimmung von 9 Mitgliedern einschliesslich aller 5 ständigen Mitglieder. Ein Beschluss kann durch das Nein eines der 5 ständigen Mitglieder (Veto) verhindert werden. Eine Stimmenthaltung allein genügt noch nicht, um einen Beschluss zu Fall zu bringen.

Wirtschafts- und Sozialrat

Sitz in New York. Die 54 Mitglieder sind auf 3 Jahre gewählt.
Dieses Gremium ist zuständig für die Verwirklichung der wirtschaftlichen, sozialen und kulturellen Programme, die zur Vermeidung und Beseitigung der Konfliktursachen auf der Welt beitragen sollen. Der Wirtschafts- und Sozialrat kann Empfehlungen an die UNO-Mitglieder und an die Institutionen der UNO aussprechen und internationale Konferenzen einberufen, die auf die Weltöffentlichkeit einwirken. Er koordiniert die Tätigkeiten der Nebeninstitutionen und der Sonderorganisationen (siehe S. 187).

Das Generalsekretariat

Ban Ki Moon (Südkorea)

Als Exekutive der UNO stellt das Sekretariat seine Dienste allen UNO-Institutionen zur Verfügung. An seiner Spitze steht der Generalsekretär oder die Generalsekretärin, ernannt auf 5 Jahre von der Generalversammlung auf Vorschlag des Sicherheitsrates. Das Sekretariat verrichtet die täglich anfallenden Aufgaben der Vereinten Nationen, so zum Beispiel:
- Massnahmen zur Wahrung des Friedens ausführen
- Umsetzung der Entscheide des Sicherheitsrats und der Generalversammlung
- Vorschläge und Berichte zuhanden der Mitgliedsstaaten ausarbeiten
- Internationale Konferenzen organisieren
- Dolmetschen und Übersetzen von Reden und Dokumenten

Internationaler Gerichtshof

Der Gerichtshof tagt in Den Haag (Niederlande).
15 Richter aus verschiedenen Ländern werden von der Generalversammlung und vom Sicherheitsrat für 9 Jahre gewählt. Der Gerichtshof kann nur von Staaten angerufen werden und nur dann, wenn alle am Konflikt beteiligten Parteien sich seiner Gerichtsbarkeit freiwillig unterworfen haben. Der Gerichtshof kann die Urteile nicht selber durchsetzen; dies liegt in der Kompetenz des Sicherheitsrates.

Internationaler Strafgerichtshof ICC (International Criminal Court)

Das erste ständige internationale Gericht zur Ahndung von Kriegsverbrechen, Völkermord und Verbrechen gegen die Menschlichkeit hat ab 2003 seine Arbeit in Den Haag (Niederlande) aufgenommen.
Der ICC soll tätig werden, wenn die Behörden einzelner Staaten Kriegsverbrechen, Völkermord und Verbrechen gegen die Menschlichkeit nicht ahnden. Verhandelt werden nur Verbrechen, die nach der Errichtung des ICC (am 11. April 2002) verübt wurden.
122 Staaten sowie die Palästinensischen Autonomiebehörden haben das Abkommen ratifiziert (Stand 1.4.2015). Nicht ratifiziert wurde das Abkommen unter anderen von den USA.

UNO-Menschenrechtsrat

Der 2006 gegründete UNO-Menschenrechtsrat hat seinen Sitz in Genf. Er besteht zurzeit aus 47 Mitgliedern (Stand Januar 2015). Die Schweiz ist auch Mitglied.

Der Rat kann die Entsendung von Beobachtern zur Überwachung der Menschenrechtssituation in einem Mitgliedsland beschliessen. Dazu bedarf es des absoluten Mehrs.

Nebeninstitutionen der UNO

Die UNO hat eine Vielzahl an Nebeninstitutionen (sogenannte Fonds und Programme), die sich entwicklungspolitischen Aufgaben, humanitären Angelegenheiten oder Ausbildungs- und Forschungsfragen zuwenden. Diese Institutionen sind rechtlich nicht selbständig.

Die wichtigsten Nebeninstitutionen sind:

UNAIDS
(Aids, Genf)

UNCTAD
(Handelskonferenz, Genf)

UNHCR
(Hochkommissariat für Flüchtlinge, Genf)

UNICEF
(Kinderhilfswerk, New York)

UNDP
(Entwicklungsprogramm, New York)

UNEP
(Umweltprogramm, Nairobi)

WFP
(Welternährungsprogramm, Rom)

Sonderorganisationen der UNO

Die 16 Sonderorganisationen der UNO sind rechtlich selbständige internationale Organisationen. Ein jeweiliges Abkommen bindet sie an die UNO.

Die wichtigsten Sonderorganisationen sind:

ILO
(Internationale Arbeitsorganisation, Genf)

WHO
(Weltgesundheitsorganisation, Genf)

UPU
(Weltpostverein, Bern)

FAO
(Ernährungs- und Landwirtschaftsprogramm, Rom)

ICAO
(Internationale Organisation für Zivilluftfahrt, Montreal)

UNESCO
(Organisation für Erziehung, Wissenschaft und Kultur, Paris)

MF
(Internationaler Währungsfonds, Washington, siehe «Die Volkswirtschaft»)

Weltbank
(Washington, siehe «Die Volkswirtschaft»)

Entwicklung der Menschenrechte

Menschenrechte: *Diese Rechte stehen allen Menschen uneingeschränkt zu.*

Im Gegensatz zu allen anderen Rechten beruhen die Menschenrechte nicht auf Versprechen, Übereinkünften, Verträgen usw. Sie stehen einem Menschen zu, weil er ein Mensch ist, sie sind ihm also angeboren.

Heute sind die Menschenrechte als Grundrechte (siehe S. 124 ff.) in den Verfassungen der meisten Staaten schriftlich festgehalten. Dadurch sind sie auch einklagbar.

Die Idee der Menschenrechte hat sich seit der Aufklärung (Mitte 18. Jahrhundert) zunehmend durchgesetzt.

Menschenrechte in der Französischen Revolution

1789 verkündete die französische Nationalversammlung «les Droits de l'homme et du citoyen» (Rechte des Menschen und des Bürgers). Es war ein Aufruf an die Menschheit, die Freiheitsrechte aller Menschen zu achten. Tatsächlich waren nur die Rechte der Männer gemeint, während die Frauen davon weitgehend ausgeschlossen waren.
1791 formulierte Olympe de Gouges die «Déclaration des droits de la Femme et de la Citoyenne» (Erklärung der Rechte der Frau und der Bürgerin) als Protest gegen die Männer-Privilegien. 1793 wurde sie als politische Schwerverbrecherin hingerichtet.

Menschenrechte als vom Staat garantierte Grundrechte

Menschenrechte wurden im 19. Jahrhundert von den Liberalen in den europäischen Staaten als Grundrechte der (männlichen) Bürger verstanden, die in einer geschriebenen Staatsverfassung enthalten sein sollten.

Humanitäres Völkerrecht

In der zweiten Hälfte des 19. Jahrhunderts kam das humanitäre Völkerrecht dazu. Damals war der Krieg noch ein Recht jedes Staats. Im Zuge der Industrialisierung wurden die Waffen immer gefährlicher. Die verwundeten Soldaten blieben oft einfach auf dem Schlachtfeld liegen, bis sie qualvoll starben. Darum forderte der Genfer Kaufmann Henri Dunant die Schaffung einer internationalen Übereinkunft zum Schutz der Verwundeten.
Aus dieser Idee heraus entstand 1864 in Genf die erste Rotkreuzkonvention (auch Genfer Konvention genannt, siehe S. 144). Das humanitäre Völkerrecht wurde seither kontinuierlich weiterentwickelt. Es gilt im Fall von bewaffneten Konflikten.

Die UNO und die Menschenrechte

Der Zweite Weltkrieg war eine Zeit der schlimmsten Verletzungen der Menschenrechte und des humanitären Völkerrechts. Aus der Überzeugung heraus, so etwas dürfe nie mehr geschehen, beschloss die 1945 gegründete UNO (siehe S. 182 ff.), zwischen den Staaten müsse künftig ein Gewaltverbot gelten – ausser im Fall der Selbstverteidigung. Zudem wollte man einen verbindlichen Katalog von Menschenrechten formulieren.

Allgemeine Erklärung der Menschenrechte

1947 setzte die UNO eine Menschenrechtskommission ein, die einen völkerrechtlich verbindlichen Schutz der Menschenrechte ausarbeiten sollte. Im Klima des beginnenden Kalten Kriegs erwies sich dies jedoch als unmöglich. So begnügte sich die Kommission vorerst mit einer Resolution, die lediglich den Charakter eines Aufrufes hatte. Am 10. Dezember 1948 verabschiedete die UNO-Generalversammlung die Allgemeine Erklärung der Menschenrechte. Dieser Katalog von 30 Artikeln erwies sich als erfolgreich; er war das Muster der später erlassenen rechtsverbindlichen Menschenrechtskonventionen.

Europäische Menschenrechtserklärung

Der Europarat (siehe S. 161 ff.) nahm die UNO-Menschenrechtsidee auf und formulierte in verbindlicher Form eine ausführliche Europäische Menschenrechtserklärung, die er 1950 verabschiedete. Sie trat 1953 in Kraft.
Als Durchsetzungsinstitutionen setzte der Europarat die Europäische Kommission für Menschenrechte, den Europäischen Gerichtshof für Menschenrechte und das Ministerkomitee ein. Seit 1998 hat der ständige Europäische Gerichtshof für Menschenrechte in Strassburg die Funktion der bisherigen drei Institutionen inne.

UNO-Menschenrechtspakte

1966 verabschiedete auch die UNO zwei verbindliche Menschenrechtserklärungen. Die Zweiteilung lag im Kalten Krieg begründet. Die Länder des kommunistischen Ostblocks betonten die sozialen, wirtschaftlichen und kulturellen Rechte, während die Länder des Westens die politischen Freiheitsrechte in den Vordergrund stellten.
So kam es zur Aufteilung in den Pakt I (Sozialpakt) und Pakt II (Zivilpakt). Beide Pakte wurden am 19. Dezember 1966 verabschiedet, traten aber erst 1976 in Kraft, nachdem sie von genügend Staaten ratifiziert worden waren.

Unteilbarkeit der Menschenrechte

Nach dem Ende des Kalten Kriegs 1989/91 berief die UNO 1993 eine Menschenrechtskonferenz nach Wien ein. Dort wurde unter anderem die Unteilbarkeit der Menschenrechte festgehalten. Seither sind sowohl die politischen Grundrechte wie auch die sozialen, wirtschaftlichen und kulturellen Rechte als umfassende Menschenrechte anerkannt.

Kurdendemonstration in Paris

Die OSZE (Organisation für Sicherheit und Zusammenarbeit in Europa)

OSZE: *Die sich seit 1975 regelmässig treffende «Konferenz für Sicherheit und Zusammenarbeit in Europa» (KSZE) hat sich zum Ziel gesetzt, Sicherheit und Stabilität in ganz Europa zu fördern. 1994 wurde der Name in «Organisation für Sicherheit und Zusammenarbeit in Europa» (OSZE) umgewandelt.*

Teilnehmerstaaten

Der OSZE gehören 57 Staaten an (Stand: 1.1.2015), nämlich alle Staaten Europas sowie Kanada und die USA.
Die Schweiz nimmt seit Bestehen der KSZE / OSZE an dieser Organisation teil.

Ziele

Die wichtigsten Grundsätze von Helsinki sind:
- Territoriale Integrität (Unversehrtheit des Staatsgebietes) und souveräne Gleichheit der Staaten
- Unverletzlichkeit der Grenzen
- Nichteinmischung in die inneren Angelegenheiten
- Selbstbestimmungsrecht der Völker
- Achtung der Menschenrechte, der Grundfreiheiten und der Bürgerrechte
- Öffnung und Zusammenarbeit zwischen den Staaten
- Friedliche Regelung von Streitigkeiten
- Massnahmen zur gegenseitigen Vertrauensbildung

Institutionen

Gipfeltreffen
Das Treffen der Staats- und Regierungsvorsitzenden bildet die höchste Instanz der OSZE. Es findet in der Regel alle 2 Jahre statt.

Die Präsidentschaft
Der Amtierende Vorsitzende leitet während seiner einjährigen Amtszeit den Ministerrat und den Ständigen Rat.

Ministerrat
Der Ministerrat ist das zweitwichtigste Leitungsgremium der OSZE. Er setzt sich aus den Aussenministerinnen und Aussenministern der Mitgliedsstaaten zusammen.

Ständiger Rat
Der Ständige Rat setzt sich zusammen aus den OSZE-Botschafterinnen und Botschaftern der Teilnehmerstaaten. Er trifft sich jeden Donnerstag – und zusätzlich nach Bedarf – in Wien.

Forum für Sicherheitskooperation
Es dient Verhandlungen über Rüstungskontrolle, Abrüstung sowie Vertrauens- und Sicherheitsbildung, verstärkt die gegenseitige Konsultation der OSZE-Staaten im militär- und sicherheitspolitischen Bereich.

Parlamentarische Versammlung der OSZE
Die Parlamentarische Versammlung der OSZE hält jährlich eine Plenarversammlung ab, bewertet dabei die Verwirklichung der Ziele der OSZE und fördert Massnahmen, die der Zusammenarbeit und der Sicherheit in Europa dienen.

Tätigkeiten der OSZE heute

Im Zentrum steht die präventive oder stille Diplomatie. Sie umfasst:

OSZE-Sekretariat
Zur Unterstützung des Amtierenden Vorsitzenden und der politischen Institutionen ist in Wien ein Sekretariat geschaffen worden, das unter der Leitung eines vom Ministerrat auf 3 Jahre ernannten Generalsekretärs steht.

Hoher Kommissar für nationale Minderheiten
Er nimmt Ermittlungen vor, um Minderheitenkonflikte zu einem möglichst frühen Zeitpunkt in ihrem Ansatz zu erkennen, führt Gespräche und gibt Empfehlungen ab, um kriegerische Konflikte gar nicht erst ausbrechen zu lassen.

Büro für demokratische Institutionen und Menschenrechte
Es überwacht die Einhaltung der Menschenrechte und widmet sich vorwiegend der Wahlbeobachtung in den neu entstandenen Demokratien in Osteuropa.

OSZE-Beauftragter für Medienfreiheit
Er verfolgt die Entwicklungen im Medienbereich, setzt sich für die Einhaltung der Meinungs- und Medienfreiheit ein und übernimmt eine Frühwarnfunktion.

OSZE-Feldpräsenzen
Den Feldpräsenzen geht es vor allem darum:
- den Dialog zwischen den Konfliktparteien wiederherzustellen,
- zur Durchsetzung von OSZE-Grundsätzen beizutragen,
- Lösungsansätze zu sondieren und
- für eine möglichst objektive Berichterstattung aus Konfliktgebieten zu sorgen.

OSZE-Vergleichs- und Schiedsgerichtshof
Seine Aufgabe besteht darin, zwischen Teilnehmerstaaten zu vermitteln und Streitigkeiten mittels eines Vergleichs- oder Schiedsverfahrens beizulegen.

OSZE-Charta zur Terrorismus-Bekämpfung

2002 wurde eine «Charta zur Prävention und Bekämpfung von Terrorismus» verabschiedet: u.a. sollen die OSZE-Teilnehmerstaaten Terroristen kein politisches Asyl gewähren. Zudem verpflichten sie sich, nicht zuzulassen, dass von ihrem Territorium aus Terroranschläge in anderen Ländern vorbereitet werden.

Die Schweiz und die OSZE

Die Schweiz unterstützt gemäss den drei ineinander verschränkten Dimensionen des OSZE-Sicherheitskonzepts (politisch-militärische, wirtschaftlich-ökologische und menschliche Dimension) die Förderung von Demokratie, Prinzip der Rechtsstaatlichkeit und Menschenrechten und setzt sich für die politisch-militärische Vertrauens- und Sicherheitsbildung ein. Dabei geht es z. B. um den Schutz und die Förderung nationaler Minderheiten, um Massnahmen gegen den Menschenhandel, um Rechte der Frauen oder um den Schutz von Kindern.

Schwerpunkt: Wahlbeobachtungsdelegationen
Die Schweiz stellt dem Büro für demokratische Institutionen und Menschenrechte immer wieder Wahlbeobachter zur Verfügung, z. B. in Georgien.

Schweizerischer Expertenpool für zivile Friedensförderung
Dieser soll es der Schweiz erlauben, rascher und gezielter auf die steigende Nachfrage nach Experten vonseiten der internationalen Organisationen, insbesondere der UNO und der OSZE, zu reagieren.

Die NATO (Nordatlantikpakt)

NATO (North Atlantic Treaty Organization = Nordatlantische Verteidigungsgemeinschaft): *1949 in Washington gegründete internationale Organisation (Staatenbund) von 28 souveränen Staaten. Ein bewaffneter Angriff gegen ein oder mehrere Bündnismitglieder soll als Angriff gegen alle gewertet werden und zu individueller oder kollektiver Selbstverteidigung berechtigen. Der Sitz ist in Brüssel.*

Mitglieder

Seit 1949: Belgien, Dänemark, Frankreich, Grossbritannien, Island (ohne eigene Streitkräfte), Italien, Kanada, Luxemburg, die Niederlande, Norwegen, Portugal und die USA
Seit 1952: Griechenland, Türkei
Seit 1955: Deutschland (damals Bundesrepublik Deutschland)
Seit 1982: Spanien
Seit 1999: Polen, Ungarn, Tschechien
Seit 2004: Bulgarien, Estland, Lettland, Litauen, Rumänien, die Slowakei, Slowenien
Seit 2009: Albanien und Kroatien

Da alle Mitglieder ihre volle Souveränität behalten, sind Beschlüsse nur im Konsens (Einstimmigkeitsprinzip) möglich.

Ziele

- Die Freiheit und die Sicherheit aller Mitgliedsstaaten soll mit politischen und militärischen Mitteln gewährleistet werden.
- Die Mitgliedsstaaten verpflichten sich, an der Schaffung einer gerechten und dauerhaften Friedensordnung im euro-atlantischen Raum mitzuwirken.

Rechtliche Grundlagen

Im Nordatlantikvertrag verpflichten sich die Bündnispartner ausdrücklich auf die Ziele und die Grundsätze der UNO-Charta. Kernelemente des Nordatlantikvertrages sind die Artikel 1, 5 und 6 sowie Artikel 51 der UNO-Charta.

NATO-Vertrag Art. 1:
Jeder Streitfall, an dem die NATO beteiligt ist, soll in Übereinstimmung mit der UNO-Charta möglichst friedlich gelöst werden. Damit sollen der internationale Frieden, die Sicherheit und die Gerechtigkeit gesichert sowie Gewaltandrohung und Gewaltanwendung vermieden werden.

NATO-Vertrag Art. 5 (inkl. Art. 51 der UNO-Charta):
Wird ein oder mehrere Mitglieder der NATO in Europa oder Nordamerika mit Waffen angegriffen, gilt der Angriff allen Mitgliedern (dies wird «Bündnisfall» genannt). Somit werden alle NATO-Mitglieder in Übereinstimmung mit Artikel 51 der UNO-Charta (Recht auf individuelle und kollektive Selbstverteidigung) den angegriffenen Ländern mit den nötigen (auch militärischen) Mitteln Beistand leisten. Der UNO-Sicherheitsrat wird darüber sofort informiert.

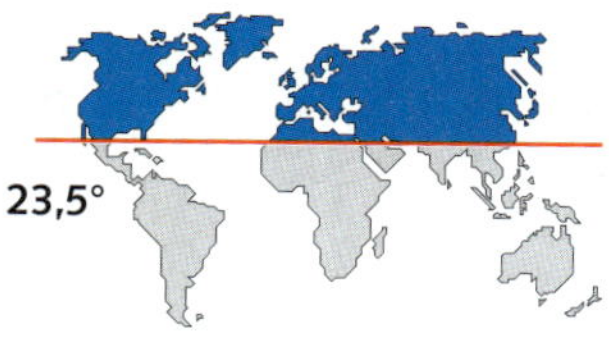

→ www.verlag-fuchs.ch/staat

NATO-Vertrag Art. 6:
Ein bewaffneter Angriff liegt vor,
- wenn die Mitgliedsländer selber und / oder deren Gebiete im Atlantik nördlich des Wendekreises des Krebses (23,5 Grad nördlicher Breite) betroffen sind,
- wenn er auf Streitkräfte, Schiffe und Flugzeuge der Mitglieder in den Ländern selber, im Mittelmeer oder im Nordatlantik (nördlich des Wendekreises des Krebses) erfolgt.

Wichtige Institutionen der NATO

Der Nordatlantik-Rat

Der Nordatlantik-Rat ist das wichtigste und höchste Entscheidungsgremium. Er ist das Forum für Konsultationen und Entscheidungen der Mitgliedsregierungen über alle Fragen, die die Sicherheit berühren. Je nach Bedarf tagen die 28 Regierungsvorsitzenden, die 28 Verteidigungs- oder die 28 Aussenminister der Mitgliedsstaaten. Die Beschlüsse des Rats werden im Konsensprinzip einstimmig und einvernehmlich gefasst.

Der Verteidigungsplanungsausschuss

Der Ausschuss für Verteidigungsplanung befasst sich mit Fragen der gemeinsamen Verteidigungsplanung. Eine Reihe von Ausschüssen berät ihn.

Der Militärausschuss

Der Militärausschuss ist das oberste militärische Gremium der NATO. Der Militärausschuss ist die wichtigste militärische Beratungsinstitution der politischen Gremien und des Generalsekretärs. Er untersteht dem Nordatlantik-Rat, dem Verteidigungsplanungsausschuss sowie der Nuklearen Planungsgruppe und berät diese in Fragen der Militärpolitik und der Militärstrategie. Er empfiehlt ihnen militärische Massnahmen zur Sicherheit und Verteidigung und setzt politische Entscheidungen in militärische Weisungen an die NATO-Hauptquartiere um.

Jens Stoltenberg (Norwegen)

Der NATO-Generalsekretär

Der Generalsekretär nimmt eine starke Stellung innerhalb der NATO ein, da er Vorsitzender des Nordatlantikrats, des Ausschusses für die Verteidigungsplanung, der Nuklearen Planungsgruppe und anderer hochrangiger Ausschüsse ist. Er ist Sprecher der Allianz in deren Aussenbeziehungen und in den Beziehungen zwischen den Mitgliedsländern. Sein Hauptauftrag ist es, Entscheidungsprozesse im Bündnis zu gestalten und voranzutreiben.

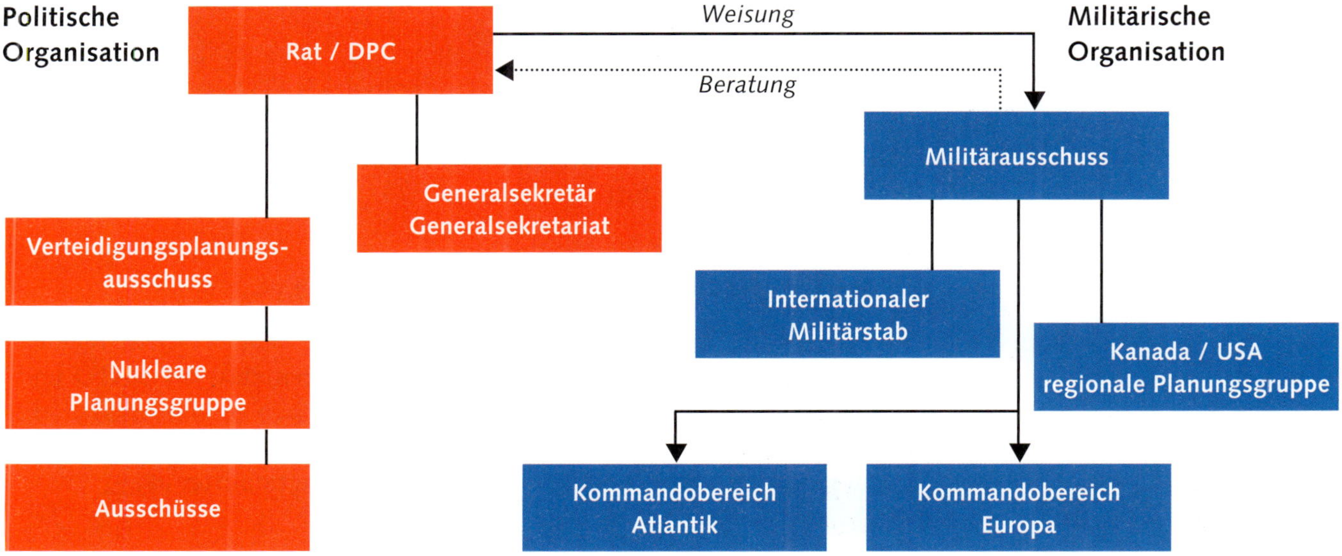

Kooperative Friedenssicherung

Die NATO hat verschiedene Instrumente geschaffen, um gemeinsam den Frieden in Europa zu sichern. Nachfolgend sind drei wichtige Instrumente aufgeführt:

Partnerschaft für den Frieden (PfP)

1994 hat die NATO die «Partnerschaft für den Frieden» (partnership for peace, PfP) ins Leben gerufen, zu der sie alle OSZE-Staaten eingeladen hat, um so den Frieden zu bewahren und die Sicherheit und die Stabilität in Europa zu festigen. Dies soll vor allem mit folgenden Mitteln erreicht werden:
- Fähigkeit zu friedensunterstützenden Einsätzen auf der Grundlage eines UNO- und / oder OSZE-Mandats
- Gemeinsame Ausbildung und Teilnahme an PfP-Operationen
- Demokratische Kontrolle der Streitkräfte
- Zusammenarbeit mit der NATO im Krisenmanagement, in der zivilen Notfallplanung, in der Luftverkehrsregelung und im Rüstungsbereich
- Gemeinsame internationale Friedensmissionen
- Gegenseitiger Austausch von Militärpersonal

Die NATO gibt den Partnerländern keine militärische Sicherheitsgarantie (verlangt aber auch keine Verpflichtung zur gemeinsamen Verteidigung), sondern verspricht, im Falle militärischer Bedrohung umgehend Konsultationen aufzunehmen und vertrauensbildende Massnahmen zu ergreifen.
Der Euro-Atlantische Partnerschaftsrat ist das politische Beratungsorgan der PfP.

22 Nichtmitglieder der NATO haben bisher dieses Angebot angenommen: Armenien, Aserbaidschan, Bosnien-Herzegowina, Finnland, Georgien, Irland, Kasachstan, Kirgistan, Malta, Mazedonien, Moldawien, Montenegro, Österreich, Russland, Schweden, Schweiz, Serbien, Tadschikistan, Turkmenistan, Ukraine, Usbekistan und Weissrussland.
Die Schweiz will aber weiterhin neutral bleiben.

Sicherheitsvertrag mit Russland

NATO und Russland haben 1997 in Paris die «Grundakte über die gegenseitigen Beziehungen, Zusammenarbeit und Sicherheit» unterzeichnet, welche auch die Erweiterung der NATO nach Osteuropa ermöglicht. Die NATO sichert im Gegenzug Russland zu, weder Atomwaffen noch Kampftruppen in die neuen Beitrittsstaaten Osteuropas zu verlegen. Dennoch geniessen Neumitglieder den vollen Schutz der NATO. Russland erhält auch keinerlei Mitentscheidungsrechte.
Mit dem NATO-Russland-Rat wird Russland verstärkt in die Aktivitäten und Entscheidungsfindungen der Allianz einbezogen.

Am 1. April 2014 stoppten die Aussenminister der in der NATO verbündeten Länder wegen der Krise in der Ukraine die militärische Zusammenarbeit mit Russland. Die NATO setzt aber die Kooperation im NATO-Russland-Rat auf der diplomatischen Ebene der Botschafter fort.

Der Euro-Atlantische Partnerschaftsrat (EAPC)

Er vereint alle Aktivitäten des Bündnisses, auch jene der «Partnerschaft für den Frieden», unter einem Dach. Dieser Rat soll dazu beitragen, dass die NATO und die Partnergruppen effizienter bei der Bewältigung von Krisen zusammenarbeiten. Der EAPC tritt einmal im Monat in Brüssel auf Botschafterebene zusammen und hält zweimal jährlich Treffen der Aussen- und Verteidigungsminister ab.

Strategie / aktuelle Hauptaktivitäten

Das strategische Konzept 2010

Das neue strategische Konzept der NATO wurde am Gipfeltreffen in Lissabon Ende 2010 von den Mitgliedsstaaten verabschiedet. Das Dokument trägt den Titel «Aktives Engagement - Moderne Verteidigung». Es ersetzt das strategische Konzept aus dem Jahr 1999.

Das neue strategische Konzept umfasst drei Hauptpunkte:

- **Bündnisfall**
  Die kollektive Verteidigung und die Beistandsgarantie aus Artikel 5 des NATO-Vertrags (Bündnisfall, siehe S. 192) bleiben als wichtigstes Element bestehen.
- **Vernetzter Sicherheitsansatz**
  Konflikte in der heutigen Welt können nicht mehr allein mit militärischen Mitteln gelöst werden. Daher sollen Krisen in enger Zusammenarbeit zwischen militärischen und zivilen Instrumenten angegangen werden.
- **Kooperative Sicherheit**
  Die NATO will Teil eines globalen Sicherheitsnetzes sein und in enger Zusammenarbeit mit anderen Akteuren für mehr Sicherheit sorgen. In der UNO will die NATO eng mit der EU zusammenarbeiten. Sie strebt aber auch die Partnerschaft mit Russland und anderen Akteuren an.

Aktuelle Hauptaktivitäten

2001–2014: Krieg gegen Afghanistan

Als eine der Massnahmen zur Unterstützung der USA bei der Verbesserung ihrer Sicherheitslage führte die NATO Krieg gegen Afghanistan. Dieser Krieg richtete sich gegen das Taliban-Regime und die in Afghanistan operierende Al Kaida, die für die Terroranschläge vom 11. September verantwortlich gemacht wurden.

NATO-Truppen in Afghanistan

Raketenabwehrprogramm

Die NATO, allen voran die USA, verfolgt seit 2006 die Einführung eines Raketenabwehrsystems. Es soll vor möglichen Raketenangriffen aus dem Iran oder von Nordkorea schützen. Am Gipfeltreffen in Lissabon 2010 wurde mit dem russischen Präsidenten Medwedew die Beteiligung Russlands an der Entwicklung des Raketenabwehrsystems vereinbart.

Die Nichtregierungsorganisationen (NGOs)

Nichtregierungsorganisationen: *Sind nicht gewinnorientierte Organisationen, die vom Staat unabhängig sind.*

Heute ist die Abkürzung NGO (non-governmental organization) gebräuchlich. Die Organisationen sind lokal, regional, national und international tätig.

Die Nichtregierungsorganisationen geniessen oft grossen Rückhalt in der Bevölkerung.
Umwelt, Entwicklung, soziale Gerechtigkeit, Menschenrechte und Frieden sind ihre wichtigsten Anliegen.
Ihren finanziellen Bedarf decken die NGOs hauptsächlich mit Spenden.

Wichtige internationale Nichtregierungsorganisationen

Amnesty International (AI)

Seit ihrer Gründung 1961 setzt sich Amnesty International vor allem für die Gefangenenhilfe und die weltweite Förderung des Menschenrechtsschutzes ein.
Die Arbeit von Amnesty International stützt sich ab auf die «Allgemeine Erklärung der Menschenrechte» der Vereinten Nationen von 1948.

Greenpeace

Nach eigener Aussage weist Greenpeace kreativ und gewaltfrei auf weltweite Umweltprobleme hin und versucht, Lösungen durchzusetzen. Ziel ist eine grüne und friedliche Zukunft für die Erde und das Leben auf ihr in all seiner Vielfalt.
Greenpeace machte immer wieder mit spektakulären Aktionen aufmerksam auf ihr Anliegen.

World Wildlife Fund (WWF)

Der WWF will der weltweiten Zerstörung der Umwelt Einhalt gebieten. Er setzt sich weltweit ein für die Erhaltung der Artenvielfalt, für die nachhaltige Nutzung der Ressourcen, für die Eindämmung der Umweltverschmutzung und gegen ein schädliches Konsumverhalten.

Médecins sans Frontières (Ärzte ohne Grenzen)

Die Organisation leistet medizinische Hilfe in Kriegs- und Krisengebieten. Die meisten Mitarbeitenden sind Ärzte und Krankenpfleger.

Politische Bedeutung

In der heute stark vernetzten und globalisierten Gesellschaft erlangen diese Organisationen zunehmend Bedeutung und einigen Einfluss auf Entscheide staatlicher Institutionen. Sie sind somit ein ernst zu nehmender politischer und gesellschaftlicher Machtfaktor.
Mit Kampagnen, zum Teil spektakulären Aktionen und gezieltem Lobbyismus setzen sie sich dabei für ihre Anliegen ein.

Der starke Fokus auf Einzelthemen und die mediengerechten Kampagnen (z.B. durch Skandalisierung) wirken allerdings oft sehr irreführend und werden der komplexen Realität nicht gerecht.
Ein Problem ist auch, dass die Nichtregierungsorganisationen selber nicht demokratisch organisiert sind.

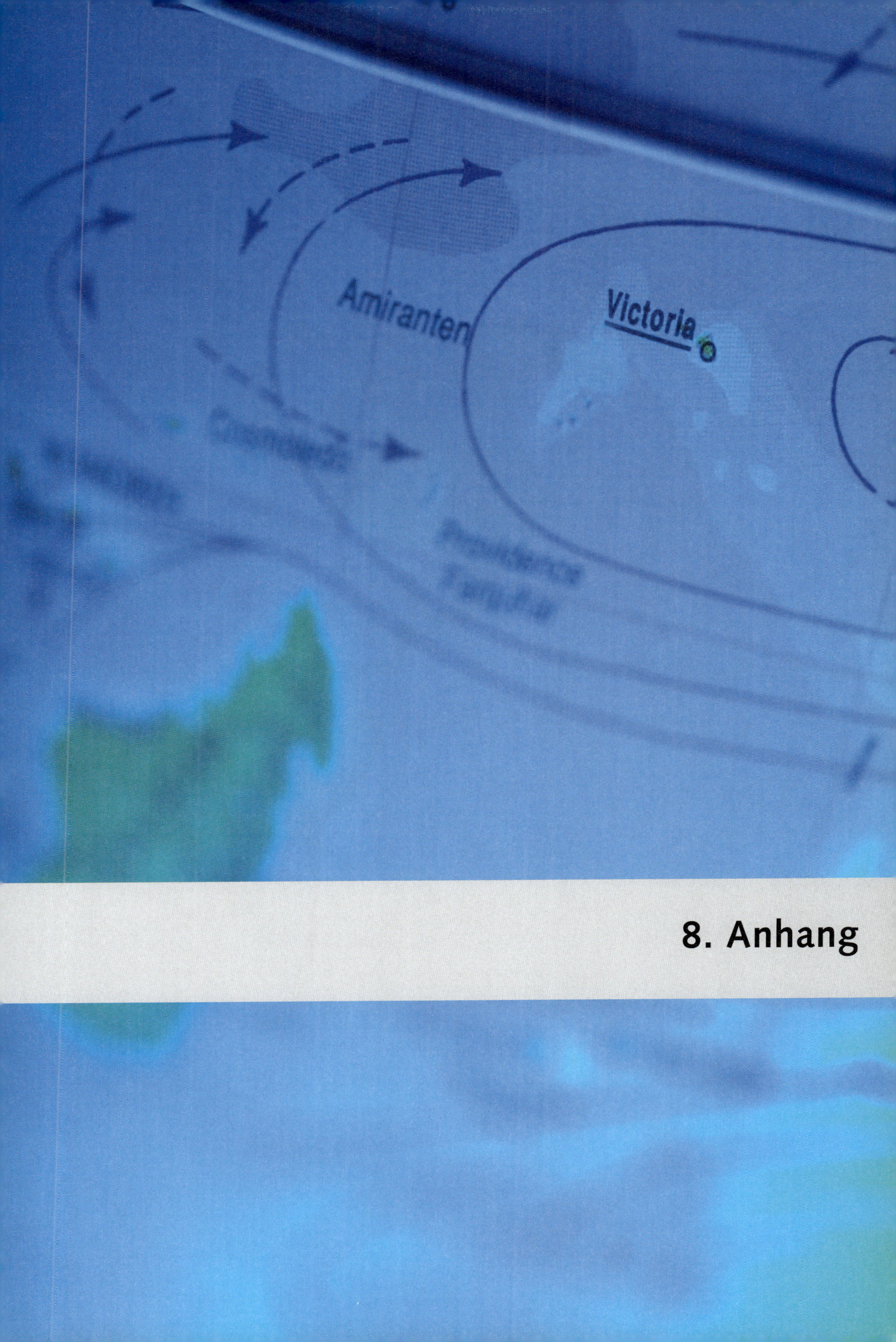

8. Anhang

Politische Weltkarte

Russland
Norwegen
Schweden
Finnland
Estland
Lettland
Litauen
Dänemark
Grossbritannien
Irland
Holland
Belgien
Deutschland
Polen
Weissrussland
Luxemburg
Tschechien
Slowakei
Ukraine
Frankreich
Schweiz
Österreich
Ungarn
Slowenien
Moldawien
Rumänien
Monaco
Italien
San Marino
Vatikanstadt
Montenegro
Bulgarien
Griechenland
Albanien
Portugal
Spanien
Malta
Georgien
Armenien
Aserbaidschan
Türkei
Zypern
Libanon
Israel
Syrien
Irak
Jordanien
Kasachstan
Usbekistan
Kirgisistan
Turkmenistan
Tadschikistan
Mongolei
China
Nordkorea
Südkorea
Japan
Iran
Afghanistan
Pakistan
Kuwait
Bahrain
Katar
Ver. Arabische Emirate
Saudi-Arabien
Oman
Jemen
Nepal
Bhutan
Bangladesch
Indien
Burma
Laos
Thailand
Vietnam
Kambodscha
Philippinen
Mikronesien
Palau
Sri Lanka
Malediven
Malaysia
Singapur
Brunei
Indonesien
Papua-Neuguinea
Osttimor
Australien
Neuseeland
Marokko
Tunesien
Algerien
Libyen
Ägypten
sahara
Mauretanien
Mali
Niger
Tschad
Nordsudan
Eritrea
Dschibuti
Senegal
Guinea
Burkina Faso
Ghana
Benin
Togo
Nigeria
Sierra Leone
Elfenbein-küste
Liberia
Zentralafrika
Südsudan
Äthiopien
Somalia
Kamerun
Äquatorialguinea
Sao Tomé und Principe
Gabun
Republik Kongo
Demokratische Republik Kongo
Uganda
Kenia
Ruanda
Burundi
Tansania
Angola (Cabinda)
Angola
Sambia
Malawi
Mosambik
Simbabwe
Namibia
Botswana
Swasiland
Lesotho
Südafrika
Madagaskar
Seychellen
Mauritius
La Réunion

Politische Europakarte

Politische Schweizer-Karte

Die 26 Kantone und die Hauptorte

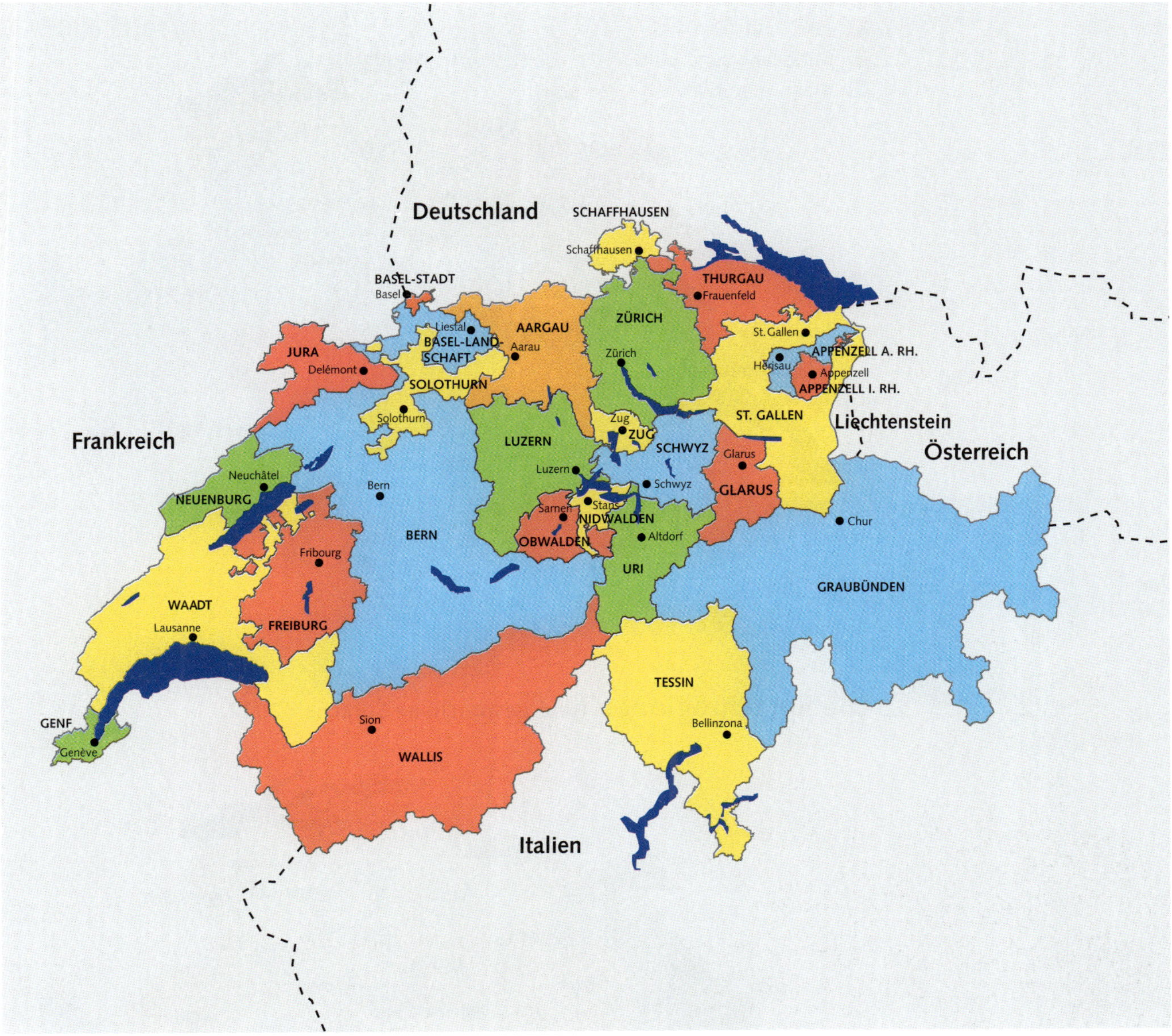

Schweiz: Geografie und Sprachen

Geografie

Gesamtfläche: 41 285 km²

- Jura rund 10%
- Mittelland rund 30%
- Alpen rund 60%

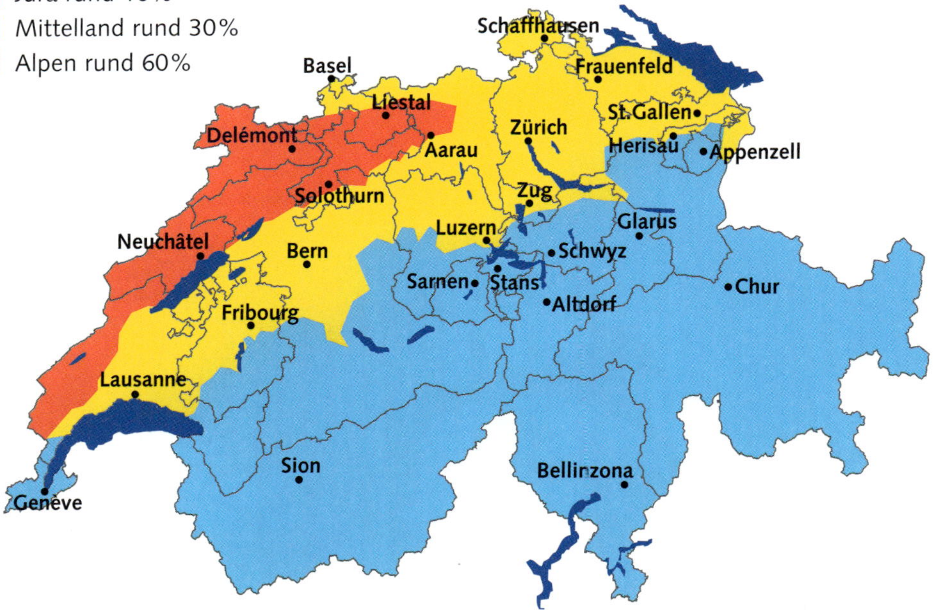

Quelle: BfS

Die Sprachregionen (und gesprochene Sprachen 2012)

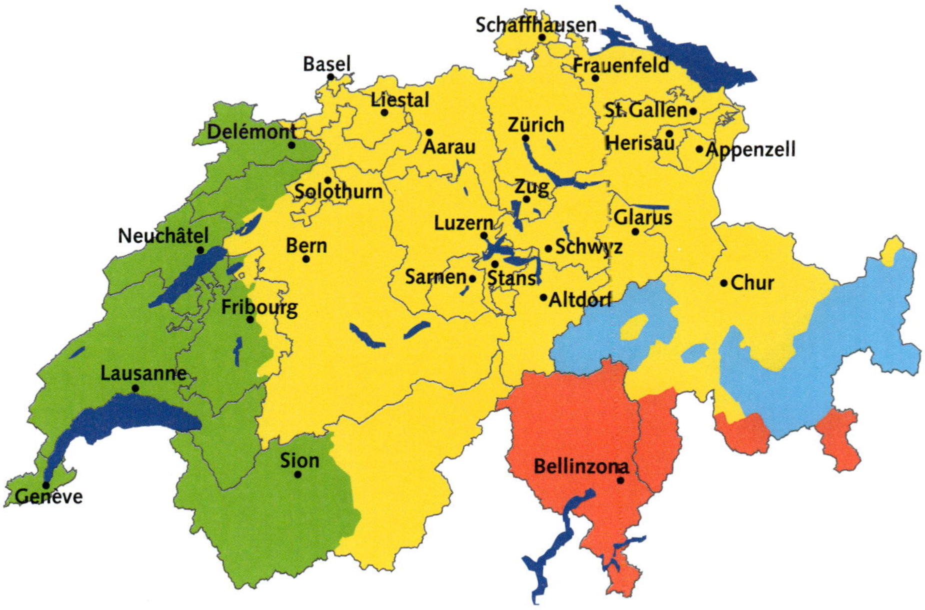

Quelle: BfS

Rätoromanische und französische Regionen: Einzelne Gebiete sind zweisprachig.

Gesprochene Sprachen

- Deutsch (64,9%)
- Französisch (22,6%)
- Italienisch (8,3%)
- Rätoromanisch (0,5%)

Andere Sprachen (21%)

Seit 2010 können die Befragten mehrere Hauptsprachen nennen. Bis zu drei Hauptsprachen pro Person wurden berücksichtigt. Das erklärt das Total von über 100%.

Sachwortregister

Symbole

A

B

C

D

M

N

O

P

Q

R

«Der Staat»

orell füssli

Laden im App Store

ANDROID APP BEI Google play

reader.ofv.ch

E-Book

Das E-Book enthält den gesamten Inhalt des vorliegenden Buchs und kann mit verschiedenen interaktiven Funktionen (wie Lesezeichen setzen, Notizen verfassen, Passagen anstreichen) bearbeitet werden. Sowohl das Inhaltsverzeichnis als auch alle Internetadressen sind verlinkt.

Das E-Book kann auf folgenden Geräten verwendet werden:
- auf iOS-Tablets (iPad)
- auf Android-Tablets (z. B. Samsung Galaxy Tab)
- in allen Browsern auf Windows und Mac OSX (Firefox, Safari usw.)

Benutzerkonto erstellen
Erstellen Sie ein Benutzerkonto, bevor Sie Ihr E-Book freischalten. Entweder in der «Orell Füssli Verlag»-App (für Tablets) oder in Ihrem Browser **http://reader.ofv.ch**.

Anleitung für Tablets:
1. Laden Sie die «Orell Füssli Verlag»-App im Google Play Store bzw. im Apple App Store auf Ihr Tablet herunter.
2. Tippen Sie auf das Icon der «Orell Füssli Verlag»-App.
3. Beim ersten Starten der App erscheint ein Login-Fenster. Klicken Sie auf «Konto erstellen» und geben Sie im Fenster E-Mail und Passwort (2x) ein. Geben Sie dann die Sicherheitswörter ein und klicken Sie auf «Konto erstellen».
4. Sie erhalten anschliessend eine E-Mail mit den Angaben zur Aktivierung Ihres Kontos. Klicken Sie auf den Link im E-Mail. Ihr Konto ist jetzt erstellt.
5. Wenn Sie die App wieder starten, klicken Sie rechts oben auf das Profil-Icon (iPad) oder auf die Menü-Taste (Android). Das Optionen-Fenster erscheint dann. Klicken Sie hier auf «Autorisierung». Dann öffnet sich ein Login-Fenster. Geben Sie hier Benutzername und Passwort ein und klicken Sie dann auf «Autorisierung». Sie sind jetzt eingeloggt und können das E-Book nun freischalten.

E-Book freischalten
Um das E-Book freizuschalten, klicken Sie rechts oben auf das Profil-Icon (in der App) oder das Zahnrad-Icon (bei der Browser-Version) und klicken Sie auf «Freischalt-Code». Geben Sie hier den unten aufgeführten Code ein und klicken Sie auf «Einlösen». Das E-Book ist jetzt für Sie freigeschaltet.

`eqUdR9vH8y`

Web-App

Registrieren Sie sich für den Zugang zu den Testaufgaben auf der Seite:
http://verlag-fuchs.ch/grundwissen

Ihr Zugangs-Code zur Web-App lautet:

`pUOaJxG9`

Für die Registration benötigen Sie den Zugangs-Code nur einmal.